The Practice of Statistics

 工业和信息化普通高等教育"十三五"规划教材立项项目

 全国财经类"十三五"规划教材基础课系列

统计学实务

□ 黄珺　戴利君　主编

□ 胡梨花　赖丽云　王佳　蔡定萍　副主编

人民邮电出版社

北京

图书在版编目（CIP）数据

统计学实务 / 黄珺，戴利君主编. -- 北京 : 人民
邮电出版社，2019.2（2024.7重印）
全国财经类"十三五"规划教材基础课系列
ISBN 978-7-115-50560-6

Ⅰ. ①统… Ⅱ. ①黄… ②戴… Ⅲ. ①统计学－高等
学校－教材 Ⅳ. ①C8

中国版本图书馆CIP数据核字(2019)第006783号

内 容 提 要

本书采用项目任务式教材编写模式，本着"理论实在，技能到位"的原则，将统计学的知识体系与统计工作相结合，划分为 7 个项目：认识统计学、统计数据的搜集与整理、综合指标分析、时间数列分析、指数分析、抽样估计、相关分析与回归分析。每个项目以项目引入的方式描述项目的实际工作情景并提出问题；通过项目分析明确解决问题的任务明细；在解决任务的过程中把统计知识作为任务完成的手段与工具，可以让学生在完成任务的同时系统掌握理论知识；项目结束后通过应用技能训练及知识拓展，让学生巩固所学并拓宽视野。

本书具有定位准确、理论适中、知识系统、案例鲜活、内容通俗、贴近实际等特点，可作为管理类、经济学类各专业统计学课程的入门教材，也可供从事社会、经济和管理等研究和实际工作的人员阅读参考。

♦ 主　编　黄　珺　戴利君
　　副主编　胡梨花　赖丽云　王　佳　蔡定萍
　　责任编辑　刘　琦
　　责任印制　焦志炜
♦ 人民邮电出版社出版发行　　北京市丰台区成寿寺路 11 号
　　邮编　100164　电子邮件　315@ptpress.com.cn
　　网址　http://www.ptpress.com.cn
　　固安县铭成印刷有限公司印刷
♦ 开本：787×1092　1/16
　　印张：12.5　　　　　　　　2019 年 2 月第 1 版
　　字数：354 千字　　　　　　2024 年 7 月河北第 7 次印刷

定价：39.80 元

读者服务热线：(010)81055256　印装质量热线：(010)81055316
反盗版热线：(010)81055315
广告经营许可证：京东市监广登字20170147号

前　言

统计学是作为认识社会和管理国家的工具而产生的，至今已有三百多年的历史。大数据时代，统计学已经成为我们日常生活中重要的组成部分之一，从选举投票到经济报道，再到有关癌症预防的最新研究；无论你是创业，还是编制财务预算，或者只是观看电视新闻，都不可避免地遇到统计学。统计学是读懂、听懂和看懂事情真相的基础，数据挖掘与统计分析已成为现代人不可或缺的技能。

本书定位于培养应用型人才，本着学以致用的原则；按"认识统计学→数据从哪里来→数据如何整理→数据如何分析"的逻辑思路编写；以解决问题为导向，介绍基本的统计思想、统计理论和统计方法，教会学生用统计思想思考问题，用统计方法解决某些社会实际问题。本书有以下几个特点。

1. 理念前沿，模式创新。强调工作过程导向、项目引导、任务驱动、OBE 成果导向教育等新的教学理念，打破传统的教材编写模式和方法，采用了以工作过程（项目）为导向，用任务进行驱动，以行动（工作）体系为框架的现代教材编写体系。

2. 理论实在，技能到位。本书采用项目教学的体例格式，按照统计工作的程序和方法设计教学情境，将统计知识的讲授融入实际工作情景与统计案例之中，通过任务驱动，让学生去寻找实现任务的方法；在完成任务和解决问题的能力训练过程中，让学生实现课程的整体能力目标及知识、素质目标，充分体现学生在学习过程中的主体作用。

3. 载体多样，趣味性强。本书力求尽可能地贴近实际及应用型本科学生的特点，按照学生学习和理解知识的规律来安排教材的结构、层次和内容，为提高学生的学习兴趣，在编写中穿插了大量现实生活中的案例，介绍统计在生活中的应用，既丰富了本书的内容，又有助于提高学生学习的积极性。

4. 突出实用，紧跟时代。探索数据的内在数量规律性是统计分析的根本任务。书中每个项目都结合当前社会经济发展的实际情况，围绕我国经济生活和百姓生活的热点，从统计分析的角度分析现象的数量特征，体现了市场经济条件下统计为社会经济服务的信息、咨询和监督功能。

本书由南昌工学院黄珺、戴利君担任主编，南昌工学院胡梨花、赖丽云、王佳、蔡定萍担任副主编。黄珺编写项目一和项目二，胡梨花、赖丽云编写项目四，王佳编写项目五，戴利君编写项目三、项目六和项目七，蔡定萍负责编写附录及整本书的审定工作。

本书在编写过程中，参考了国内外许多专家、学者的最新研究成果，恕不能一一列出，在此，谨向各位专家、学者表示真诚的谢意。尽管我们在追求特色、创新方面做出了许多努力，但限于编者的水平，书中难免存在疏漏和不妥之处，恳请读者批评指正。

编者

2018 年 10 月

目 录

项目一
认识统计学

学习目标

1. 掌握统计的含义
2. 掌握统计学的研究对象、学科体系、性质及特点
3. 掌握统计的基本职能
4. 掌握统计研究的基本方法
5. 熟练掌握统计总体与总体单位、标志与指标、变异与变量等常用的统计学基本概念，能予以区分并进行实际运用

项目引入

花小姐的面包店是一家位于上海浦东区且迅速发展的面包店，它成立于2015年3月。花小姐是一个非常细心的店长，开业以来一直在 Excel 工作簿中仔细记录店内 3 种主要产品即法式面包、意大利式面包和比萨的销售数据。经过几年的经营积累，她的门店已经小有规模。

生产法式面包、意大利式面包和比萨需要的原材料大致一样，主要是面粉、酵母和食盐。以往生产这三种产品的原材料会定期向供应商购买，并在大量购买时得到折扣。但是，这种采购方法出现了问题：如果店内产品销售过旺，原材料就会紧缺；反之会有多余库存。所以，必须保持库存和产品的平衡，以保证产品生产的连续性并始终用新鲜的配料来进行生产。

为了保证产品的质量以及生产的连续性，并最大限度地降低成本，花小姐正在考虑一个问题，即通过预测未来产品市场的方法来达到库存原材料和产品生产的平衡，还要最大限度地降低原材料成本。因为，如果不预测市场，会导致原材料的需求量忽高忽低，原材料供应商也有可能会因此提高价格，所以预测产品市场不仅能保证材料的新鲜度，还能最大限度地降低原材料成本。

预测未来产品市场的依据是花小姐所做的数据积累，即通过分析面包店 Excel 工作簿中仔细记录的店内法式面包、意大利式面包和比萨的销售数据，来确定面粉、酵母和食盐的采购时间和采购量，以达到库存原材料和产品生产的平衡。

花小姐预测未来产品市场的最初目的是要保持足够的原材料，以满足店内产品质量和生产的要求。有了对产品市场的预测，还可以有效地预测产品未来的销售收入。统计能帮助花小姐解决这个问题吗？用统计的方法解决该问题的思路是怎样的？

项目分析

运用统计的手段与方法可以解决花小姐面包店未来产品市场及销售收入的预测问题。随着市场经济的发展，无论是政府对国民经济的宏观调控，还是企业的经营及决策，都越来越依赖数量分析和统计分析方法。引导大家认识什么是统计学，理解统计的应用和思维过程，逐步建立统计思维框架去分析及解决问题是项目一要完成的任务。而具体解决问题的统计分析方法将在随后的项目中逐一介绍。在本任务实施之前，读者需要通过阅读书籍或上网查找等方式了解相关的统计基础知识，如统计的工作流程、统计的应用以及统计中的一些基本概念等。

经过项目一的学习，读者应该掌握统计的含义、统计学的研究对象及性质、统计学的基本职能、统计学研究的基本方法等，尤其是对统计学中常用的基本概念要有正确的理解和认识，为以后学习统计分析方法打下良好的基础。

任务一 | 统计学概述

一、统计的含义

统计是随着社会生产力的发展和适应国家管理的需要而产生和发展起来的，统计实践活动先于统计学的产生。

从原始社会末期开始，随着生产力的发展和劳动交往的增多，人类开始有了计数活动。人类最初的计数主要表现在对剩余劳动成果或劳动对象的清点上，属于个人计数。如在原始社会，人们按氏族、部落居住在一起打猎、捕鱼，分配食物时就要算算有多少人、多少食物，才能进行分配。所以，从结绳计数开始，就有了对现象的简单的计量活动，有了统计的萌芽。

当社会生产力发展到一定阶段，特别是在奴隶社会国家产生以后，统治者为了实现国家的职能，需要征兵、收税，因此，必须对国家的人口、财产进行清点，这些清点属于总体计数。中国从公元前 1 000 多年的夏朝开始就有了人口、土地等方面的记载。例如，将中国分为九州，人口约 1 355 万，土地约 2 438 万顷。在古希腊，罗马的奴隶制国家里也开始有人口、财产、世袭领地的记录。这段时期，统计活动有了一定的进展，计算的范围在扩大，涉及的领域日益广泛。

从奴隶社会到封建社会，由于生产力比较低下，商品经济不发达，统计发展缓慢，只限于简单计数，没有出现系统的统计著作，没有形成一门科学。到了资本主义社会，生产社会化程度越来越高，商品经济空前发达，与当时的社会经济情况相适应，统计有了很大的发展，有了一系列的统计著作，出现了许多统计学派，形成了一门科学。统计学作为一门独立科学的创立，距今只有 300 多年的历史。

统计一词在不同场合有不同的含义。从这个意义上说，统计一词有三种含义，即统计工作、统计资料和统计学。

1. 统计工作

统计工作即统计实践活动，它是指对社会、政治、经济、文化、自然等现象的数量方面进行搜集、整理和分析工作过程的总称。例如，为了了解国家的资源情况，进行人口、自然资源和财富等的统计；为了让人类仍可以拥有蓝天白云，进行环境质量的统计等。

2. 统计资料

统计资料又称统计信息，是统计工作过程所取得的各项数字资料以及与之相联系的其他资料的总称，具体包括统计数字资料、图表资料和统计分析报告等。例如，国家统计局在其发布的《2017年国民经济和社会发展统计公报》中指出，初步核算，全年国内生产总值为 827 122 亿元，比上年增长 6.9%。统计资料是统计工作的成果。

3．统计学

统计学是系统论述统计方法的一门方法论科学，是统计实践经验的科学概括和总结。统计学主要研究关于收集、整理、分析统计资料的方法，其目的是探索反映社会经济现象总体的大量数据的内在规律，所形成的科学理论和方法又进一步指导统计的实践活动。

统计的上述三种含义之间是紧密联系的。统计资料是统计工作的成果，二者是成果与过程的关系；统计学是统计工作实践经验的总结和理论概括，同时，它又反过来从理论和方法上指导统计工作，推动统计工作的不断发展，两者是理论与实践的辩证统一的关系，如图 1-1 所示。

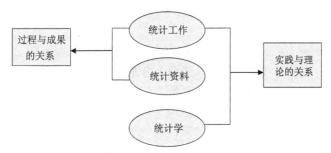

图 1-1 统计工作、统计资料、统计学三者之间的关系

二、统计学的研究对象及学科体系

（一）统计学的研究对象

明确一门科学的研究对象，对于掌握这门科学的研究方向、了解其性质、推动其发展，具有重要意义。

统计学的研究对象是指统计研究所要认识的客体。一般而言，统计学既可以研究自然现象，也可以研究社会经济现象。本书主要立足于对社会经济现象的研究。

社会经济统计学的研究对象是社会经济现象总体的数量方面，即以数据为依据具体说明社会经济现象总体的数量特征、数量关系及数量界限。

社会经济现象包括自然现象以外的社会政治、经济、文化、生活等各种现象，如国民财富与资产、人口与劳动力资源、生产与消费、财政与金融、教育与科技发展、城乡人民物质文化生活水平等。通过对这些基本社会经济现象的数量认识，达到对整个社会的基本认识。例如，我国历次人口普查资料如表 1-1 所示。

表 1-1   我国历次人口普查的人口总数情况

时间	人口总数（亿）
1953 年 6 月 30 日（第一次人口普查）	6.02
1964 年 6 月 30 日（第二次人口普查）	7.23
1982 年 7 月 1 日（第三次人口普查）	10.32
1990 年 10 月 30 日（第四次人口普查）	11.60
2000 年 11 月 1 日（第五次人口普查）	12.95
2010 年 11 月 1 日（第六次人口普查）	13.40

表 1-1 所示的统计数据显示了我国不同时间总人口的规模，以及人口基数过大、增长速度过快的基本情况。因此控制人口增长、提高人口素质，就成为我国 20 世纪 70 年代到 21 世纪初期的

一项基本国策。

又如，国家旅游局发布的《2016 年中国旅游业统计公报》显示，我国国内旅游人数 44.4 亿人次，收入 3.94 万亿元人民币，分别比上年增长 11%和 15.19%；国际旅游收入 1 200 亿美元，比上年同期增长 5.6%；入境旅游人数 1.38 亿人次，比上年同期增长 3.5%；中国公民出境旅游人数 1.22 亿人次，比上年同期增长 4.3%；出境旅游花费 1 098 亿美元，比上年同期增长 5.1%。这些统计数据显示我国全域旅游推动旅游经济实现了较快增长，大众旅游时代的市场基础更加厚实，产业投资和创新更加活跃，经济社会效应更加明显，旅游业成为"稳增长、调结构、惠民生"的重要力量。

社会经济统计学的研究对象具有以下明显的特点。

1. 数量性

数量性是统计学研究对象的基本特点，常言道，"数据是统计的语言""数据是统计的原料"，指的正是这个意思。一切客观事物都有质和量两个方面，事物的质与量总是密切联系、共同规定着事物的性质。没有无量的质，也没有无质的量。一定的质规定着一定的量，一定的量也表现为一定的质。而且统计定量认识必须建立在对客观事物定性认识的基础上，统计研究是密切联系现象的质来研究它的量，并通过量反映现象的质，这一点和数学研究抽象的数量关系是不同的。统计不同于抽象的数学运算，统计数据是对客观事物量的反映，通过数据来测度事物的类型、量的顺序、量的大小、量的关系，以认识客观规律的量的表现。所以，统计数据应该是客观的、具体的，也是最有说服力的。因此，事物的数量性是我们认识客观现实的重要方面，通过分析研究统计数据资料，研究和掌握统计规律性，就可以达到统计分析研究的目的。

2. 总体性

社会经济统计学研究的是社会经济领域中现象总体的数量方面，即统计的数量研究是对总体普遍存在着的事实进行大量观察和综合分析，以反映现象总体的数量特征和发展的规律性。社会经济现象的数据资料和数量对比关系等是在一系列复杂因素的影响下形成的。在这些因素当中，有起着决定和普遍作用的主要因素，也有起着偶然和局部作用的次要因素。由于种种原因，在不同的个体中，它们相互结合的方式和实际发生的作用都不可能完全相同。所以，对于每个个体来说，就具有一定的随机性质；而对于有足够多数量个体的总体来说，又具有相对稳定的共同趋势，显示出一定的规律性。统计研究对象的总体性，就是从个体的实际表现的研究过渡到对总体的数量表现的研究。例如，对工资的统计分析，我们并不是要分析和研究个别人的工资，而是要反映、分析和研究一个地区、一个部门、一个企事业单位的总体的工资情况和显示出的规律性。

3. 具体性

社会经济统计学研究的是社会经济领域中具体现象的数量方面，即它不是纯数量的研究，是具有明确的现实含义的，这一特点是统计学与数学的分水岭。数学是研究事物的抽象空间和抽象数量的科学，而统计学研究的数量是客观存在的、具体实在的数量表现。统计研究对象的这一特点，也正是统计工作必须遵循的基本原则。正因为统计的数量是客观存在的、具体实在的数量表现，它才能独立于客观世界，不以人们的主观意志为转移。统计资料作为主观对客观的反映，只有如实地反映具体的已经发生的客观事实，才能为我们进行统计分析研究提供可靠的基础，才能分析、探索和掌握事物的统计规律性。

4. 社会性

社会经济统计学所研究的数量是广泛存在的社会经济的数量，而不是自然现象的数量。

（二）统计学的学科体系

统计学经过 300 多年的发展，产生了各种不同的分支，形成了统计学的学科体系。从统计分析方法的研究和应用的角度来划分，统计学可以分为理论统计学和应用统计学；从统计分析方法的构成来划分，统计学可以分为描述统计学和推断统计学。

1. 理论统计学和应用统计学

理论统计学又被称为数理统计学，是把研究对象一般化、抽象化，以概率论为基础，从纯理论的角度，对统计方法加以推导论证。其中心内容是以归纳方法研究随机变量的一般规律，例如统计分布理论、统计估计与假设检验理论、相关与回归分析、方差分析、时间数列分析、随机过程理论等。这些方法既适用于对社会经济现象数量特征的观察和分析，又适用于对自然现象和科学实验数据的分析研究。

应用统计学是运用于某一特定领域的统计理论和方法，研究如何应用统计方法去解决实际问题。由于在各个领域的研究和实际工作中都要通过数据来分析问题和解决问题，统计理论和方法的应用就自然而然地扩展到几乎所有的研究领域，形成了各种应用统计学。例如，统计方法在生物领域的应用就形成了生物统计学，统计方法在医药领域的应用就形成了医药统计学，统计方法在金融领域的应用就形成了金融统计学，统计方法在经济学和企业管理中的应用就形成了经济统计学、管理统计学等。由于各领域都有其特殊性，统计方法在不同领域的应用中就具有了不同的特点。应用统计学除了包括各领域通用的方法外，也包括特定领域特有的方法，如经济统计学中的指数法、管理决策法等。

在统计的发展之路上，理论统计学和应用统计学互相促进，共同提高。理论统计学的研究为应用统计学提供了方法论基础，提高了统计分析的认识问题、解决问题的能力；应用统计学在对统计方法的实际应用中，又常常会对理论统计学提出新的问题，促进其发展。

2. 描述统计学和推断统计学

描述统计学主要研究如何取得客观数据，通过图表形式对所搜集到的数据进行加工处理和显示，并进行综合分析，以反映总体规律性数量特征。描述统计学是一切统计活动所运用的基本方法，其内容包括统计数据的搜集方法、数据的整理方法、数据的表示方法、数据分布特征的描述与分析方法等。

推断统计学是在概率论的基础上研究由随机样本的数量特征来推断总体的数量特征，并做出具有一定可靠程度的估计或检验。随机性是由偶然因素造成的，一种情况的发生或不发生是偶然的，对这种随机现象进行统计需要把概率论作为方法论基础。在企业质量管理中，为了节约人力、物力和时间，没有必要或不可能对所有产品进行质量检验，而只需随机抽取一部分产品组成样本进行调查，以样本的合格率来估计全部产品的合格率。不难理解，样本合格率就是随机变量，用它来估计全部产品合格率肯定存在误差，要做到有效估计，就需要有预先测量、控制。在上述过程中就需要运用以概率论为基础的推断统计方法。显然，推断统计方法是在信息不完整或偶然不确定的情况下，为做出决策而进行抽样、推断及有效性检验所运用的统计方法。

描述统计和推断统计是统计方法的两个组成部分。描述统计是整个统计学的基础，推断统计则是现代统计学的主要内容。在对现实问题的研究中，由于我们所获得的数据主要是样本数据，因此推断统计在现代统计学中的地位和作用越来越重要，已成为统计学的核心内容。描述统计学和推断统计学的划分，一方面反映了统计方法发展的前后两个阶段，另一方面反映了应用统计方法探索客观事物数量规律性的不同过程。

三、统计学的性质与特点

统计学是以现象的数量特征为研究对象，利用自身特有的方法，发现现象应有规律的方法论科学。

（1）就其研究对象而言，统计学具有数量性、总体性和差异性的特点。

（2）就其学科范畴而言，统计学具有方法性、层次性和通用性的特点。

既然统计学的研究对象是现象的数量方面，那么很自然就出现了这样一个问题：如何来研究现象的数量？或者说，如何来搜集、整理和分析统计数据？作为一门用以指导统计数据的搜集、整理和分析的科学，首先要为研究现象的数量提供科学的理论、原则和方法，这些理论、原则和方法的系统化，就形成了统计学。所以，方法论是统计学最为显著的学科特点，统计学的每一步发展无一不是统计方法完善、创新和突破的结果。所以，统计学提供给人类的是一种开展定量研究的思想和工具。

统计学是一门一级学科，拥有完整、严密的学科体系，具有很强的层次性，其二级学科包括理论统计学、应用统计学、统计学史和统计学其他学科等。其中，理论统计学是关于统计学的一般理论、原则和方法，提供以抽象的数量为研究对象的方法论。应用统计学则是统计方法在社会、经济、自然和工程等各个领域应用的结果，是理论统计学与各应用领域实质性科学理论相结合的产物，提供以具体的数量为研究对象的方法论，如社会经济统计学、医学卫生统计学和天文气象统计学等，具有学科交叉的性质。理论统计学与应用统计学相互促进，共同发展。

作为方法论科学，统计学的一般理论、原则和方法，在各种需要开展定量研究的领域都具有通用性。除了理论统计学具有普遍的通用性外，应用统计学还在各自的领域内具有特殊的通用性。正因为如此，统计学定量研究的功能才得以充分发挥，应用领域才得以迅速拓展。可以说，统计方法的应用如今已经无处不在了。

（3）就其研究方式而言，统计学具有描述性和推断性的特点。统计学在研究现象的数量方面，既有描述的方式，也有推断的方式，两者各有侧重并各具特色。描述统计学是基础，推断统计学是其深入和发展，但描述统计与推断统计并不是相互割裂的，而是描述中有推断，推断中有描述，或者说任何描述都是推断，任何推断也都是描述。因此，描述统计与推断统计相辅相成，相互交叉联系，在统计学中占有同等重要的地位。

四、统计的职能

从统计工作自身活动性质和参与管理的性质来看，统计具有信息职能、咨询职能和监督职能。

1. 信息职能

统计的信息职能是指统计具有一整套科学统一的统计指标体系和统计研究方法，能为管理和决策提供大量的统计信息。搜集和提供统计信息是统计的基本职能。

2. 咨询职能

咨询职能是指利用已经掌握的丰富的统计信息资源，运用科学的分析方法和先进的技术手段，深入开展综合分析和专题研究，为科学决策和管理提供各种可供选择的咨询建议和对策方案。

3. 监督职能

监督职能是指根据统计调查和统计分析的结果，及时、准确地从总体上反映社会、经济和科技等的运行状态，并对其实行全面、系统的定量检查、监测和预警，以促使国民经济按照客观规律的要求持续、稳定、协调地发展。

统计的上述三种职能，是相互作用、相辅相成的。其中，搜集和提供信息是统计工作最基本的职能，是保证咨询职能和监督职能有效发挥的基础和前提。统计的咨询职能是统计信息职能的延续和深化。要使统计信息能够尽快对科学决策、科学管理和人们的社会实践产生作用，就必须对社会、经济及科技等现象发展的一般数量特征进行统计分析研究，探求它们的内在联系和规律性，从而提出咨询意见。统计的监督职能是通过统计信息反馈来评价、检验决策方案是否科学、可行，并及时对决策执行过程中出现的偏差提出矫正意见。因此，统计的监督职能是在提供信息、实现咨询职能基础上的进一步拓展。而统计监督职能的强化，又必然要对信息职能与咨询职能提出更高的要求，从而进一步促进统计信息职能与咨询职能的优化。

任务二 | 统计研究的基本方法

统计学是一门方法论科学。统计工作是"观察问题、提出问题、分析推断和解决问题"的过程，没有一整套贯穿于统计调查、统计整理、统计分析工作过程的科学的统计方法，就不可能全面、准确、及时地揭示现象的数量方面，更不可能由此反映现象发展的规律性。在统计工作过程的各个阶段中，其具体方法是多种多样的，但有一些基本方法贯穿于统计活动过程的始终，这些基本方法是大量观察法、统计分组法、综合指标法、统计推断法和统计模型法。

一、大量观察法

所谓大量观察法，就是对所研究的总体的全部或足够数量的单位进行观察的研究方法。这是由统计研究对象的大量性和复杂性决定的。大量复杂的社会经济现象是在诸多因素错综作用下形成的，个别单位往往受各种偶然因素的影响，使各单位的特征和数量表现有很大差别，所以不能任意抽取个别或少数单位进行观察。只有对总体的全部或足够数量的单位进行观察，并加以综合分析，才能使事物中的非本质的偶然因素的影响相互抵消而获得关于总体本质特征或规律性的认识。

统计调查中的许多方法，如统计报表、普查、抽样调查、重点调查等都是大量观察法的具体运用。早在 300 多年前，人口学家就在用大量观察法对统计资料进行研究分析时，从偶然事件中发现男女出生的比例为 105∶100 的规律。

二、统计分组法

统计分组法是指根据事物内在的性质和统计研究的要求，将总体各单位按照某种标志划分为若干性质不同的组成部分的一种研究方法。例如，将人口按照年龄分组，对国民经济按活动性质分类，对学生按学习成绩分组等。

统计分组法是研究总体内部差异的重要方法，通过统计分组可以在总体同质的基础上研究不同组成部分或不同类之间的差异、性质、构成及分布特征。例如，对三次产业的划分，可以分析三次产业的结构及其发展变化趋势。

三、综合指标法

综合指标法是指利用各种综合统计指标，从具体数量方面对社会经济现象总体的规模及特征所进行的综合、概括的分析方法。统计分析中广泛运用的综合指标有总量指标、相对指标、平均指标、变异指标等。例如，国家统计局在其发布的《2017 年国民经济与社会发展统计公报》中指出，第一产业增加值 65 468 亿元，增长 3.9%；第二产业增加值 334 623 亿元，增长 6.1%；第三产业增加值 427 032 亿元，增长 8.0%。第一产业增加值占国内生产总值的比重为 7.9%，第二产业增加值比重为 40.5%，第三产业增加值比重为 51.6%。综合指标可以反映社会经济现象的规模、水平、比例关系等。综合指标法在社会经济统计学中占有十分重要的地位，是描述统计学的核心内容。

四、统计推断法

统计推断法是指以一定的置信水平，根据样本数据资料来判断总体数量特征的归纳推理方法。在研究社会经济现象总体的数量方面时，观察的往往是研究现象总体的部分个体，掌握的只是部分或有限个体的数据资料，而需要判断的总体对象的范围很大，甚至是无限的，这就只能从总体中观察部分单位并进行计算和分析，根据样本数据来推断总体数量特征。例如，要对一批产品的质量进行破坏性检验时，只能根据部分产品质量检验的结果来推断该批产品的质量。因此，统计推断法是从个别到一般，从具体事件到抽象概括，从而推断出总体数量特征的方法。统计推断法可以用于对总体数量特征的估计，也可以用于对总体某些假设的检验，广泛应用于农产量调查、工业产品质量检查与控制等方面。

五、统计模型法

统计模型法是根据一定的理论和假定条件，对研究现象之间的数量变动关系选择合适的数学方程进行模拟和定量分析的一种研究方法。运用统计模型法可以对现象数量变动、变动关系及变动过程进行比较完整和近似的描述，使统计分析更具广度和深度。统计模型法的三个基本要素是变量、数学方程和模型参数。

上述各种方法之间不是相互独立的，而是相互联系、相互配合的，共同构成了统计研究的方法体系。

任务三 | 统计学中常用的基本概念

一、统计总体与总体单位

（一）统计总体

统计总体，简称总体，是指统计研究的客观对象的全体，是客观存在的、具有某种同一性质的许多个别事物（单位）的集合体。例如，我们要研究某市的工业企业发展状况，某市所有的工业企业的集合就是一个总体；要研究我国普通高等院校的发展情况，我国全部普通高等院校就是统计总体。

总体按包含个体的多少可以分为有限总体和无限总体。有限总体是指总体的范围能够确定，且单位数可数。例如，某市由若干个企业构成的总体就是有限总体，某企业一批待检的产品也是有限总体。无限总体是指总体包含的单位数是无限的、不可数的。例如，某企业流水线上大量连续生产的某种小件产品的生产数量，由于产量是无限的（或无法计算的），因而是无限总体。值得一提的是，当有限总体所包括的个体的总数很大时，可以近似地将它看成无限总体。例如，原始森林的木材蓄积量、大海里的鱼资源数等都是无限总体。对于不同的总体，人们在调查研究时，应采用不同的统计调查方法。对于有限总体，可进行全面调查，也可采用非全面调查；对于无限总体，只能采用非全面调查来推断总体的情况。

统计总体具有大量性、同质性、差异性三个特征。

1. 大量性

大量性是总体的量的规定性，即指总体是由许多单位组成的，一个或少数单位不能形成总体。受偶然因素的影响，个别单位的数量表现是有差异的，如果只对少数单位进行观察，其结果难以反映现象总体的一般特征。只有观察足够多的数量，在对大量现象的综合汇总中，才能消除偶然因素的影响，使大量社会经济现象的总体呈现出相对稳定的规律和特征。

2. 同质性

同质性是构成总体的基础，即构成总体的各单位至少有一种性质是相同的。这是形成总体的客观依据，也是我们确定总体范围的标准。各单位必须具有这种共同性质，它是由统计研究的目的决定的。同质性是相对的，它是根据一定的研究目的而确定的，目的不同，确定的总体就不同，同质性的意义也就不同。例如研究全国工业企业的生产状况时，所有的工业企业——不管是国有工业企业还是民营工业企业——都是同质的；而研究民营工业企业的生产状况时，民营工业企业和国有工业企业就是异质的。

3. 差异性

差异性是统计研究的前提。总体的各单位除了具有某种或某些共同性质以外，在其他方面则各不相同，存在质的差异和量的差异。这些差异是统计研究的前提，没有差异就用不着统计。

统计研究总体的数量特征时，同质性是基础，大量性是条件，差异性是前提。例如，我国全部商业企业这个总体是由许多商业企业构成的（大量性），每个商业企业的经济职能相同（同质性），各个商业企业之间同时也存在着差别，如职工人数、所有制性质、固定资产、销售收入、利润等都各不相同（差异性）。

（二）总体单位

总体单位是指构成统计总体的个别单位。例如，以我国全部普通高等院校为总体，国内每一所普通高等院校就是总体单位；以某市工业企业为总体，该市的每一家工业企业就是总体单位。

根据研究目的的不同，总体单位可以是人、物，也可以是企业、机构、地域等。有许多总体单位是以自然计量单位来表示的，它们都是不能加以细分的整数单位，如人、台、架等；也有许多总体单位则是以物理计量单位来表示的，单位可大可小，可以细分，如时间、长度、面积、容积等。

总体和总体单位具有相对性。随着研究目的和范围的变化，总体和总体单位可以相互转化。例如，要调查研究全国工业企业职工的工资总额情况，全国所有的工业企业为统计总体，每家工业企业是总体单位，中国石化公司就是其中的一个总体单位。而如果要调查中国石化公司职工的工资总额情况时，中国石化公司就由总体单位转化为统计总体，每一位中国石化公司的职工是总体单位。

二、标志与指标

（一）标志

1. 标志的概念

标志是说明总体单位属性特征和数量特征的名称。每个总体单位从不同角度考虑，都具有许多特征。例如，某企业全体职工作为一个总体，每一位职工是总体单位，职工的性别、工种、文化程度、年龄、工龄、工资等都是说明其具有的属性或数量特征。一个具体的标志由标志名称和标志表现所构成，标志的具体表现是在标志名称之后所表明的属性或数值。例如，学生 A 的性别是男性，则标志名称是性别，属性表现是男；又如，某学生某门课程的考试成绩为 85 分，则标志名称是成绩，数值表现是 85 分。描述一个总体单位所使用的标志越多，对其了解得就越多、越具体。例如，某人是男性、26 岁、汉族、未婚、身高 180 cm、体重 75 kg、大学本科学历、从事 IT工作，年收入在 10 万元以上。

2. 标志的分类

标志按其性质可分为品质标志和数量标志。品质标志表明总体单位的属性特征，一般用文字说明，不能用数值表示，如性别、民族、籍贯、文化程度、专业等。数量标志表明总体单位的数量特征，可以用数值表示，如年龄、身高、体重、产量、产值等。

标志按其变异状态可分为不变标志和可变标志。不变标志是指在每一个总体单位上的具体表现完全相同的标志。例如，在女学生总体中，每一总体单位在"性别"标志上都表现为女性，"性别"则称为不变标志。可变标志是指在每一个总体单位上的具体表现不尽相同的标志。例如，在女学生总体中，每一总体单位在"身高"标志上都各不相同，"身高"则称为可变标志。

（二）指标

1．指标的概念

指标又称统计指标，是反映总体数量特征的名称。统计指标由指标名称和指标数值两部分构成，它体现了事物质的规定性和量的规定性两方面的要求。例如我国 2017 年国内生产总值 827 122 亿元，它是根据一定的统计方法对总体各单位的标志表现进行登记、核算、汇总而成的统计指标，说明的是我国国民经济总体的数量特征。这个指标的名称是"国内生产总值"，指标的数值是"827 122 亿元"。

2．指标的分类

统计指标按其表现形式可分为总量指标、相对指标、平均指标和变异指标。这四种统计指标将在本书项目三中详细介绍，在此不再赘述。

统计指标按其所反映的数量特点不同，可以分为数量指标和质量指标。反映现象总规模、总水平的统计指标称为数量指标，数量指标的表现形式是总量指标，如人口总数、企业总数、职工总数、工资总额、国内生产总值、商品流转额、运输量、商品进出口总额等。数量指标的特点是数值随总体范围大小的变化而增减。反映现象之间内在联系和对比关系的指标称为质量指标，质量指标的表现形式是相对指标或平均指标，如粮食平均亩产量、职工平均工资、人口密度、出生率、死亡率、工人出勤率等。质量指标的特点是数值不随总体范围大小的变化而增减。数量指标反映现象的广度，质量指标反映现象的深度。

（三）指标体系

单个统计指标只能反映总体某一个数量特征，说明现象某一侧面情况。但是客观现象是错综复杂的，要反映客观现象的全貌，描述现象发展的全过程，只靠单个统计指标是不够的，应该设立统计指标体系。

统计指标体系是由一系列相互联系的统计指标所组成的有机整体，用以反映所研究现象各方面相互依存、相互制约的关系。例如，工业企业是在一定生产经营主体的组织下，由资本金、劳动力、物资、技术、设备、生产、供应、销售等相互联系的整体活动。为了反映企业生产经营的全貌，必须设立产量、产值、品种、质量、职工人数、劳动生产率、工资总额、原材料、设备、财务成本等指标来组成工业企业统计指标体系。

（四）统计指标与标志的区别与联系

统计指标与标志既有区别，又有联系。

1．指标与标志的区别

第一，两者说明的对象不同，指标是说明总体特征的，标志是说明总体单位特征的。第二，两者的表现形式不同，指标都用数值表示，没有不能用数值表示的指标；标志既有用文字表示的品质标志，又有用数值表示的数量标志。两者的主要区别如表 1-2 所示。

表 1–2　　　　　　　　　　　指标与标志的主要区别

	反映的对象	反映的特征	性质
指标	总体	数量特征	综合性
标志	总体单位	数量特征、品质特征	单一性

2．指标与标志的联系

第一，汇总关系。数量指标的数值是由总体单位的数量标志值经过汇总、计算而得出的。例如，以企业职工作为总体，每个职工是总体单位，职工工资是数量标志，把每个职工的工资相加汇总得到该企业的职工工资总额，职工工资总额就是一个数量指标。品质标志的标志表现不是具体数值，因此，只能对其标志表现所对应的总体单位进行总计而形成总体单位数统计指标。例如，性别是品质标志，其标志表现为男性、女性，若要分析江西省高等学校学生的性别差异情况，相应的统计指标表现为男生人数、女生人数等。第二，转换关系。由于研究的目的和任务不同，总体和总体单位不是固定不变的，指标和标志的确定也是相对的，可以相互转换。原来的统计总体如果变成总体单位了，则相应的统计指标也就变成标志了；反之亦然。例如，要调查研究全国工业企业职工的工资总额情况，全国所有的工业企业为统计总体，中国石化公司是其中的一个总体单位，则全国工业企业职工的工资总额是统计指标，中国石化公司职工的工资总额是标志。而如果要调查研究中国石化公司职工的工资总额情况，则中国石化公司就由总体单位转化为统计总体，每一位中国石化公司的职工是总体单位，则中国石化公司职工的工资总额就由标志转换为指标，每一位中国石化公司的职工的工资就是标志了。

三、变异与变量

（一）变异

变异是指总体各单位在所研究的标志上的表现不尽相同，包括量（数值）的变异和质（性质、属性）的变异。例如，性别表现为男、女，这是属性变异；年龄表现为 18 岁、25 岁、28 岁等，这是数值上的变异。统计的目的就是登记各种可变标志在各个总体单位上的具体表现，通过分组、汇总、综合来分析现象的数量特征。

（二）变量

变量指的是可变的数量标志和指标。例如，年龄、身高、体重、产量、产值、工龄、工资等都是数量标志，这些数量标志在每一总体单位中的具体表现各不相同，是可变的，因此，变量是可变的数量标志的抽象化。变量的具体数值称为变量值，也称为标志值，如年龄 18 岁、20 岁、30 岁等。指标作为变量是从动态角度来理解的。

按变量值是否连续可把变量分成连续型变量和离散型变量。连续型变量的变量值是连续不断的，相邻两值之间可以做无限分割，一般可以用小数表示。例如，人的身高、体重、年龄等都是连续型变量。离散型变量的变量值是间断的，通常用整数表示，如人口数、设备台数、企业数、骰子点数等。

变量按其所受影响因素不同可分为确定性变量和随机性变量。确定性变量是指受确定性因素影响的变量，即指影响变量值变化的因素是明确的、可解释的或可控制的，这些确定性因素使变量按一定的方向呈上升或下降趋势变动。例如，企业工资总额的确定受职工人数和工资水平两个主要因素的影响，这两个因素都可以人为控制。随机性变量是指受随机性因素影响的变量，即指影响变量值变化的因素是不确定的、偶然的，事先无法预知或控制。例如，同一个人，用同一台机器加工出的零件的尺寸，测量结果不完全相同，带有一定的偶然性，零件尺寸是随机变量。

🎍 项目小结

项目一概括性地介绍了统计的含义、统计学的研究对象及性质、统计的基本职能、统计研究的基本方法、统计学中常用的基本概念等，为以后系统学习统计分析方法打下基础。

统计包括统计工作、统计资料、统计学三个方面的含义。统计学是以各种现象的数量方面作为研究对象，并为这种研究提供方法论的学科。从统计分析方法的研究和应用的角度来划分，统计学可以分为理论统计学和应用统计学；从统计分析方法的构成来划分，统计学可以分为描述统计学和推断统计学。

统计研究的基本方法包括大量观察法、统计分组法、综合指标法、统计推断法和统计模型法。

统计学中常用的基本概念有三对：

统计总体与总体单位：统计总体是指统计研究的客观对象的全体，是客观存在的、具有某种同一性质的许多个别事物（单位）的集合体；总体单位是指构成统计总体的个别单位，是总体这个集合体中的元素。

标志与指标：标志是说明总体单位属性特征和数量特征的名称。每个总体单位从不同角度考虑，都具有许多特征。标志按其性质可分为品质标志和数量标志；按其变异状态可分为不变标志和可变标志。指标是反映总体数量特征的名称，一般由指标名称和指标数值两部分构成，体现了事物质的规定性和量的规定性两方面的要求。

变异与变量：变异是指总体各单位在所研究的标志上的表现不尽相同，包括量（数值）的变异和质（性质、属性）的变异。变量指的是可变的数量标志和指标，变量的具体数值称为变量值。按变量值是否连续可把变量分成连续型变量和离散型变量；按其所受影响因素不同可分为确定性变量和随机性变量。

📚 应用技能训练

一、单项选择题

1. 社会经济统计学的研究对象是（　　　）。
   A. 抽象的数量特征和数量关系
   B. 社会经济现象的规律性
   C. 社会经济现象总体的数量特征和数量关系
   D. 社会经济统计认识过程的规律和方法

2. 推断统计学研究（　　　）。
   A. 统计数据收集的方法
   B. 数据加工处理的方法
   C. 统计数据显示的方法
   D. 如何根据样本数据去推断总体数量特征的方法

3. 社会经济统计学是一门（　　　）。
   A. 自然科学　　　　B. 交叉科学　　　　C. 方法论科学　　　　D. 新兴科学

4. 要了解某市职工收入情况，其总体单位是（　　　）。
   A. 该市所有职工　　　　　　　　　B. 该市所有职工的收入
   C. 该市每名职工　　　　　　　　　D. 该市每名职工的收入

5. 统计指标（　　　）。
   A. 都是可计量的　　　　　　　　　B. 不都是可计量的
   C. 不具有综合特征　　　　　　　　D. 具有综合特征，但不可计量

6. 构成统计总体的个别事物称为（　　　）。
   A. 调查单位　　　　B. 标志值　　　　C. 品质标志　　　　D. 总体单位

7. 对某城市工业企业未安装设备进行普查，总体单位是（　　　）。
   A. 工业企业全部未安装设备　　　　　B. 工业企业每一台未安装设备
   C. 每一家工业企业的未安装设备　　　D. 每一家工业企业

8. 标志是说明总体单位特征的名称，（　　　）。
    A. 它有品质标志值和数量标志值两类　　B. 品质标志具有标志值
    C. 数量标志具有标志值　　　　　　　　D. 品质标志和数量标志都具有标志值

9. 总体的变异性是指（　　　）。
    A. 总体之间有差异　　　　　　　　　　B. 总体单位之间在某一标志表现上有差异
    C. 总体随时间变化而变化　　　　　　　D. 总体单位之间有差异

10. 几位学生的某门课成绩分别是 67 分、78 分、88 分、89 分、96 分，这几个分数是（　　　）。
    A. 品质标志　　　　B. 数量标志　　　　C. 标志值　　　　D. 数量指标

11. 在全国人口普查中，（　　　）。
    A. 男性是品质标志　　　　　　　　　　B. 人的年龄是变量
    C. 人口的平均寿命是数量标志　　　　　D. 全国人口是统计指标

12. 下列指标中属于质量指标的是（　　　）。
    A. 社会总产值　　　B. 产品合格率　　　C. 产品总成本　　　D. 人口总数

13. 一个统计总体（　　　）。
    A. 只能有一个标志　　B. 只能有一个指标　　C. 可以有多个标志　　D. 可以有多个指标

14. 某学生某门课考试成绩为 80 分，则成绩是（　　　）。
    A. 品质标志　　　　B. 变量　　　　　　C. 变量值　　　　　D. 标志值

15. 为考察某市工业管理局的经济状况，特选用了下列数量指标中的（　　　）。
    A. 管理局年劳动生产率　　　　　　　　B. 管理局资金利税率
    C. 管理局利润总额　　　　　　　　　　D. 甲工厂劳动生产率

16. 以甲市工业企业为总体，下列各项中，（　　　）不是指标。
    A. 甲市工业企业数　　　　　　　　　　B. 甲市工业总产值
    C. 甲市工业企业职工人数　　　　　　　D. 甲市职工工资总额

17. 指标是说明总体特征的，标志是说明总体单位特征的，（　　　）。
    A. 标志和指标之间的关系是固定不变的　　B. 标志和指标之间的关系是可以变化的
    C. 标志和指标都是可以用数值表示的　　　D. 只有指标才可以用数值表示

18. 统计指标按所反映的数量特点不同可以分为数量指标和质量指标两种。其中，数量指标的表现形式是（　　　）。
    A. 绝对数　　　　　B. 相对数　　　　　C. 平均数　　　　　D. 百分数

19. 工业企业的设备台数、产品产值是（　　　）。
    A. 连续型变量　　　　　　　　　　　　B. 离散型变量
    C. 前者是连续型变量，后者是离散型变量　D. 前者是离散型变量，后者是连续型变量

20. 商业企业的职工人数、商品销售额是（　　　）。
    A. 连续型变量　　　　　　　　　　　　B. 离散型变量
    C. 前者是连续型变量，后者是离散型变量　D. 前者是离散型变量，后者是连续型变量

二、填空题

1. 统计的三种含义是_____、_____和_____。

2. 统计工作和统计资料之间是_____的关系，统计工作和统计学之间是_____的关系。

3. 统计学按统计方法构成的不同，可分为_____和_____；按理论与实践应用的关系，可分为_____和_____。

4. 统计研究的基本方法有_____、_____、_____、统计模型法和_____。

5. 统计研究运用大量观察法是由研究对象的_____所决定的。

6. 统计模型中除了用数学方程表示现象的基本关系式外，还应具有_____与_____两项要素。

7. 研究某企业的汽车产品生产情况时，统计总体是_____，总体单位是_____。

8. 表示总体单位属性方面特征的标志是_____，表示总体单位数量方面特征的标志是_____。

9. 标志有用文字表示的品质标志和用数字表示的_____之别。

10. 人的性别是_____标志，标志表现则具体为男或女。

11. 统计指标具有_____、_____、_____的特点。

12. 研究某市居民生活状况，该市全部居民便构成了_____，每一家庭的收入是_____。

13. 某市职工人数普查中，该市全部职工人数是_____，每一个职工是_____。

14. 说明总体单位属性特征和数量特征的名称是_____，反映总体数量特征的名称是_____。

15. 社会劳动力资源总量属于数量指标，就业人员负担系数属于_____指标。

16. 统计指标按所反映的数量特点不同可分为_____和_____。

17. 许多统计指标的数值是从_____的数量标志值汇总而来的。

18. 变量的数值表现是_____。

19. 变量按其取值的连续性可分为_____和_____两种。

20. 离散型变量的取值通常以_____表现，连续型变量的相邻两值之间可做_____。

三、判断题

1. 社会经济统计学的研究对象是社会经济现象总体的各个方面。　　　　　　（　　）

2. 社会经济统计学的研究对象是社会经济现象的数量方面，但它在具体研究时也离不开对现象质的认识。　　　　　　　　　　　　　　　　　　　　　　　　　（　　）

3. 统计调查过程中采用的大量观察法，是指必须对研究对象的所有单位进行调查。（　　）

4. 总体的同质性是指总体中的各个单位在所有标志上都相同。　　　　　　（　　）

5. 总体和总体单位是不会变化的。　　　　　　　　　　　　　　　　　（　　）

6. 个人的工资水平和全部职工的工资水平，都可以称为统计指标。　　　　（　　）

7. 标志是说明总体特征的，指标是说明总体特征的。　　　　　　　　　　（　　）

8. 总体单位是标志的承担者，标志是依附于总体单位的。　　　　　　　　（　　）

9. 对某市工程技术人员进行普查，该市工程技术人员的工资收入水平是数量标志。（　　）

10. 品质标志表明单位属性方面的特征，其标志表现只能用文字说明，所以品质标志不能直接转化为统计指标。　　　　　　　　　　　　　　　　　　　　　　　（　　）

11. 品质标志说明总体单位的属性特征，质量指标反映现象的相对水平或工作质量，二者都不能用数值表示。　　　　　　　　　　　　　　　　　　　　　　　　（　　）

12. 某一职工的文化程度在标志的分类上属于品质标志，职工的平均工资在指标的分类上属于质量指标。　　　　　　　　　　　　　　　　　　　　　　　　（　　）

13. 指标和标志在研究对象发生变化后，也会发生变化。　　　　　　　　（　　）

14. 可变的数量标志和指标都是变量。　　　　　　　　　　　　　　　　（　　）

15. 变异是统计的必要性所在。　　　　　　　　　　　　　　　　　　　（　　）

四、简答题

1. 统计一词有哪几种含义？它们之间构成哪些关系？

2. 统计学的研究对象及其具备的特点有哪些？

3. 什么是统计学？统计学与数学有何区别与联系？

4. 统计研究的基本方法有哪些？

5. 统计学的学科体系如何？

6. 简述统计学的性质与特点。

7. 什么是统计总体、总体单位？请举例说明。如何认识总体与总体单位的关系？

8. 简述统计总体的特点。

9. 什么是统计指标？简述统计指标的种类。

10. 什么是数量指标和质量指标？两者有何关系？

11. 怎样理解指标与标志的关系？

12. 品质标志与质量指标有何不同？品质标志可否汇总为质量指标？

13. 标志有哪几种主要分类？

14. 举例说明标志与标志表现的区别。

15. 简述变量的种类。

 知识拓展

体育中的统计学——篮球技术统计

随着人类社会进入信息时代，统计作为一种方法和工具已变得越来越重要。

在体育工作领域中，统计同样是常用的管理与研究方法之一。对篮球比赛的数据进行统计，人们可以掌握比赛的第一手材料。根据统计数据，结合临场观察，人们可以较为客观地总结、分析比赛，找出比赛成败的原因。篮球比赛统计资料的积累，可以为运动员建立比赛技术档案，为研究运动员的成长、检查教学训练的成绩与问题提供数据。这些数据也可作为对篮球队或运动员提出比赛技术指标的依据。

例如，对某支篮球队，依据 5 轮比赛的详细技术统计，对其每一个队员的技术水平发挥整理出排行榜，同时计算队员在比赛中的贡献指数。

贡献指数=得分+篮板+盖帽+助攻+抢断-（出手次数-投中次数）-（罚球次数-罚球命中次数）-失误

对该球队整理的技术统计表如表 1-3 所示。

通过收集、整理队员的技术表现数据，球队教练及管理者就能够分析出数据内在的规律性，从而发掘球队整体存在的问题及每个球员的优势与劣势。

表 1-3　　　　　　　　　　　　　技术统计表

队员ID	贡献指数	得分	总投篮		三分球		二分球		罚球		篮板			盖帽	助攻	抢断	失误
			中/投	比率(%)	中/投	比率(%)	中/投	比率(%)	中/投	比率(%)	总	前	后				
剑客	85	77	28/62	45	1/9	11	27/53	51	20/25	80	22	13	9	0	21	16	12
纯净水	62	23	7/18	39	2/5	40	5/13	38	7/12	58	53	17	36	1	3	11	13
紫鸣	59	68	26/43	60	0/1	0	26/42	62	16/25	64	10	5	5	0	6	8	7
眼泪	51	39	11/28	39	3/9	33	8/19	42	14/22	64	25	6	19	3	12	11	14
大粗	49	47	16/47	34	4/15	27	12/32	38	11/18	61	40	6	34	0	13	11	24
保安	49	44	16/49	33	4/13	31	12/34	35	8/16	50	37	13	24	1	6	9	7
Roben	39	61	22/59	37	12/34	35	10/25	40	5/7	71	21	5	16	2	1	12	19

续表

队员ID	贡献指数	得分	总投篮		三分球		二分球		罚球		篮板			盖帽	助攻	抢断	失误
			中/投	比率(%)	中/投	比率(%)	中/投	比率(%)	中/投	比率(%)	总	前	后				
杨过	37	50	15/44	34	0/2	0	15/42	36	20/34	59	33	10	23	0	4	5	12
疯鸟	33	14	5/20	25	0/0	0	5/20	25	4/10	40	35	18	17	0	10	6	11
冰水	27	23	11/23	48	0/0	0	11/23	48	1/11	9	24	13	11	3	4	4	9
方明	16	42	17/49	35	0/0	0	17/49	35	8/14	57	11	4	7	0	5	3	7
小强	15	22	9/26	35	1/4	25	8/22	36	3/5	60	8	4	4	0	5	2	3
Benny	12	29	12/26	46	0/0	0	12/26	46	5/21	24	18	7	11	1	4	2	12
平平	9	34	12/45	27	10/40	25	2/5	40	0/0	0	7	4	3	0	3	7	9

项目二
统计数据的搜集与整理

项目引入

在一家财产保险公司的董事会上，董事们就公司的发展战略问题展开了激烈讨论，其中一个引人关注的问题就是如何借鉴国外保险公司的先进管理经验，提高自身的管理水平。有的董事提出，2017 年公司的各项业务与去年相比没有太大增长，除经济环境和市场竞争等因素外，家庭财产保险的业务开展得不够好，公司在管理方式上也存在问题。他认为，中国的家庭财产保险市场潜力巨大，应加大扩展这一业务的力度，同时，应对公司家庭财产保险推销员实行目标管理，并根据目标完成情况建立相应的奖惩制度。董事长认为该董事的建议有道理，准备采纳。会后，他责成计划部经理尽快拿出具体的实施方案。

计划部经理对公司 2017 年 160 个家庭财产保险推销员的销售情况进行了调查，得到的统计数据如图 2-1 所示。

25.05	17.48	13.80	25.29	15.42	16.22	21.09	17.93	26.51	22.28
11.81	22.38	23.40	17.93	18.64	15.56	13.22	21.72	17.52	17.75
24.26	17.57	21.66	25.53	23.94	17.07	21.19	17.97	18.69	22.65
11.64	17.57	18.73	12.37	15.48	17.14	17.16	18.02	15.43	15.88
10.05	15.64	26.74	25.83	17.98	21.25	21.31	29.40	17.57	13.85
19.05	15.65	14.52	26.07	18.78	17.31	11.40	18.24	13.61	23.27
25.64	17.61	21.81	14.26	17.79	15.13	15.88	14.87	18.96	15.84
19.27	15.46	14.78	26.71	15.76	18.22	18.29	17.39	14.16	21.92
12.96	15.77	18.28	17.84	17.61	17.25	21.64	13.51	19.25	23.50
21.16	17.70	14.92	26.93	15.82	21.53	13.97	18.33	11.43	15.15
17.25	23.16	15.08	17.66	21.53	17.34	15.34	23.45	19.35	23.76
13.33	17.75	21.42	27.76	15.86	19.46	14.61	18.42	29.34	17.62
17.25	15.71	13.25	29.16	17.16	17.41	21.88	18.51	17.43	24.20
13.61	27.50	15.27	19.45	22.84	23.65	17.96	17.48	19.55	12.74
21.40	17.90	18.94	21.34	15.99	17.43	18.55	18.63	19.91	24.80
13.68	25.40	15.37	29.55	16.16	22.13	22.16	18.64	21.03	11.24

图 2-1　2017 年某财产保险公司 160 个家庭财产保险推销员销售额数据（单位：万元）

计划部经理拿着这 160 个数据应该怎么办呢？

 项目分析

计划部经理虽然通过调查已经得到了这 160 个家庭财产保险推销员 2017 年个人的销售额数据，但这些原始的、分散的数据只能表明每个家庭财产保险推销员的具体的年销售额，并不能反映该公司全部家庭财产保险推销员年销售额的总体数量特征。计划部经理应该如何制定家庭财产保险的销售目标呢？认真思考后，计划部经理认为，公司全部家庭财产保险推销员年销售额的平均数是总体的数量特征之一，因此，首先应该找出这 160 个家庭财产保险推销员年销售额的平均数，那么，这个平均数就有可能成为家庭财产保险销售额的参考目标值。

如何找出该公司家庭财产保险推销员年销售额的总体数量特征？如何显示该公司家庭财产保险推销员年销售额的总体数量特征？这些问题的解决均建立在对已有数据的统计分析的基础之上。而统计数据的搜集、整理是统计分析的基础。

为了完成这个任务，计划部经理需做以下工作。

（1）熟练掌握搜集和整理统计数据的方法；

（2）将原始的、零散的 160 名家庭财产保险推销员的个人年销售额数据进行统计分组，编制次数分布数列；

（3）利用统计表、统计图显示该保险公司家庭财产保险年销售情况的总体数量特征。

任务一 | 统计数据的搜集

一、数据及其类型

统计数据是对客观现象计量的结果，不同的客观现象能够予以计量或测度的程度是不同的。统计数据大体上分为两种类型：定性数据与定量数据。

（一）定性数据

定性数据也称品质数据，它说明的是现象的品质特征，只能用文字或数字代码来表示，不能用数值表示。定性数据具体可分为定类数据和定序数据。

1. 定类数据

定类数据是对现象进行分类的结果，表现为类别，由定类尺度计量而成。定类尺度也称类别尺度或列名尺度，是最粗略、计量层次最低的计量尺度。定类尺度只能按照现象的某种属性对其进行平行的分类或分组。例如，人口按照性别分为男、女两类。又如，企业按照经济类型分为国有经济、集体经济、股份制经济、外商投资经济等。定类尺度只能测度现象之间的类别差，不能反映各类现象之间的其他差别。

定类数据是层次最低的数据。从数学运算的特性来看，定类数据只有等于或不等于的性质。

2. 定序数据

定序数据是对现象按照一定的排序进行分类的结果，表现为有顺序的类别，由定序尺度计量而成。定序尺度又称顺序尺度，是对现象之间等级差别和顺序差别的一种测度。它不仅可以测度现象之间的类别差，还可以测度次序差。例如，学生的考试成绩可分为优、良、中、及格、不及格。又如，消费者对某产品的满意程度可分为很满意、满意、一般、不满意、很不满意等。定序尺度不能测量类别之间的准确差值，只能比较大小，不能进行加、减、乘、除等数学运算。

定序数据的层次高于定类数据。从数学运算的特性来看，定序数据除了具有等于或不等于的性质以外，还有大于或小于之分。

（二）定量数据

定量数据也称数量数据，它说明的是现象的数量特征，是能够用数值来表示的。定量数据具体可分为定距数据和定比数据。

1. 定距数据

定距数据是既能反映现象所属的类别和顺序，又能反映现象类别或顺序之间数量差距的数据，由定距尺度计量而成。定距尺度也称间隔尺度，通常使用自然或物理单位作为计量尺度。定距数据不仅能将现象区分为不同类型并进行排序，而且可以准确指出类别之间的差距是多少。例如，甲、乙两位学生某门课程的考试成绩分别为 86 分和 55 分，不仅说明甲学生的成绩良好，乙学生的成绩不及格，甲学生的分数高于乙学生，而且能说明甲学生的分数比乙学生高 31 分。

定距数据的层次高于定序数据。从数学运算的特性来看，定距数据除了具有等于或不等于、大于或小于的性质以外，还适合进行加减计算，但不适合进行乘除运算。其原因是定距尺度中没有绝对的零点。定距尺度中的"0"表示一个数值，即"0"水平，而不是表示"没有"或"不存在"。例如，一个学生的统计学考试成绩为 0 分，表示他的统计学成绩水平为 0，并不表示他没有考试成绩或没有任何统计学知识。又如，一个地区的气温为 0 摄氏度，表示的是温度的水平，并不是没有温度。可见，定距尺度中的"0"是一个有意义的数值。

2. 定比数据

定比数据不仅能体现现象之间的数量差距，还能进行对比计算，即通过计算两个测度值之间的比值来体现相对程度的数据，由定比尺度计量而成。定比尺度也称为比率尺度，它有一个绝对"零点"。在定比尺度中，"0"表示"没有"或"不存在"。例如，一个人的收入为"0"，表示这个人没有收入。因此，定比尺度除了具有上述三种计量尺度的全部特性以外，还具有一个特性，那就是可以计算两个测度值之间的比值。这也是它与定距尺度的唯一差别。现实生活中，绝大多数的经济变量都可以进行定比测度。

定比数据是最高层次的数据。从数学运算的特性来看，定比数据除了具有等于或不等于、大于或小于的性质，可以进行加减计算以外，还可以进行乘除运算。例如，甲的工资为 6 000 元，乙的工资为 12 000 元，则乙的工资为甲的 2 倍。

二、统计调查概述

统计数据搜集的主要形式是统计调查。

（一）统计调查的意义

统计调查是根据统计研究的目的和要求，有组织、有计划地搜集统计数据的工作过程。

统计调查所搜集的数据主要是原始数据，又称"初级数据"，即直接从调查单位得到的尚待汇总整理、只反映个体情况的统计数据。这是统计数据的直接来源，如为了研究某个问题而进行实地观察，或通过调查从党政机关、企事业单位、学校和其他团体获得的第一手数据。此外，统计调查所搜集的数据还包括次级数据，即已进行过一定的加工、能在一定程度上表明总体特征的统计数据。这是统计数据的间接来源，如从统计年鉴、会计报表、报刊上摘引的数据等。

统计调查是整个统计工作的基础。在统计调查中，对统计数据的搜集必须满足准确性、及时性、完整性的要求。其中，准确性是衡量统计调查工作质量的重要标志，是统计工作的生命。统计调查数据不准确，不仅达不到统计调查的目的，甚至还会导致错误的结论，造成严重的后果。因此，搞好统计调查，准确、及时地取得完整的统计数据，对发挥统计工作的作用具有重要的意义。

（二）统计调查的分类

1. 按调查对象所包括的范围不同进行分类

统计调查按调查对象所包括的范围不同进行分类，可分为全面调查和非全面调查。

全面调查是对构成调查对象的全部单位逐一进行调查登记的调查方式，如普查、全面统计报表制度等。非全面调查则是对构成调查对象的一部分单位进行调查登记的调查方式，如重点调查、典型调查、抽样调查等。全面调查虽能掌握全面数据，但耗费的人力、物力、财力较大，同时可能出现的登记性误差也较大。一般来说，其调查内容应限于反映国情、国力的重要的统计指标，且适用于有限总体。非全面调查的调查单位少，可以用较少的力量和时间搜集到较深入的数据，适用于无限总体及某些不需要或不可能进行全面调查的有限总体，其缺点是掌握的材料不够齐全。

2. 按调查登记的时间是否连续进行分类

统计调查按调查登记的时间是否连续进行分类，可分为经常性调查和一次性调查。经常性调查是指随着被研究现象的变化而连续不断地进行调查登记，其调查对象往往是时期现象。时期现象随着时间的变化而连续不断地发生数量上的变化，其量变与时间长短有直接关系，如产品产量、产值、原材料消耗量、商品销售额等。经常性调查所得的数据往往说明现象的发展过程，体现现象在一段时间的总量。一次性调查是指间隔一段时间后，对被研究现象在某一时刻（瞬间）的状况进行调查登记，其调查对象往往是时点现象且短期内变化不大。时点现象表现为一定时点上的状态，其量变与间隔时间长短没有直接关系，如生产设备数量、职工人数、固定资产原值、库存量等。一次性调查所得的数据往往体现现象在某一时刻的数量状况。

3. 按调查的组织形式不同进行分类

统计调查按调查的组织形式不同进行分类，可分为统计报表和专门调查。统计报表又称为统计报表制度，是按照一定的表式和严格的要求，自上而下地统一布置，自下而上地逐级提供统计数据的调查方式。专门调查是为了某一特定目的而专门组织的一次性调查，主要包括普查、重点调查、典型调查和抽样调查等。

以上统计调查的分类是从不同角度进行的。在实际工作中，一项专门调查往往是几类调查方式的结合应用。

三、统计调查方案

无论采用什么方式搜集统计数据，都必须事先设计一个切实可行、周密细致、科学完善的统计调查方案，以保证调查工作能够有目的、有组织、有计划地顺利进行。统计调查方案的设计应确定以下五个方面的内容。

（一）确定调查目的

确定调查目的是设计任何一项统计调查方案首先要解决的问题。目的是行动的指南，目的不明，任务不清，就无法确定向谁调查、调查什么以及用什么方式方法进行调查。

（二）确定调查对象和调查单位

调查目的明确之后，就必须确定向谁调查、由谁来提供统计数据的问题，即确定调查对象和调查单位。

调查对象是所要调查的社会经济现象的总体，即统计总体。确定调查对象，就是明确规定调查对象的范围，划清它和其他社会经济现象的界限，避免登记的多余和遗漏。调查单位是指需要对它的标志进行登记的总体单位。调查单位是调查标志的承担者，确定调查单位就是要确定由谁来提供数据。例如，采用全面统计报表方式调查某市工业企业的生产经营状况，则该市工业企业这个总体便是调查对象，该市每一家工业企业就是一个调查单位。

调查单位与填报单位不同。填报单位是负责向上级报告调查内容、提交统计数据的单位。调查单位与填报单位有时一致，有时不一致。例如，调查某市工业企业的生产经营状况时，每一家工业企业既是调查单位，也是填报单位；但如果要调查该市工业企业的设备运行状况，则该市工业企业的每台设备是调查单位，而每家工业企业是填报单位。

（三）确定调查项目和调查表

调查项目是所要调查的具体内容，是指统计调查中应该进行登记的标志。调查项目制定的正确程度，决定整个调查工作的成效。

列出调查项目的表格称为调查表。调查表可分为单一表和一览表两种形式。单一表是在一张表上只对一个调查单位进行登记。单一表既可容纳较多的调查项目，又便于整理分类，适用于调查项目较多的详细调查，如表 2-1 所示。一览表是在一张表上可对若干个调查单位进行登记。一览表便于汇总和核对数据，适用于调查项目不多的调查，如表 2-2 所示。

利用调查表，能够有条理地填写所需要的数据，便于整理综合。

表 2-1　　　　　　　　　　　　中心城市仓库基本情况调查表

××××年 6 月 30 日

仓库名称＿＿＿＿＿＿＿＿　主管部门＿＿＿＿＿＿＿＿　所在城市＿＿＿＿＿＿＿＿

项目	单位	代号	数量	项目	单位	代号	数量
一、仓库基本情况	平方米	100		二、仓储设施			
仓储面积	平方米	101		技术装备		106	
库房面积	平方米	102		叉车	台	107	
露天货场	平方米	103		起重机	台	108	
水坞	平方米	104		分拣设备	台	109	
自动化立体库	平方米	105		…	…	…	

表 2-2　　　　　　　　　　　　　某市物流设备调查表

××××年 6 月 30 日

单位名称	货运车辆（辆）	集装箱专用车（辆）	冷藏车（辆）	装卸设备（台）
×××				
×××				
×××				
×××				
×××				
×××				
×××				
合计				

（四）确定调查时间

统计调查时间有两种含义，即调查时间和调查期限。

调查时间是指调查数据所属的时间。时期现象的调查时间是数据所反映的起始和截止时间。例如，我国 2017 年国内生产总值的调查时间是 2017 年 1 月 1 日至 12 月 31 日。时点现象的调查时间就是统一调查的标准时点。例如，我国第六次人口普查的标准时点是 2010 年 11 月 1 日零时。

调查期限是指进行调查工作的时限，包括搜集数据和报送数据的整个工作所需要花费的时间。为了保证调查数据的及时性，应尽量缩短调查期限。例如，第六次人口普查登记的时间是 2010 年 11 月 1 日至 10 日，普查期限为 10 天。

（五）确定调查工作的组织实施计划

制订调查工作的具体组织实施计划是对完成整个调查工作所进行的各项必要的工作安排，包括组织准备、人员培训、文件材料、落实调查经费的来源和开支办法，确定调查数据的报送方法和公布调查结果的时间等。

【例 2-1】 南昌市主城区饮料市场消费状况调查方案如下。

一、调查目的

随着人们生活水平的提高，对饮料的消费要求也越来越苛刻，这就迫使饮料生产厂商不断推出不同口味、不同成分以及不同功效的饮料。为了了解南昌市主城区饮料消费者对饮料的需求状况，了解消费者的购买心理和需求意向，我们决定对南昌市主城区饮料市场做一次调查。

二、调查对象和调查单位

调查对象是南昌市主城区饮料市场的消费者。

由于调查方法是对消费者进行抽样调查，按南昌市区行政区域（东湖区、西湖区、青云谱区、青山湖区以及红谷滩新区）进行分层抽样，并深入市区各行政区域的商场、超市、社区广场等人群聚集地随机抽取消费者填写调查问卷。因此，调查单位是随机抽取的填写调查问卷的消费者。

三、调查项目

1. 不同类别的消费者对饮料的认知和需求情况。

2. 消费者心目中的品牌和广告的影响。

四、调查时间

数据资料的收集时间为 2017 年 8 月 1 日至 15 日。

五、调查工作的组织

1. 调查小组及分工（略）

2. 调查小组的培训（略）

3. 调查工作的经费预算

本次调查预备发放问卷 4 000 份，通过调查员代填的方式回收问卷，同时由调查员负责发放小礼品（初步拟定为印有 A 饮料品牌标志的指甲钳）。本次调查预计总体费用为 6 000 元，其中问卷制作费用 1 000 元，礼品费用 4 000 元，交通费用 400 元，办公费用 200 元，通信费用 200 元，饮食等其他费用 200 元。

附录：南昌市主城区饮料市场消费者调查问卷

亲爱的朋友：您好！

欢迎您参加我们的不记名问卷调查！我们是南昌某大学经济学院的学生，因学习需要，正在就南昌市主城区饮料的需求状况，做一次问卷调查。问卷仅占用您 5 分钟左右的时间，希望您能帮助我们完成这次调查。同时为了感谢您的配合，我们将赠送您一个印有 A 饮料品牌 Logo 的指甲钳，希望您喜欢。

1. 您的年龄（　　　）

    A. 18 岁以下　　　　B. 18～30 岁　　　　C. 30～60 岁　　　　D. 60 岁以上

2. 您的性别（　　　）

    A. 男性　　　　B. 女性

3. 您的月收入（　　　）

    A. 没有月收入　　　　B. 1 000 元以下　　　　C. 1 000～3 000 元　　　　D. 3 000 元以上

4. 您平均每天饮用饮料（ ）

    A. 400 毫升以下　　　B. 400～600 毫升　　　C. 600～800 毫升

    D. 800～1 000 毫升　　E. 1 000 毫升以上

5. 您喝饮料的目的是（ ）

    A. 解渴　　　　　　　B. 饭桌饮用　　　　　　C. 受广告影响

    D. 提神　　　　　　　E. 减肥等

6. 您经常购买哪类饮料（ ）

    A. 水类　　　　　　　B. 碳酸类　　　　　　　C. 果汁类　　　　　　D. 茶类

    E. 咖啡类　　　　　　F. 乳品类　　　　　　　G. 其他

7. 下列饮用水中，您经常购买的是哪种品牌（ ）

    A. 润田　　　　　　　B. 农夫山泉　　　　　　C. 娃哈哈

    D. 雀巢　　　　　　　E. 其他

8. 您经常购买哪种品牌的碳酸类饮料（ ）

    A. 润田　　　　　　　B. 可口可乐　　　　　　C. 百事可乐　　　　　D. 雪碧

    E. 非常可乐　　　　　F. 其他

9. 果汁类饮料中，您经常购买的品牌是（ ）

    A. 润田　　　　　　　B. 汇源　　　　　　　　C. 鲜橙多　　　　　　D. 农夫山泉

    E. 牵手　　　　　　　F. 其他

10. 您对饮料品牌的态度是（ ）

    A. 只购买认准的品牌　　　　　　　　　　B. 两三个品牌轮换着买

    C. 不考虑品牌，见到什么就买什么　　　　D. 不考虑品牌，哪个便宜就买哪个

11. 您购买饮料的地点通常是（ ）

    A. 大型商场　　　　　B. 中小型超市　　　　　C. 便利店

    D. 自动售货机　　　　E. 其他

12. 在购买饮料的方式上，您一般是（ ）

    A. 零星购买　　　　　B. 小批量批发　　　　　C. 较大批量批发　　　D. 其他

13. 您最喜欢哪种促销方式（ ）

    A. 直接折扣　　　　　B. 买一送一　　　　　　C. 赠送小礼品

    D. 赠送促销点的购物券　　　　　　　　　E. 其他

14. 您对南昌市饮料市场有什么看法和建议？

四、统计调查方法

统计调查方法是指搜集调查对象原始数据的方法，即调查者向被调查者搜集答案的方法。搜集原始数据的具体方法主要包括以下几种。

1. 直接观察法

直接观察法是由调查人员到现场对被调查对象进行直接点数和计量，如对商品库存的盘点等。直接观察法能够获得较准确的数据，有利于开展统计分析，但需要大量的人力、物力和财力，需要的时间也较长，而且无法用于对历史统计数据的搜集。

2. 采访法

采访法是根据被调查者的答复来搜集统计数据，具体可分为询问法和被调查者自填法。询问法是由调查人员按调查项目的要求，逐项向被调查者询问有关情况，并将询问结果计入表内。被调查者自填法是由调查人员把调查表交给被调查者，并向被调查者说明填表的要求和方法以及对

有关注意事项加以解释后，由被调查者按实际情况填写，填好后交调查人员审核收回。询问法的主要优点是回答率较高，对被调查者的文化程度要求不高，主要缺点是耗时、费力、成本高，敏感性问题较难获得真实回答。被调查者自填法的主要优点是调查表的回收率较高，统一的调查表便于整理，主要缺点是要求被调查者文化程度较高，耗时、费力、成本高。

3. 报告法

报告法是由报告单位根据各种原始记录和核算数据，按照统一的表格及填报要求，在规定的时间内，以一定的程序向有关单位提供统计数据的方法。我国现行的统计报表制度采用的就是报告法。报告法有统一的表格及填报要求，便于统计整理。如果报告系统健全、原始记录及核算工作完善，数据的可靠性可以得到保证，但需要的时间较长，要求被调查者的文化程度或业务水平较高。

4. 网上调查法

网上调查法是指利用信息网络向被调查单位和个人的网站发出调查提纲、表格或问卷，被调查者在他们方便时亦通过网络给调查者发送相关信息。与传统调查方法相比，网上调查有其独特的优点，如需要的经费少、能在较大范围内进行调查、传播速度快等。

五、统计调查体系

为适应社会主义市场经济的要求，我国建立了以必要的周期性普查为基础，以经常性的抽样调查为主体，同时辅之以重点调查、典型调查、统计推算和统计报表综合运用的统计调查体系。

(一) 普查

普查是为某一特定的目的而专门组织的一次性全面调查，如人口普查、经济普查、农业普查、工业企业设备普查、库存物资普查等。我国的人口普查、农业普查每十年进行一次，经济普查每五年进行一次。普查一般用来调查时点现象的量，有时也会用来反映时期现象的量。

普查之所以在统计调查体系中处于基础地位，是由于普查的范围广泛，搜集的数据全面，能提供较多、较详细的原始数据，是摸清重要的国情、国力，为国家制定有关政策或措施提供决策依据的重要手段。例如，2010年11月1日零时进行的第六次人口普查登记的主要内容包括姓名、性别、年龄、民族、户口登记状况、受教育程度、行业、职业、迁移流动、社会保障、婚姻、生育、死亡、住房情况等。第六次人口普查查清了我国的人口总量和基本结构，掌握了当前人口发展的新情况，揭示出我国人口发展面临的重大挑战。但普查的工作量大，耗时长，耗资较多，不宜经常进行。例如，第六次人口普查在全国范围内选聘了近800万名普查员、普查指导员，加上其他普查工作人员，组建了一支有近千万人员的普查大军；在普查登记结束后，还按照规定的方法进行全面复查，发现差错后重新入户核对，经确认后予以更正，复查工作在2010年11月15日前完成。国务院人口普查办公室在2011年12月31日前完成人口普查全部数据的汇总工作。

普查的组织方式一般有两种：一是组织专门普查机构，配备一定数量的普查人员，对调查单位进行直接登记，如人口普查等；二是利用单位的原始记录和核算数据，颁发一定的调查表格，由填报单位进行填报，如库存物资普查等。

快速普查是一种特殊的普查，属于第二种普查方式。快速普查是指为了完成紧迫的调查任务，由最高一级普查机构以报表的形式直接向基层单位布置任务，基层单位则利用原始数据和核算数据填报后直接报送到最高一级普查机构集中汇总，以缩短数据的传递和汇总时间。进行快速普查要求调查项目较少，涉及范围较小。

普查作为一种一次性的全面调查，对数据的准确性和时效性要求很高，因此，在组织普查时必须注意以下几点。

1. 规定统一的标准时点

标准时点是指对被调查对象登记时所依据的统一时点。例如，第六次人口普查的标准时点是

2010 年 11 月 1 日零时。标准时点一经确定，所有调查数据都要反映这一时点上的状况，以避免搜集数据时因现象的变化而产生重复登记或遗漏登记。人口普查如果没有一个统一的标准时点，就会由于人口的出生和死亡、迁入和迁出得不到准确的数据。

2. 规定统一的普查期限

在普查范围内，各调查单位应尽可能同时进行登记，并尽可能在最短期限内完成，以保证普查数据的准确性和时效性。但是，在实际登记时，不可能全国各地都在标准时点的那一瞬间把普查的各项数字都同时登记好，而是在规定的普查期限内进行登记，但需要把普查期限内的变动加以调查调整，以取得标准时点的准确数据。普查期限应尽量紧靠标准时点。例如，第六次人口普查登记的时间是 2010 年 11 月 1 日至 10 日，普查期限为 10 天。

（二）抽样调查

抽样调查是根据随机原则，从调查对象中抽取一部分单位作为样本进行调查研究，并根据样本指标数值来推断总体数量特征的一种非全面调查。

例如，要了解某市家庭平均收入水平，可在全市所有家庭中随机抽选部分家庭进行调查，并计算出这部分家庭的平均收入，以此来推断全市家庭平均收入水平。

抽样调查省时、省力、抗干扰能力较强，抽样误差可以计算和控制，能较准确地达到认识总体数量特征的目的，组织方便灵活，故而应用广泛，成为我国统计调查体系的主体，在社会经济领域和科学实验中发挥着重大作用。

有关抽样调查的理论和方法将在项目六中专门论述。

（三）重点调查

重点调查是从调查对象中选择一部分重点单位进行调查，以了解总体基本情况的一种非全面调查。

所谓重点单位，是指调查的标志值在总体标志总量中占有绝大比重的单位。这些单位数量虽然不多，但通过对这些单位的调查，就能取得反映总体基本情况的数据。例如，要了解全国钢铁生产的基本情况，只需对首都钢铁厂、鞍山钢铁厂、武汉钢铁厂、太原钢铁厂、宝山钢铁厂、包头钢铁厂、攀枝花钢铁厂等几家钢铁企业进行调查。因为这些企业的钢铁产量占全国钢铁产量的绝大比重，对它们进行调查就能及时了解全国钢铁生产的基本情况。

重点调查既可用于经常性调查，也可用于一次性调查。重点调查由于调查单位少，可以调查较多的项目，与全面调查相比，具有省时、省力、时效性强的优点，能用较小的代价搜集到反映总体基本情况的数据。当调查任务只要求掌握调查对象的基本情况，且调查对象中确实存在重点单位时，比较适合采用重点调查。但是，由于重点单位与一般单位差别很大，重点调查不具备推断总体总量的条件。

（四）典型调查

典型调查是根据调查的目的和要求，在对调查对象进行初步分析的基础上，有意识地选取若干具有代表性的单位进行调查和研究，借以认识现象发展变化规律的一种非全面调查。

典型调查大体上可以分为两种：一是对个别典型单位进行"解剖麻雀"式的调查，即搜集数据与分析具体情况相结合；二是在调查对象各单位之间差异较大时，可对调查对象按与研究目的有关的主要标志划分类型，然后在各类型组中选择典型单位进行调查。这种形式称为"划类选典"式的典型调查。

典型调查可以补充全面调查的缺口，搜集不可能或不需要通过全面调查取得的统计数据；可以具体问题具体分析，分析问题的来龙去脉；"划类选典"式典型调查可以据以估算总体数值，但不能计算和控制调查误差。

（五）统计推算

所谓统计推算，是在不可能或不必直接通过统计调查取得有关数据的情况下，根据已掌握的数据，运用各种统计方法进行科学的估计推算，以间接方式取得所需要的数据。

统计推算的内容主要包括：从一个现象推算另一现象，从局部推算总体，从现在推算未来。统计推算的方法主要有比例推算法、因素估算法、平衡估算法、线性插值法、拉格朗日插值法以及各种动态数列的预测方法等。统计推算若是对同一时期内的未知项所做的推算，属于静态推算；若是针对未来时期所做的推算，属于动态推算。

（六）统计报表

统计报表是以原始记录为基础，按照统一规定的表式、统一的报送程序和报送时间，自上而下统一布置，自下而上逐级提供基本统计数据的一种调查方式。

统计报表按调查范围的不同，分为全面统计报表和非全面统计报表；按报表内容和实施范围的不同，分为国家统计报表、部门统计报表和地方统计报表；按调查填报单位的不同，分为基层统计报表和综合统计报表；按报送周期长短的不同，分为日报、旬报、月报、季报、半年报和年报。

统计报表具有统一性、周期性和相对可靠性的特点，但由于层层上报的方式，易受人为的主观因素的影响，且无法及时反映社会经济现象的变化状况。

在统计调查中，可根据调查目的和调查对象的特点，灵活选用不同的调查方式，以及时、准确地获得所需信息。

任务二 | 统计数据的整理

图 2-1 所示是某财产保险公司计划部经理通过统计调查搜集来的 160 个家庭财产保险推销员的个人年销售额数据。这些大量的、分散的个人年销售额数据只能表明每个家庭财产保险推销员的年销售情况，并不能反映该公司全部家庭财产保险推销员年销售额的数量特征。为了显示该公司全部家庭财产保险推销员年销售额的数量特征，需要将这些大量的、分散的原始数据进行科学的整理，使其系统化、条理化，以符合研究的需要。

一、统计整理概述

通过统计调查搜集来的只是各个调查单位分散的原始数据。这些大量的、分散的原始数据只能表明各个调查单位的具体情况，并不能说明总体的数量特征。为了反映总体的数量特征，必须对统计调查得来的原始数据进行科学的整理，或对已加工过的数据进行再加工，使其系统化、条理化，以符合研究任务的需要。这种把说明总体各个单位个别特征的数据用科学的方法加工整理，使之系统化、条理化，以表明总体数量特征的工作过程，就是统计整理。

统计整理实现了从个别单位的变量值到说明总体数量特征的指标值的过渡，是统计分析的前提，在统计研究中起着承前启后的作用。数据整理是否正确，直接决定了整个统计研究任务能否顺利完成。不恰当的加工整理往往使调查得来的丰富的原始数据失去价值，难以得出满意的分析结果。

统计整理包括四方面的内容：统计数据审核、统计数据分组、统计数据汇总和编制统计表。统计数据审核包括准确性审核、及时性审核及完整性审核。统计数据汇总的组织形式有逐级汇总和集中汇总两种。

统计整理的中心任务是进行统计分组和编制次数分布数列。

二、统计分组

（一）统计分组的概念和作用

统计分组是根据统计研究的需要，将总体按一定的分组标志划分为若干性质不同的组成部分的一种统计方法。

由于统计总体是由具有某种共同特征的许多个别单位组成的群体，所以，总体的各个单位既有共性又有个性。总体各单位的共同性使它们构成一个同质总体，而总体单位之间的差异性则使得在同一总体范围内的单位之间产生许多不同差别。总体能够分组，是由总体的差异性决定的。通过统计分组，可使性质相同的单位归为一组，以保持组内的同质性；可使性质不同的单位归并到不同的组，以形成组与组之间的差别。例如，以大学教师为总体研究其教学科研情况，可按职称这一分组标志将大学教师分为助教、讲师、副教授、教授四组。在组内，教师的职称是一样的，但组与组之间教师的职称存在差别。统计分组对总体来说是分，对总体单位来说是合。

统计分组的作用在于以下三方面。

1. 划分现象的类型

社会经济现象存在着复杂多样的类型，各种不同的类型有着不同的特点以及不同的发展规律。划分现象的类型是统计分组的主要作用。例如，工业企业按经济类型分组，人口按性别分组，等等。通过统计分组，可以表明各类社会经济现象的数量特征，并且可以深入分析研究其发展规律。

2. 研究总体的内部结构

在统计分组的基础上，可以计算各组对总体的比重，以反映总体的内部构成情况，揭示不同构成部分之间的差异。例如，工业企业按经济类型分组后，可以观察国有经济、集体经济、股份制经济、外商投资经济等在工业总产值中所占比重。

3. 分析现象之间的依存关系

一切社会经济现象彼此间都是相互依存、相互联系的。如产品质量与企业经济效益之间有着依存关系，粮食单产与施肥量之间有着依存关系等。通过统计分组，可以将这种相互依存关系的形式和程度具体地表现出来，并清楚地看到它们相互影响的作用、程度和规律性。例如，可以通过某种农作物的耕作深度与收获率的分组资料，反映该农作物的耕作深度与收获率之间的依存关系，如表 2-3 所示。

表 2-3 　　　　　　　　　　　某乡某种农作物的耕作深度与收获率的关系

耕地按耕作深度分组（厘米）	地块数	平均收获率（千克/亩）
10～12	7	200
12～14	10	250
14～16	16	300
16～18	12	270
18～20	5	250

注：1 亩≈666.7 平方米。

（二）统计分组的原则

统计分组的关键在于选择分组标志和划分各组界限。分组标志，就是将总体区分为不同组别的标准或依据。一个总体具有很多特征，分组标志一经选定，必将突出总体在这个标志下的性质差异，而将总体在其他标志下的性质差异掩盖起来。确定分组界限的基本要求是把性质相同的单位放在一个组内，性质不同的单位放入不同的组，而且每个单位都只能归入一个组内，不应出现某个单位既可放入这一组又可放入另一组的情况。因此，统计分组必须遵循如下三个基本原则。

1. 穷尽性原则

穷尽性原则要求分组时每一个总体单位都应有组可归，即总体的各个组，必须能包容全部原始数据，不能遗漏任何数据。

2. 互斥性原则

互斥性原则要求组与组之间在含义和口径上不能发生重叠，必须使各组的范围互斥，保证总体中的任何一个单位只能归属于一组，不能模棱两可或归属不定。

3. 反映事物本质的原则

反映事物本质的原则要求分组的结果尽量反映事物的本质特征，突出各组之间质的差异。例如，学习成绩中的 60 分，计划完成程度中的 100%，分别是是否及格、是否完成任务的分界变量值，分组时必须以其作为分组的界限之一。

（三）统计分组的种类

1. 按分组标志的性质不同进行分类

按分组标志的性质不同可分为按品质标志分组和按数量标志分组。

按品质标志分组即按现象的属性特征分组。例如，人口按性别、职业、文化程度等标志分组，工业企业按经济类型、行业、地区等标志分组等。

按数量标志分组即按现象的数量特征分组。例如，商店按销售额分组，医院按拥有病床数分组，学生按考试成绩分组等。

2. 按分组标志的多少进行分类

按分组标志的多少可分为简单分组、并列分组和复合分组。

简单分组是将总体按一个标志进行分组。简单分组能从某一方面说明总体特征。例如，高校教师按职称分组为教授、副教授、讲师、助教，高考学生按科别分组为文科、理科等。

并列分组是对同一总体按两个或两个以上的标志进行若干次简单分组，其所形成的分组体系，也可称为平行分组体系。并列分组能从不同的角度说明总体的特征。例如，将高校学生分别按学科、本科或专科、性别分组，其分组体系如图 2-2 所示。

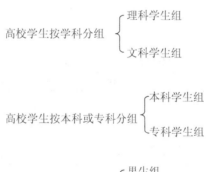

图 2-2　高校学生平行分组体系

复合分组是对同一总体按两个或两个以上的标志层叠起来进行分组。复合分组形成复合分组体系。采用复合分组能更深刻地反映总体的内部结构，更细致地分析问题。例如，将高校学生首先按学科分组，然后在此基础上按本科或专科分组，再在第二次分组的基础上按性别进行分组，其分组体系如图 2-3 所示。

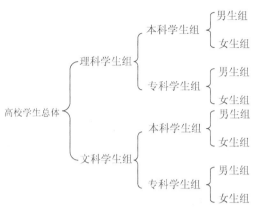

图 2-3　高校学生复合分组体系

任务三 | 编制次数分布数列

一、次数分布概述

在统计分组的基础上，将总体所有单位按组归类排列，形成总体各单位在各组间的分布，称为"次数分布"或"频数分布"，又称"分布数列"或"分配数列"。分布在各组的总体单位数称为"次数"或"频数"，各组次数与总次数的比率称为"频率"。次数分布有两个组成要素：一是总体按某标志所分的组，二是分布在各组的总体单位数。

次数分布是统计整理结果的重要表现形式，它可以表明总体单位的分布状况和分布特征，是统计分析的重要基础。

根据分组标志的不同性质，分布数列可分为属性分布数列和变量分布数列。属性分布数列是按品质标志分组所形成的分布数列，简称"品质数列"；变量分布数列是按数量标志分组所形成的分布数列，简称"变量数列"。

例如，我国（不含港、澳、台地区）2016 年人口按性别分组所形成的属性分布数列如表 2-4 所示。

表 2-4　　　　　2016 年（年末）我国（不含港、澳、台地区）人口的性别分布

性别	人口数（万人）（次数）	构成（%）（频率）
男	70 815	51.21
女	67 456	48.79
合计	138 271	100.00

数据来源：《中国统计年鉴 2017》，中国统计出版社。

又如，图 2-1 所示的 2017 年某财产保险公司 160 个家庭财产保险推销员按年销售额分组所形成的变量数列如表 2-5 所示。

表 2-5　　　　2017 年某财产保险公司 160 个家庭财产保险推销员销售额分组数据

按年销售额分组（万元）	人数（人）（次数）	比重（%）（频率）
10～12	6	3.75
12～14	13	8.13
14～16	29	18.13
16～18	36	22.50

续表

按年销售额分组（万元）	人数（人）（次数）	比重（%）（频率）
18~20	25	15.62
20~22	17	10.62
22~24	14	8.75
24~26	9	5.62
26~28	7	4.38
28~30	4	2.50
合计	160	100.00

相对于变量数列，品质数列对现象性质的差异表现比较明确，总体中各组的划分问题比较容易解决，通常能比较准确地反映总体的分布特征。变量数列则对现象性质的差异表现不甚明确，决定现象性质的数量界限往往因人的主观认识而有所差异。因此，按同一数量标志分组时有出现多种分布的可能。为了使变量数列能比较准确地反映总体的分布特征，需重点研究变量数列的编制问题。

二、变量数列的编制

（一）变量数列的种类

1. 按用以分组的变量的取值是否连续分类

根据用以分组的变量的取值是否连续，变量数列可分为离散型变量数列和连续型变量数列。离散型变量数列如表 2-6 所示，连续型变量数列如表 2-5 所示。

表 2-6 　　　　　　　　2017 年 12 月某生产车间工人按日产量分组表

日产量（件）	工人人数（人）	比重（%）
8	4	13.33
9	6	20.00
10	9	30.00
11	8	26.67
12	3	10.00
合计	30	100.00

2. 按用以分组的变量的取值是否唯一进行分类

根据用以分组的变量的取值是否唯一，变量数列可分为单项数列和组距数列。以一个变量值代表一个组，按一定的顺序排列所形成的变量数列称为单项数列，它一般适用于离散型变量变动幅度不大的资料，单项数列如表 2-6 所示。由表示一定变动范围的两个变量值代表一个组，按一定的顺序排列所形成的变量数列称为组距数列，它一般适用于变量值个数较多、变动幅度较大的资料。连续型变量因其取值难以一一列出，一般只能编制组距数列；离散型变量若变量值的个数较多、变量值的变动范围较大，则宜编成组距数列。组距数列如表 2-5 所示。

（二）组距数列的编制

单项数列的编制比较简单，即将各变量值按大小顺序排列后计算各变量值的次数或频率，最后将结果以表格的形式表现即可。组距数列的编制则比较复杂。下面就组距数列的编制方法专门加以研究。

1. 编制组距数列时要注意的三组概念

（1）全距、组距和组数

全距是变量数列的最大值与最小值之差，又称"极差"，表明变量数列中变量值变动的最大范围。例如，图 2-1 所示的某财产保险公司 160 个家庭财产保险推销员年销售额中，最高的是 29.55 万元，最低的是 10.05 万元，则全距为 19.5 万元。

组距是指各组中的最大值与最小值之差，表明各组内变量值变动的最大范围。例如，表 2-5 中，各组的组距均为 2 万元。组数的多少与组距有密切关系，组距大则组数少，组距小则组数多，两者成反比例变化。在具体确定组距时，应使组距能体现组内数据的同质性和组与组之间的差异性。组距与组数的关系可用公式表现为：

$$组距 = \frac{全距}{组数} \tag{2-1}$$

组距的大小要适度，要能正确反映总体的分布特征及其规律。组距过大，则组数过少，容易把不同质的总体单位归在一个组内；组距过小，则组数过多，又容易把同质的总体单位分散在不同的组内。两者都不符合统计分组的要求。

（2）等距数列和异距数列

各组组距相等的组距数列，称为"等距数列"。表 2-5 所示的某财产保险公司 160 个家庭财产保险推销员按年销售额分组形成的数列是等距数列。

各组组距不相等的组距数列，称为"异距数列"。表 2-7 所示的某小区儿童身高分布数列是异距数列。在异距数列中，各组的次数受组距不同的影响。在研究各组次数实际分布时，要消除组距不同的影响，计算次数密度。次数密度是反映次数在各组分布密集程度的指标，其计算公式为：

$$次数密度 = \frac{本组次数}{本组组距} \tag{2-2}$$

次数密度的计算过程如表 2-7 所示。

表 2-7　　　　　　　　　2017 年 10 月 28 日某小区儿童身高分布情况

按身高分组（厘米）	组距（1）	人数（人）（2）	次数密度（3）=（2）/（1）
70～90	20	3	0.15
90～100	10	7	0.70
100～120	20	13	0.65
120～130	10	5	0.5
130～140	10	2	0.2
合计	—	30	—

等距数列适用于变量值变动比较均匀的现象，异距数列适用于变量值变动不均匀、出现急剧增长或下降、波动较大的现象。

（3）组限和组中值

组限是指每组两端的变量值，大的变量值称为上限，小的变量值称为下限。编制组距数列时，当变量值由小到大排列则第一组的下限应小于或等于最小变量值，最后一组的上限应等于或大于最大变量值。

组限是现象内部质的区分点，组限的确定要能反映现象内部特征的真实情况。对于离散型变量来说，其变量值都是整数，变量值之间有着明显的界限，因此，离散型变量数列采用的是不重叠组限，即前一组的上限和后一组的下限是不同的变量值。对于连续型变量来说，其变量值之间是连续的，因此连续型变量数列采用的是重叠组限，即前一组的上限和后一组的下限是相同的变量值,恰恰为上限变量值的总体单位不包括在本组内,放在下一组,称为"上组限不在内"。

组中值是组距数列中每组变量值变动范围的中点值。组中值具有两个特点:一是代表性,即组中值是各组所有变量值的代表值,常用来代表各组变量值的平均水平;二是假定性,即用组中值来代表各组变量值的平均水平具有一定的假定性,它假定组内的变量值是均匀分布的。组中值的计算公式为:

$$组中值=(上限+下限)/2 \tag{2-3}$$

首末两组上、下限俱全的叫闭口组。当数列中出现特大或特小极端数值时,可编制开口组变量数列,即在组距数列中首组无下限或末组无上限,用"××以下"或"××以上"表示。开口组的组距习惯上按相邻组的组距计算,其组中值的计算公式为:

$$缺下限开口组组中值=上限-邻组组距/2 \tag{2-4}$$
$$缺上限开口组组中值=下限+邻组组距/2 \tag{2-5}$$

此法是假定上、下限不全的首组和末组的次数分布同邻组的次数分布一致。如果计算结果出现与实际情况不符,则应做特殊处理,将假定的上、下限定在极限值上。

2. 组距数列的编制步骤

(1)将原始数据由小到大按顺序排列;

(2)根据现象的特点和研究目的,确定编制等距数列还是异距数列;

(3)确定组距、组数与组限;

(4)从最小组起依次排列,分别计算次数和频率,形成组距数列。

【例2-2】根据某小区2017年6月1日30名同龄儿童身高(厘米)数据编制变量数列:

106　99　85　121　105　94　106　105　110　119
101　95　91　87　84　106　109　118　96　128
91　97　105　111　111　107　103　101　107　106

(1)将变量值按大小次序排列:

84　85　87　91　91　94　95　96　97　99
101　101　103　105　105　105　106　106　106　106
107　107　109　110　111　111　118　119　121　128

(2)计算全距:R=128-84=44(厘米)

(3)确定组数与组距:

令i=10厘米,则组数n=44/10=4.4,取5组。

(4)编制变量数列,如表2-8、表2-9所示。

表2-8　　　　　　　2017年6月1日某小区30名同龄儿童身高分布状况

按身高分组(厘米)	人数(人)
90以下	3
90~100	7
100~110	13
110~120	5
120以上	2
合计	30

表 2-9　　　　　　　　2017 年 6 月 1 日某小区 30 名同龄儿童身高分布状况

按身高分组（厘米）	人数（人）
80～90	3
90～100	7
100～110	13
110～120	5
120～130	2
合计	30

三、累计次数分布

在次数分布的基础上，将各组次数依次累计，形成累计次数分布；各组累计次数与总次数之比，形成累计频率分布。累计分布表明总体在某一变量值的某一水平上下总共包含的次数或频率。累计次数（或频率）可以是向上累计次数（或频率），也可以是向下累计次数（或频率）。

【例 2-3】根据表 2-5 所示的某财产保险公司 160 个家庭财产保险推销员按年销售额分组数据编制的累计次数分布数列如表 2-10 所示。

表 2-10　　　　2017 年某财产保险公司 160 个家庭财产保险推销员销售额分组数据

按年销售额分组（万元）	人数（人）	比重（%）	向上累计		向下累计	
			次数（人）	频率（%）	次数（人）	频率（%）
10～12	6	3.75	6	3.75	160	100.00
12～14	13	8.13	19	11.88	154	96.25
14～16	29	18.13	48	30.01	141	88.12
16～18	36	22.50	84	52.51	112	69.99
18～20	25	15.62	109	68.13	76	47.49
20～22	17	10.62	126	78.75	51	31.87
22～24	14	8.75	140	87.50	34	21.25
24～26	9	5.62	149	93.12	20	12.50
26～28	7	4.38	156	97.50	11	6.88
28～30	4	2.50	160	100.00	4	2.50
合计	160	100.00	—	—	—	—

向上累计次数（或频率），又称以下累计，或称较小制累计，是将各组次数（或频率）由变量值低的组向变量值高的组逐组累计。组距数列中某组向上累计次数表明该组上限以下的各组单位数之和是多少，某组向上累计频率表明该组上限以下的各组单位数之和占总体单位数的比重。例如，表 2-10 中第四组的向上累计次数是 84，向上累计频率为 52.51%，说明年销售额在 18 万元以下的家庭财产保险推销员合计为 84 人，占全部家庭财产保险推销员的 52.51%。

向下累计次数（或频率），又称以上累计，或称较大制累计，是将各组次数（或频率）由变量值高的组向变量值低的组逐组累计。组距数列中某组向下累计次数表明该组下限以上的各组单位数之和是多少，某组向下累计频率表明该组下限以上的各组单位数之和占总体单位数的比重。例如，表 2-10 中第四组的向下累计次数是 112，向下累计频率为 69.99%，说明年销售额在 16 万元以上的家庭财产保险推销员合计为 112 人，占全部家庭财产保险推销员的 69.99%。

累计分布可以用于研究社会财富分配的公平程度等问题。反映居民收入分配状况的洛伦兹曲线就是在居民收入分组的基础上，根据向上累计频率分布数列绘制的。

四、次数分布的主要类型

各种不同性质的社会经济现象都有着不同的次数分布。常见的次数分布有钟型分布、U 型分布和 J 型分布。

（一）钟型分布

钟型分布的特征是"两头小，中间大"，即靠近中间的变量值分布的次数多，靠近两端的变量值分布的次数少。其分布曲线图宛如一口古钟。钟型分布可分为以下两种。

1. 对称分布

对称分布的特征是中间变量值分布的次数最多，两侧变量值分布的次数随着与中间变量值距离的增大而渐次减少，并且围绕中心变量值两侧呈对称分布，如图 2-4a 所示。正态分布是最重要的对称分布。

2. 偏态分布

偏态分布的特征是两侧变量值分布的次数逐渐减少，但两侧减少的速度快慢不同，致使分布曲线向某一方向偏斜。分布曲线偏斜分两种情况：当变量值存在极大值时，次数分布曲线会向右延伸，这种分布称为右偏（正偏）分布，如图 2-4b 所示；当变量值存在极小值时，次数分布曲线会向左延伸，这种分布称为左偏（负偏）分布，如图 2-4c 所示。

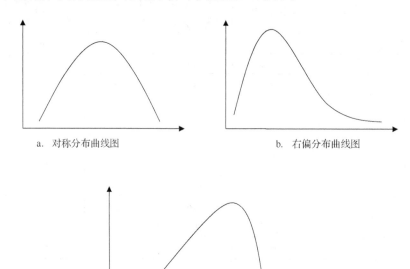

a. 对称分布曲线图　　　　　　　　b. 右偏分布曲线图

c. 左偏分布曲线图

图 2-4　钟型分布曲线图

有许多社会经济现象属于钟型分布，如农作物亩产量、市场价格、学生的成绩、职工的工资等现象都属于钟型分布。

（二）U 型分布

U 型分布的特征是"两头大，中间小"，即靠近中间的变量值分布的次数少，靠近两端的变量值分布的次数多。其分布曲线图像英文字母"U"，如图 2-5 所示。

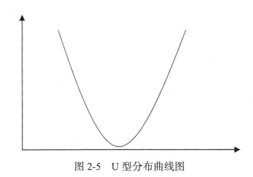

图 2-5 U 型分布曲线图

在社会经济现象中，不同年龄的死亡率的分布表现为 U 型分布。

（三）J 型分布

J 型分布的特征是"一边小，一边大"，即大部分变量值集中在某一端分布，分布曲线图像英文字母"J"。J 型分布有以下两种类型。

1. 正 J 型分布

正 J 型分布的特征是次数随着变量值的增大而增多，大部分变量值集中分布在右边，如图 2-6a 所示。例如，投资额按利润率大小分组，一般呈正 J 型分布，表明利润率越高，投资额越高。

2. 反 J 型分布

反 J 型分布的特征是次数随着变量值的增大而减少，如图 2-6b 所示。例如，老年人口按年龄大小分组，一般呈反 J 型分布，表明年龄越大，人数越少。

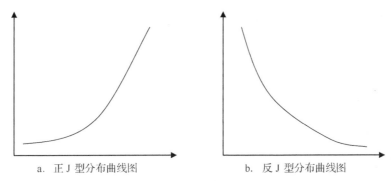

a. 正 J 型分布曲线图　　　　　　　　　b. 反 J 型分布曲线图

图 2-6 J 型分布曲线图

任务四 ︱ 统计数据的显示

统计数据的显示有两种方法：一是表式法；二是图示法。

一、统计表

统计表是容纳与表现统计数据的表格。经过汇总整理的统计数据，按一定的顺序排列在相应的表格内，就形成统计表。广义的统计表还包括统计调查表和统计分析表。统计表能清楚、有条理地显示统计数据，直观地反映总体分布特征，且便于检查数据的准确性和完整性，便于进行统计分析。

（一）统计表的结构

统计表的结构可以从表式和内容两个方面来观察。

1. 统计表的表式

从表式来看，统计表是由纵横交叉的线条组成的表格，主要由总标题、横行标题、纵栏标题、数据四部分构成。此外，有些统计表在表下还增列补充资料、注解、附记、数据来源、填表单位、填表人员及填表日期等内容。

总标题是统计表的名称，它用概括性的文字说明统计数据的基本内容、所属时间和范围，一般位于统计表的正上方。

横行标题是统计表横行的名称，通常用来表示统计表所要说明的对象。它可以是总体、总体的各个组或总体单位，一般位于统计表的左方。

纵栏标题是统计表纵栏的名称，通常用来表示统计指标的名称，一般位于统计表的上方。

数据是统计表中的指标数值，一般列在各横行和纵栏的交叉处，用来说明总体及其组成部分的数量特征。

统计表的表式如表 2-11 所示。

表 2-11　　2017 年某财产保险公司 160 个家庭财产保险推销员销售额分组数据　（总标题）

按年销售额分组（万元）	人数（人）（频数）	比重（%）（频率）
10～12	6	3.75
12～14	13	8.13
14～16	29	18.13
16～18	36	22.50
18～20	25	15.62
20～22	17	10.62
22～24	14	8.75
24～26	9	5.62
26～28	7	4.38
28～30	4	2.50
合计	160	100.00

纵栏标题（右上）　数据（右中）　横行标题（左）　主词　宾词

2. 统计表的内容

从内容来看，统计表由主词和宾词两部分组成。主词是统计表所要说明的对象，它可以是总体、总体的各个组或总体单位；宾词是用来说明总体数量特征的统计指标，包括指标名称和指标数值。

（二）统计表的分类

1. 按用途分类

统计表按用途来分，可分为调查表、整理表和分析表。

统计调查表是指在统计调查阶段用于登记、搜集原始统计数据的表格，表内的数据是未经综合的各个总体单位的标志值。调查表可分为单一表和一览表两种形式。

统计整理表是在统计整理阶段用于加工和汇总统计数据的表格。表内的数据是经过汇总的总量指标，包括总体单位数和一系列的标志总量。整理表也可以称为汇总表、综合表。

统计分析表是在统计分析阶段对统计整理所得的统计数据进行定量分析的表格。表内的数据既可以有总量指标，又可以有在总量指标基础上计算出来的相对指标和平均指标。分析表往往与整理表结合在一起，是整理表的延续。

2．按主词的分组情况分类

统计表按主词的分组情况来分，可分简单表、分组表和复合分组表。

简单表是主词未经任何分组的统计表。其主词或是按总体单位名称排列，或是按时间顺序排列等。简单表的表式如表 2-12 至表 2-14 所示。

表 2-12　　　　　　　　　　2016 年华东地区各省市地区生产总值

省份	地区生产总值（亿元）
上海	28 178.65
江苏	77 388.28
浙江	47 251.36
安徽	24 407.62
福建	28 810.58
江西	18 499.00
山东	68 024.49
合计	292 559.98

数据来源：《中国统计年鉴 2017》，中国统计出版社。

表 2-13　　　　　　　　　　2006—2016 年我国国内生产总值

年份	国内生产总值（亿元）
2006	219 438.5
2007	270 232.3
2008	319 515.5
2009	349 081.4
2010	413 030.3
2011	489 300.6
2012	540 367.4
2013	595 244.4
2014	643 974.0
2015	685 505.8
2016	744 127.2
合计	5 269 817.4

数据来源：《中国统计年鉴 2017》，中国统计出版社。

表 2-14　　　　　　　2006—2016 年我国（不含港、澳、台地区）人口数

年份	人口数（年末）（万人）
2006	131 448
2007	132 129
2008	132 802
2009	133 450
2010	134 091
2011	134 735
2012	135 404

续表

年份	人口数（年末）（万人）
2013	136 072
2014	136 782
2015	137 462
2016	138 271

数据来源：《中国统计年鉴 2017》，中国统计出版社。

注意：国内生产总值是时期现象，故 2006—2016 年我国国内生产总值可以相加计算合计数；而人口数是时点现象，故 2006—2016 年我国（不含港、澳、台地区）人口数不能相加计算合计数，也就是说，计算各年人口的合计数没有意义。

分组表包括主词只按一个标志分组形成的简单分组表和按多个标志并列分组形成的并列分组表。简单分组表如表 2-11 所示，并列分组表如表 2-15 所示。

表 2-15　　　　　　　　　某市 2017 年固定资产投资及构成表

按投资来源和投资用途分组	固定资产投资额（亿元）	比重（%）
按投资来源分	1 061.37	100.00
预算内投资	414.45	39.05
预算外投资	646.92	60.95
按投资用途分	1 061.37	100.00
生产性建设	576.89	54.35
非生产性建设	484.48	45.65

复合分组表是指主词按两个或两个以上标志层叠起来进行分组后形成的统计表。复合分组表如表 2-16 所示。

表 2-16　　　　　　　　　某市 2017 年固定资产投资及构成表

按投资来源和投资用途分组	固定资产投资额（亿元）	比重（%）
预算内投资	414.45	39.05
其中：生产性建设	230.76	55.68
非生产性建设	183.69	44.32
预算外投资	646.92	60.95
其中：生产性建设	346.13	53.50
非生产性建设	300.79	46.50
合计	1 061.37	100.00

（三）统计表的编制要求

统计表的编制，应符合以下要求。

（1）统计表是开口表，即表的左、右两端不封口。

（2）统计表的上、下端线宜画粗线或双线，表内分行宜用细线。

（3）数据要注明计量单位，当全表只有一个计量单位时，可把它写在表头的右上方。

（4）表中的数字应填写整齐，保持同一精确度。

（5）不要求填写或不可能有填写内容的空格以符号"—"表示；数字暂缺的以符号"…"表示；当某数与上、下、左、右相同时，仍应填写完整，避免出现"同上""同左"等字样；表中的数字栏不应留有空格。

二、统计图

统计图是直观、形象、生动地显示总体分布特征的又一形式。统计图的种类很多，常用的有直方图、折线图和曲线图。

（一）直方图

直方图（柱形图）是用直方形的高度和宽度来表示次数分布特征的图形。绘制直方图时，平面直角坐标系中的横轴表示数据分组，纵轴表示次数或频率，依据组距数列便可绘出直方图。异距数列则应以次数密度为纵轴，数据分组为横轴，绘制直方图。根据表 2-5 所示的某财产保险公司 160 个家庭财产保险推销员按年销售额分组数据绘制的直方图如图 2-7 所示。

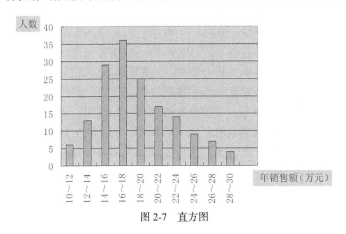

图 2-7　直方图

（二）折线图

折线图是在直方图的基础上，以各组的组中值作为该组的代表值，结合次数求坐标点，且横轴左、右两端各延长一个假想组距，使起点和终点分别落在左边和右边假想组距中点位置的横轴上。

根据表 2-6 某财产保险公司 160 个家庭财产保险推销员按年销售额分组数据绘制的折线图如图 2-8 所示。

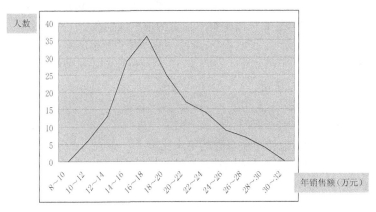

图 2-8　折线图

（三）曲线图

当变量值非常多、变量数列的组数无限增多时，折线便近似地表现为一条平滑的曲线。

项目小结

项目二主要介绍了统计调查的概念、统计调查方法、统计调查体系、统计调查方案的设计以及统计整理的概念、统计分组、次数分布数列编制、统计表、统计图等内容。

统计调查是根据统计研究的目的和要求，有组织、有计划地搜集统计数据的工作过程。统计调查方法是指搜集调查对象原始数据的方法，主要包括直接观察法、采访法、报告法、网上调查法等。我国的统计调查体系是以必要的周期性普查为基础，以经常性的抽样调查为主体，同时辅之以重点调查、典型调查、统计推算和统计报表综合运用的统计调查体系。一个完整的统计调查方案应包括：确定调查的目的、确定调查对象和调查单位、确定调查项目和调查表、确定调查时间、确定调查工作的组织实施计划。

统计整理是把说明总体各个单位个别特征的数据，用科学的方法加工整理，使之系统化、条理化，以表明总体数量特征的工作过程。统计整理的中心任务是进行统计分组和编制次数分布数列。统计分组是根据统计研究的需要，将总体按一定的分组标志划分为若干性质不同的组成部分的一种统计方法。在统计分组的基础上，将总体所有单位按组归类排列，形成总体各单位在各组间的分布，称为频数分布或次数分布，又称分布数列或分配数列。

统计表是容纳与表现统计数据的表格。从表式来看，统计表主要由总标题、横行标题、纵栏标题、数据四部分构成；从内容来看，统计表由主词和宾词两部分组成。统计图能直观、形象、生动地显示统计数据。常用的统计图有直方图、折线图和曲线图。

应用技能训练

一、单项选择题

1. 统计调查所搜集的数据为（　　）。
   - A. 统计指标的数值
   - B. 原始数据
   - C. 次级数据
   - D. 原始数据或次级数据

2. 统计调查分为全面调查和非全面调查，是按（　　）。
   - A. 调查登记时间是否连续划分的
   - B. 调查对象包括的范围不同划分的
   - C. 调查的组织方式不同划分的
   - D. 搜集数据的方法不同划分的

3. 抽样调查和典型调查都是非全面调查，二者的根本区别在于（　　）。
   - A. 灵活程度不同
   - B. 误差大小不同
   - C. 作用不同
   - D. 选取调查单位的方法不同

4. 重点调查中的重点单位是指（　　）。
   - A. 标志值很大的单位
   - B. 经济发展战略中的重点部门
   - C. 这些单位的总数占总体单位总数的绝大比重
   - D. 这些单位的标志总量占总体标志总量的绝大比重

5. 典型调查中的典型单位通常是指（　　）。
   - A. 工作做得特别好的单位
   - B. 工作中出现问题最多的单位
   - C. 有代表性的少数单位
   - D. 标志值占很大比重的单位

6. 下列统计调查中，属于全面调查的是（　　　）。

    A. 典型调查　　　　　　B. 普查　　　　　　C. 抽样调查　　　　　　D. 重点调查

7. 调查单位与报告单位（　　　）。

    A. 不可能一致　　　　　　　　　　　　B. 一定一致

    C. 有时一致，有时不一致　　　　　　　D. 相同

8. 目前我国的城乡住户调查是采用（　　　）。

    A. 重点调查　　　　　B. 抽样调查　　　　　C. 典型调查　　　　　D. 全面调查

9. 统计调查表可分为（　　　）。

    A. 简单表和分组表　B. 简单表和复合表　C. 简单表和一览表　D. 单一表和一览表

10. 工业企业生产设备普查的调查对象是（　　　）。

    A. 所有的工业企业　　　　　　　　　B. 所有工业企业的所有生产设备

    C. 每家工业企业　　　　　　　　　　D. 每台生产设备

11. 统计分组是统计数据整理中常用的统计方法，它能够将（　　　）。

    A. 总体中性质相同的单位划分开来　　B. 性质不同的总体划分开来

    C. 总体中性质不同的单位划分开来　　D. 性质相同的总体归并在一起

12. 要实现统计分组的作用，关键在于（　　　）。

    A. 组中值的确定　　　　　　　　　　B. 组距的确定

    C. 组数的确定　　　　　　　　　　　D. 分组标志的确定和组限的划分

13. 对同一总体选择两个或两个以上的标志分别进行的简单分组是（　　　）。

    A. 简单分组　　　　B. 平行分组体系　　　C. 复合分组　　　　D. 复合分组体系

14. 次数分布中的次数是指（　　　）。

    A. 分组的组数　　　　　　　　　　　B. 划分各组的标志

    C. 分布在各组的总体单位数　　　　　D. 标志变异个数

15. 人口死亡率按年龄分组属于（　　　）。

    A. 钟型分布　　　　B. 正 J 型分布　　　C. U 型分布　　　　D. 反 J 型分布

16. 用各组上限和下限进行简单平均，其结果是（　　　）。

    A. 组中值　　　　　B. 组距　　　　　　C. 组数　　　　　　D. 组限

17. 划分连续型变量的组限时，相邻组的组限应该（　　　）。

    A. 重叠　　　　　　B. 间断　　　　　　C. 不相等　　　　　D. 交叉

18. 连续型变量数列的末组为开口组，下限为 1 000，其相邻组的组中值为 950，则末组的组中值为（　　　）。

    A. 1 025　　　　　　B. 1 050　　　　　　C. 1 100　　　　　　D. 1 150

19. 下列变量中，适合编制离散型变量数列的是（　　　）。

    A. 年龄　　　　　　B. 职工人数　　　　C. 居民收入　　　　D. 灯泡使用寿命

20. 统计表中的主词是（　　　）。

    A. 统计表所要说明的对象　　　　　　B. 说明总体的统计指标

    C. 统计表中数据　　　　　　　　　　D. 统计表的纵栏标题

二、填空题

1. 统计数据大体上分为两种类型：_____数据与_____数据。

2. 重点调查的目的是为了了解总体的_____情况。

3. 确定调查项目是指确定调查时应登记的_____。

4. 统计调查方案中的首要问题是确定_____。

5. 统计调查表一般有两种，它们是_____和_____。

6. 为了保证调查工作的质量，要求调查数据必须_____、_____、_____。

7. 统计调查按调查登记的时间是否连续，可分为_____调查和_____调查。

8. 统计调查按调查的组织形式不同，可分为_____和_____。

9. _____是所要调查的社会经济现象的总体。

10. 统计调查时间有两种含义，即_____和_____。

11. 我国的统计调查体系以必要的周期性_____为基础，以经常性的_____调查为主体。

12. 统计普查数据所反映的被研究现象状态所在的时间称为_____时点。

13. 总体能够分组，是由总体的_____决定的。

14. 统计分组必须保持组内的_____和组与组之间的_____。

15. 统计分组可以按_____标志分组，也可以按数量标志分组。

16. 变量数列中，用来分组的数量标志称为_____，分布在各组的总体单位数称为_____。

17. 单位组距内分布的总体单位数称为_____。

18. 各组变量值的最大值为该组的_____，最小值为该组的_____。

19. 对某一变量进行分组时分成了两组：15～20，21～25，由此可以判断该变量为_____型变量。

20. 开口组的组距习惯上按_____组的组距计算。

21. 统计表按用途来分，可分为_____、_____和分析表。

22. 统计表按主词的分组情况来分类，可分为_____、分组表和复合分组表。

23. 常用的统计图有_____、_____和曲线图。

三、判断题

1. 普查是为某一特定的目的而专门组织的一次性全面调查。（　　）

2. 典型调查省时、省力，误差可以计算和控制。（　　）

3. 统计调查的报告单位就是调查单位。（　　）

4. 专门调查都属于非全面调查。（　　）

5. 确定调查单位是指确定由哪些单位来提供数据。（　　）

6. 全面调查就是对总体单位的全部标志都进行调查。（　　）

7. 确定调查时间是指确定开调查会的时间。（　　）

8. 确定调查项目是指确定统计调查的具体内容。（　　）

9. 抽样调查在我国的统计调查体系中居于基础地位。（　　）

10. "划类选典"式典型调查可以据以估算总体数值。（　　）

11. 按数量标志分组必须使各组数量的差异体现质的不同。（　　）

12. 次数分布数列由变量和次数两部分构成。（　　）

13. 各组次数占总次数的比重也称为频率。（　　）

14. 等距数列是指各组组距不相等的数列。（　　）

15. 在单项数列中不存在组距和组限的确定问题。（　　）

16. 在异距数列中计算次数密度的主要目的是为了消除各组组距对其次数的影响。（　　）

17. 组中值就是各组变量值的实际平均水平。（　　）

18. 钟型分布就是正态分布。（　　）

19. 统计表的横行标题就是统计表的主词。（　　）

20. 统计表从表式来看由主词和宾词两部分组成。（　　）

四、简答题

1. 什么是统计调查？对统计调查有什么质量要求？
2. 统计调查有哪些分类？
3. 为什么要设计统计调查方案？统计调查方案包括哪些内容？
4. 统计调查方法有哪几种？
5. 简述我国的统计调查体系。
6. 调查单位与报告单位有什么区别？
7. 简述普查、重点调查、典型调查和抽样调查的特点。
8. 简述典型调查与抽样调查的异同点。
9. 简述统计报表与普查的异同点。
10. 什么是统计整理？它有何作用？
11. 简述统计整理的内容。
12. 简述统计分组的概念、作用和分组原则。
13. 为什么说分组标志的选定问题是统计分组的基本问题？
14. 简述平行分组体系和复合分组体系的异同点。
15. 什么是次数分布数列？次数分布数列的构成要素是什么？
16. 简述组中值的概念和特点。
17. 为什么说组中值不是实际的平均数？
18. 简述次数分布数列与变量数列的关系。
19. 统计数据的显示有几种方法？
20. 什么是统计表？其结构如何？

五、计算分析题

1. 试根据下列数据编制一张简单表和一张分组表。

某地区 2015 年水果销量为 657 万吨，其中柑橘 38.3 万吨、苹果 227.5 万吨、梨 151.7 万吨、香蕉 8.5 万吨、其他 231 万吨；2016 年水果销量为 701.5 万吨，其中柑橘 55.5 万吨、苹果 286.9 万吨、梨 143.8 万吨、香蕉 7.4 万吨、其他 207.9 万吨；2017 年水果销量为 780.1 万吨，其中柑橘 79.8 万吨、苹果 300.6 万吨、梨 159.3 万吨、香蕉 12.6 万吨、其他 227.8 万吨。

2. 某零售企业 2017 年 4 月的商品零售额如下（单位：万元）。

41　28　29　47　38　34　30　38　43　40

46　36　45　37　37　36　45　43　33　44

35　38　46　34　30　37　44　36　38　44

试将以上数据进行适当的分组，编制变量数列，并绘制次数分布直方图。

3. 某班统计学考试成绩如表 2-17 所示。

表 2-17　　　　　　　　　　　某班统计学考试成绩

成绩（分）	组中值（元）	人数（人）	频率（%）	向上累计		向下累计	
				频数（人）	频率（%）	频数（人）	频率（%）
60 以下		2					
60～70		7					
70～80		11					
80～90		12					
90～100		8					
合计		40					

要求：根据表中数据计算各组组中值、频率以及累计频数和累计频率。

📖 知识拓展

洛伦兹曲线与基尼系数

为了研究国民收入在国民之间的分配问题，美国统计学家洛伦兹提出了著名的洛伦兹曲线（Lorenz curve）。洛伦兹曲线用以比较和分析一个国家在不同时代或者不同国家在同一时代的财富平等状况，该曲线作为一个总结收入和财富分配信息的便利的图形方法得到广泛应用。

洛伦兹曲线如图 2-9 所示。

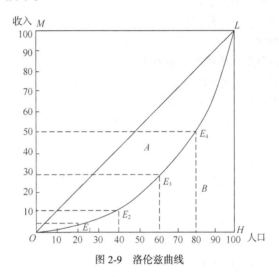

图 2-9　洛伦兹曲线

图中，横轴 OH 表示人口（按收入由低到高分组）的累计百分比，纵轴表示收入的累计百分比，弧线（O–E_1–E_2–E_3–E_4–L）为洛伦兹曲线。

通过洛伦兹曲线，可以直观地看到一个国家收入分配平等或不平等的状况。在这个矩形中，将每一等份的家庭所有拥有的财富的百分比累计起来，并将相应的点画在图中，便得到了一条曲线，就是洛伦兹曲线。整个洛伦兹曲线是一个正方形，正方形的底边即横轴代表收入获得者在总人口中的百分比，正方形的左边即纵轴显示的是各个百分比人口所获得的收入的百分比。从坐标原点到正方形相应另一个顶点的对角线为均等线，即收入分配绝对平等线，这一般是不存在的。实际收入分配曲线即洛伦兹曲线都在均等线的右下方。

洛伦兹曲线的弯曲程度具有重要意义。一般来说，它反映了收入分配的不平等程度。弯曲程度越大，收入分配越不平等；反之亦然。特别是，如果所有收入都集中在某一个人手中，而其余人均一无所有，那么收入分配达到完全不平等，洛伦兹曲线成为折线 OHL；另外，如果任一人口百分比等于其收入百分比，从而人口累计百分比等于收入累计百分比，则收入分配就是完全平等的，洛伦兹曲线成为通过原点的 45° 线 OL。

基尼系数是 1943 年美国经济学家阿尔伯特·赫希曼根据洛伦兹曲线所定义的判断收入分配公平程度的指标。基尼系数是比例数值，在 0 和 1 之间，是国际上用来综合考察居民内部收入分配差异状况的一个重要分析指标。设实际收入分配曲线和收入分配绝对平等曲线之间的面积为 A，实际收入分配曲线右下方的面积为 B，并以 A 除以（$A+B$）的商表示不平等程度，这个数值被称为基尼系数或洛伦兹系数。如果 A 为零，基尼系数为零，表示收入分配完全平等；如果 B 为零，基尼系数为 1，表示收入分配绝对不平等。收入分配越是趋向平等，洛伦兹曲线的弧度越小，基尼系数也越小；收入分配越是趋向不平等，洛伦兹曲线的弧度越大，基尼系数也越大。

按照联合国有关组织规定，基尼系数低于 0.2，收入绝对平均；基尼系数为 0.2～0.3，收入比较平均；基尼系数为 0.3～0.4，收入相对合理；基尼系数为 0.4～0.5，收入差距较大；基尼系数为 0.5 以上，收入差距悬殊。

国际上常用基尼系数定量测定社会居民收入分配的差异程度，认为基尼系数低于 0.2 表示收入过于公平，而 0.4 是社会分配不平均的警戒线，故基尼系数应保持在 0.2～0.4 之间；低于 0.2 时社会动力不足，高于 0.4 时社会不安定。一般发达国家的基尼系数在 0.24～0.36 之间，美国偏高，为 0.45。

项目三
综合指标分析

学习目标

1. 掌握总量指标的概念、特点、作用及分类
2. 掌握相对指标的概念、特点及作用
3. 熟练掌握计划完成程度相对指标、结构相对指标、比例相对指标、比较相对指标、强度相对指标、动态相对指标的计算方法
4. 掌握平均指标的概念、特点及作用
5. 熟练掌握算术平均数、调和平均数、几何平均数、中位数以及众数的计算方法
6. 掌握标志变异指标的概念及作用
7. 熟练掌握全距、平均差、标准差、方差以及标志变异系数的计算方法

项目引入

　　某财产保险公司董事会认为我国家庭财产保险市场潜力巨大，应加大扩展这一业务的力度，同时，应该对公司家庭财产保险推销员实行目标管理，并根据目标完成情况建立相应的奖惩制度。董事长责成计划部经理尽快拿出具体的实施方案。

　　计划部经理接到任务后，首先对公司 2017 年 160 个家庭财产保险推销员的销售情况进行了调查，然后，将大量分散的原始数据进行了统计整理，编制成变量数列，如表 3-1 所示。

表 3-1 　　2017 年某财产保险公司 160 个家庭财产保险推销员
按年销售额分组的数据

按年销售额分组（万元）	人数（人）
10～12	6
12～14	13
14～16	29
16～18	36
18～20	25
20～22	17
22～24	14
24～26	9
26～28	7
28～30	4
合计	160

计划部经理在将公司 160 个家庭财产保险推销员的年销售数据进行统计分组编制成变量数列后，就一直在思考家庭财产保险推销员年销售目标制定问题。如果销售目标定得过高，多数推销员完不成任务，会使推销员失去信心；如果定得过低，将不利于充分挖掘员工的工作潜力，提高公司的业绩水平。计划部经理该怎么办呢？

 项目分析

计划部经理在观察本公司家庭财产保险推销员按年销售额分组数据后，应该如何制定具体的销售目标呢？如果能够找出这 160 个家庭财产保险推销员的年销售额的代表值（平均数），那么，这个代表值就有可能成为家庭财产保险销售额的具体目标值。这是因为这个代表值反映了这 160 个数据的集中趋势。同时，为了使销售目标制定得科学、合理，还必须考虑每个推销员年销售额之间的差别，要了解这 160 人中年销售额最多的与最少的相差多少、每个人的销售额与平均数相比差多少。年销售额之间的差异越大，平均数对一组数据的代表性就越差；反之，年销售额之间的差异越小，平均数对一组数据的代表性就越好。数据之间的这种差异也是制定销售目标的重要依据。

为了制定恰当的家庭财产保险推销员的年销售目标，计划部经理的具体任务如下。

（1）利用综合指标对公司 160 名家庭财产保险推销员的年销售额进行进一步的分析；

（2）计算 160 名家庭财产保险推销员的年销售额的平均指标；

（3）计算 160 名家庭财产保险推销员的年销售额的标志变异指标，测度其分布的离散程度；

（4）如果年销售额之间的离散程度小，年销售额的平均数则可以作为目标管理的具体目标值。

任务一 | 总量指标与相对指标分析

综合指标从其作用和方法特点来看可以分为总量指标、相对指标、平均指标和标志变异指标，其中，总量指标是计算相对指标和平均指标的基础。综合指标是统计整理的结果，也是进行统计分析的基础方法。用综合指标去概括和分析现象总体数量特征和数量关系的方法就是综合指标分析法。

一、总量指标

（一）总量指标的概念和作用

总量指标是反映在一定时间、空间条件下某种现象的总规模、总水平的统计指标，以绝对数形式表现，也称为绝对数。但此绝对数与数学中的绝对数不同，它不是抽象的绝对数，而是一个有名数。例如，我国的国土面积是 960 万平方千米等。总量指标也可以表现为现象总量之间的绝对差额，即增加量或减少量。例如，我国就业人员 2016 年末为 77 603 万人，2015 年末为 77 451 万人，2016 年末比上年年末增加 152 万人。

总量指标具有两个特点：一是总量指标所反映的研究对象必须是有限总体；二是总量指标数值的大小与总体范围有关，随总体范围大小的变化而变化。

总量指标是统计分析中最基本的指标，在统计工作中应用广泛，具有重要作用。

（1）总量指标是人们对客观事物认识的起点。总量指标可以用来反映一个国家的国情国力，反映一个地区、一个部门或一个单位的人力、物力和财力，是人们对客观事物认识的起点。例如，我国 2016 年国内生产总值为 744 127 亿元等。

（2）总量指标可以用来作为制定政策、制订计划和实行科学管理的基本依据。例如，城乡居民储蓄存款余额、全社会固定资产投资总额、货币流通量等总量指标是国家制定货币发行量、存贷款利率、基本建设投资规模等各项政策的基础。

（3）总量指标是计算相对指标及平均指标的基础。相对指标和平均指标一般是由两个有联系的总量指标对比计算出来的，是总量指标的派生指标。总量指标正确与否，直接影响到相对指标及平均指标的计算结果是否正确。

（二）总量指标的分类

1. 总量指标按其反映的总体内容不同进行分类

总量指标按其反映的总体内容不同，可分为总体单位总量和总体标志总量。总体单位总量是指总体所包含的总体单位的总个数，表示总体本身规模的大小，如企业数、学校数、职工人数、学生人数等。对于一个确定的统计总体，其总体单位总量是唯一确定的。总体标志总量是指总体中各单位某一数量标志值的总和，是说明总体某数量特征的总数量。对于一个确定的统计总体，标志总量不是唯一的，而是随着标志的不同可计算不同的标志总量。例如，一个企业的标志总量有总产量、总产值、工资总额、税金总额等。

一个总量指标究竟属于总体单位总量还是总体标志总量，应视研究的目的和对象而定。例如，学生人数这一总量指标，当以学校作为总体时，它是总体标志总量；当以学生作为总体时，它就是总体单位总量。

2. 总量指标按其反映的时间状况不同进行分类

总量指标按其反映的时间状况不同，可分为时期指标和时点指标。时期指标反映总体在某一段时间连续变化达到的总数量，如产品产量、货物运输量、商品销售量、国内生产总值等。时点指标反映总体在某一时刻（瞬间）上所存在的总数量，如人口数、职工人数、设备台数、学校数、商品库存量等。

时期指标和时点指标各有不同的特点，主要区别表现在以下三个方面。

（1）指标数值的搜集是否连续登记

时期指标一般需要进行经常性调查，对搜集的数据应连续登记，它的每一个数值表示现象在一段时期内发生的总量。例如，一个月的产值是这个月每天产值的总和。时点指标一般进行一次性调查，不连续登记，它的每一个数值表示现象发展到一定时点上所处的水平。例如，年末库存量只表示年末这一时点的库存水平，而不是每天每月连续登记汇总得到的库存量。

（2）指标数值是否可以累计

不同时间的同类时期指标可以直接相加，相加以后的数值表示现象在更长一段时间发展变化的总数量。例如，把一年内每天的销售量直接相加，即可得到年销售量。不同时间的同类时点指标则不能直接相加，其相加的结果有大量的重复计算，没有实际意义。例如，把一年内每个月末的商品库存数相加，其计算结果没有实际意义。

（3）指标数值大小是否与时间长度有关

时期指标数值的大小与时期的长短有直接的关系，时间越长，数值越大。例如，某企业的年销售量一定大于月销售量。时点指标数值的大小则与时间间隔长短无直接关系。例如，年末库存量不一定大于某月月末库存量。

（三）总量指标计算时需注意的问题

总量指标的计算不是一个简单加总的技术问题，而是理论问题和实际问题。首先，必须注意现象的同类性，即不同种类的实物总量指标的数值不能加总，只有同类现象才能计算实物总量指标。例如，计算工业产品产量时，不能简单地把原煤产量、石油产量、电视机产量等相加；又如，不能把稻谷产量与棉花产量混合加总。其次，必须明确每项总量指标的统计含义。例如，在计算工业总产值、净产值和增加值时，只有明确这些指标的社会经济范畴，才能正确计算这些总量指标。最后，同类现象的总量指标数值，其计量单位必须一致才能加总。

总量指标的计量单位常用的有实物单位、货币单位及劳动量单位。

1．实物单位

实物单位是根据事物的属性和特点而采用的计量单位，有自然单位、度量衡单位和标准实物单位等。

自然单位是指按照被研究现象的自然状况来度量其数量的一种计量单位。如人口以"人"为单位，汽车以"辆"为单位，鞋袜以"双"为单位等。

度量衡单位是指按照度量衡制度的统一规定来确定的计量单位。如粮食、钢铁、原煤等以"千克"或"吨"为计量单位，房屋建筑面积以"平方米"为计量单位，铁路、公路长度以"千米"为计量单位等。

标准实物单位是按照统一折算的标准来度量被研究现象数量的一种计量单位。如各种不同含量的化肥用折纯法折合为100%的含量计算等。

用实物单位说明事物很直观、具体，但用不同的实物单位表示的实物数量不能相加，即其综合性较差。

2．货币单位

货币单位是用货币作为价值尺度来度量社会财富或劳动成果的一种计量单位。如国内生产总值、国民收入、商品销售额、工资总额、成本、利润、税金等都是以货币单位计量的。使用货币单位计量可以把不能直接相加的不同物品的数量变为可以加总，用以综合说明具有不同使用价值的物品的总量，具有广泛的综合性和概括性。

货币单位有现行价格和不变价格之分。现行价格是各个时期的实际价格，不变价格是在综合不同产品产量并反映它们的总动态时，为了消除不同时期价格变动的影响所采用的固定价格。

3．劳动量单位

劳动量单位是用劳动时间表示的计量单位，如工时、工日等。一个工人工作一小时是一个工时，一个工人工作一个轮班是一个工日。劳动量单位一般用来计算劳动总消耗量，也可以计量劳动的总成果。

计量单位可以单独使用，也可以结合使用。两种计量单位结合使用，叫复合单位。如劳动量以"工时""工日"为计量单位，货物周转量以"吨千米"为计量单位，发电量以"千瓦时"为计量单位等。

除了复合单位外还有双重或多重计量单位，即同时采用两种或多种单位来表明事物的数量。电动机可用"台/千瓦"表示，船舶同时用"艘/吨位"两种单位表示，它们都是多重计量单位。

二、相对指标

（一）相对指标概述

1．相对指标的概念

总量指标虽然是反映现象总规模、总水平的重要指标，但不同总体的总量指标所代表的现象的性质、规模是不相同的。在许多情况下，总量指标不能清楚地鉴别不同现象的优劣、快慢和普遍程度，不能表明现象与现象之间的数量关系。为了分析现象间的数量关系，必须运用相对指标。

相对指标是两个有联系的指标数值进行对比的比值，其表现形式为相对数。用来对比的两个指标一般是总量指标，也可以是相对指标或平均指标。相对指标把两个用来进行对比的具体数值抽象化了，用一个比值来表明现象之间的数量关系，因此，借助相对指标对现象进行对比分析的方法叫对比分析法，对比分析法是统计分析的基本方法。

2. 相对指标的作用

（1）可以反映现象之间的数量关系。例如，《中华人民共和国 2017 年国民经济和社会发展统计公报》显示，初步核算，全年国内生产总值 827 122 亿元，比上年增长 6.9%。其中，第一产业增加值 65 468 亿元，增长 3.9%；第二产业增加值 334 623 亿元，增长 6.1%；第三产业增加值 427 032 亿元，增长 8.0%。第一产业增加值占国内生产总值的比重为 7.9%，第二产业增加值比重为 40.5%，第三产业增加值比重为 51.6%。全年人均国内生产总值 59 660 元，比上年增长 6.3%。

（2）可以使原来不能直接相比较的数量指标具有可比性。例如，甲、乙两家企业，甲企业生产皮鞋，乙企业生产化妆品，我们不能根据这两家企业的生产量直接评价它们经营的好坏。但是，通过产值计划完成程度、产值利润率等相对指标，就使它们有了共同的比较基础，从而能相互比较。又如，甲、乙两家企业都是百货公司，2017 年它们的利税总额分别是 1 亿元和 8 000 万元，若直接依据这两个数据的大小来判断两家公司经济效益的好坏，似乎甲公司的经济效益更好。但事实上，要判断公司经济效益的好坏，不仅要看其产出，还要看其投入。假如甲公司投入的资本金为 10 亿元，乙公司投入的资本金为 5 亿元，则甲公司的资金利税率为 10%，乙公司的资金利税率为 16%，显然，乙公司的经济效益更好。

3. 相对指标的表现形式

相对指标的表现形式有两种：一种是有名数，另一种是无名数。

有名数是指当对比的两个指标数值的计量单位不同时，对比的比值就要采用分子与分母计量单位相结合的复名数来表现，如人口密度用"人/平方千米"表示，商业网密度用"人/个"或"个/千人"表示等。有名数主要用于强度相对指标。

无名数是一种抽象化的数值，当对比的两个数值是同一计量单位时通常用系数、倍数、成数、百分数、千分数等表现。相对指标在很多场合都是用无名数表现的。

系数和倍数是将对比的基数抽象化为 1 进行计算的结果。分子与分母数值相差不大时用系数表示，例如，固定资产折旧系数为 0.2；当分子比分母数值大 1 倍以上时，常用倍数表示，例如，某企业今年的利润是去年的两倍。

成数是将对比的基数抽象化为 10 进行计算的结果。例如，粮食增产一成，即增长 10%。

百分数（%）是将对比的基数抽象化为 100 计算的结果，是相对数中最常用的一种表现形式。例如，产品合格率为 98%，计划完成程度为 105% 等。

千分数（‰）是将对比的基数抽象化为 1 000 计算的结果，它适用于分子数值比分母数值小很多的情况。例如，《中华人民共和国 2017 年国民经济和社会发展统计公报》显示，初步核算，全年人口的出生率为 12.43‰，死亡率为 7.11‰，自然增长率为 5.32‰。

（二）相对指标的种类和计算方法

根据相互对比指标的性质和实际工作的需要，可以将常用的相对指标分为三类六种。第一类是实际指标数值与其计划指标数值之比，称为计划完成程度相对指标；第二类是同一时间两个统计指标数值之比，对比的比值视其不同情况分别称为结构相对指标、比例相对指标、比较相对指标和强度相对指标；第三类是同一统计指标在不同时间的数值之比，称为动态相对指标。现将这六种相对指标的计算方法分述如下。

1. 计划完成程度相对指标

计划完成程度相对指标又称计划完成百分比，是指社会经济现象一定时期的实际完成数与计划任务数之比，通常用百分数表示，其基本计算公式为：

$$计划完成程度=\frac{本期实际完成数}{本期计划任务数}\times100\% \qquad (3-1)$$

用这个公式的子项数值减母项数值得到的差额（正或负），表明计划执行的绝对效果。计划完成程度相对指标用以检查、监督计划完成情况，因此，计划任务数是作为衡量计划完成情况的标准的，计算公式中分子分母不可互换。

如何利用计算出来的比值评价是超额完成计划还是欠额，要根据该现象的性质来决定。若按最低限额制订计划任务，则规定实际完成数至少要达到计划任务数，如产量、产值、利润总额、劳动生产率等指标。因此，这类指标的计划完成百分比，以大于 100% 为超额完成计划；比值减去 100% 后，如为正值系超额部分，负值则为欠额部分。若按最高限额制订计划任务，则规定实际完成数最高只能达到计划任务数，如产品单位成本、流通费用率等指标。因此，这类指标的计划完成百分比，以小于 100% 为超额完成计划；比值减去 100% 后，如为负值系超额部分，正值则为欠额部分。

由于所下达的任务数可以是总量指标，也可以是相对指标或平均指标，计划完成程度相对指标在计算形式上有所不同。

计划任务数为总量指标时，一般适用于考核现象的规模和水平的计划完成情况，其计算公式为：

$$计划完成程度相对指标=\frac{实际完成数}{计划任务数}\times100\% \qquad (3-2)$$

计划任务数为相对指标时，一般适用于考核各种现象的降低率或增长率的计划完成情况，其计算公式分别为：

$$计划完成程度=\frac{100\%+实际提高率}{100\%+计划提高率} \qquad (3-3)$$

$$计划完成程度=\frac{100\%-实际降低率}{100\%-计划降低率} \qquad (3-4)$$

在实际工作中，当计划任务为相对指标时，计划任务数是以比上期增长或降低的百分数来规定的，所以在计算计划完成程度相对指标时，不能以实际增长率或降低率除以计划增长率或降低率，而是应当包括原有的基数，即要用实际完成的百分比与计划任务的百分比进行对比。

【例 3-1】某企业计划 2017 年利润总额比 2016 年提高 2%，而实际提高 4%；该企业还计划 2017 年产品成本比 2016 年降低 1.05%，而实际降低 2.73%。计算该企业 2017 年利润总额及产品成本的计划完成情况。

$$利润总额计划完成程度=\frac{100\%+4\%}{100\%+2\%}\times100\%$$
$$=101.96\%$$

$$产品成本计划完成程度=\frac{100\%-2.73\%}{100\%-1.05\%}\times100\%$$
$$=98.30\%$$

计算结果表明，该企业利润总额超额完成计划，超额了 1.96%；产品成本超额完成计划，超额了 1.70%。

计划任务数为平均指标时，一般适用于考核以平均水平表示的技术经济指标的计划完成情况，其计算公式为：

$$计划完成程度相对指标=\frac{实际平均水平}{计划平均水平}\times100\% \qquad (3-5)$$

值得注意的是，计算综合主管部门所属单位总的计划完成情况时，不能将所属单位的计划完成程度相加后除以单位数，而应按公式（3-6）计算。

$$主管部门所属单位总的计划完成程度=\frac{所属单位实际完成数之和}{所属单位计划任务数之和}\times100\% \qquad（3-6）$$

【例3-2】某百货公司下设三个分店，2017年商品销售额计划完成情况如表3-2所示，计算该百货公司销售额总的计划完成程度。

表3-2 　　　　　　　　　　2017年某百货公司商品销售额计划完成情况

所属分店	计划任务数（万元）	实际完成数（万元）	计划完成程度（%）
一分店	700	735	105
二分店	500	450	90
三分店	300	345	115
合计	1 500	1 530	102

$$该百货公司销售额总的计划完成程度=\frac{1\ 530}{1\ 500}\times100\%=102\%$$

2. 结构相对指标

结构相对指标又称结构相对数，是在统计分组的基础上，将总体区分为不同性质的组成部分，以总体的一部分数值与总体的全部数值对比而得出的比重或比率，以反映总体内部组成结构。其计算公式为：

$$结构相对指标=\frac{总体某部分数值}{总体全部数值}\times100\% \qquad （3-7）$$

结构相对指标一般用百分数表示，各组比重之和等于100%（或1）。结构相对指标的分子和分母既可以同是总体单位总量，也可以同是总体标志总量，而且分子数值属于分母数值的一部分，即分子、分母是一种从属关系，位置不能互换。

【例3-3】根据2017年某财产保险公司家庭财产保险推销员按年销售额分组数据（见表3-3），计算结构相对指标。

表3-3 　　　　2017年某财产保险公司160个家庭财产保险推销员按年销售额分组的数据

按年销售额分组（万元）	人数（人）	比重（%）
10～12	6	3.75
12～14	13	8.13
14～16	29	18.13
16～18	36	22.50
18～20	25	15.62
20～22	17	10.62
22～24	14	8.75
24～26	9	5.62
26～28	7	4.38
28～30	4	2.50
合计	160	100.00

结构相对指标是统计分析中常用的综合指标，主要有以下几方面作用。

（1）可以揭示一定时间、空间条件下总体结构的特征。例如，从表3-3中可以看出，年销售额在16万～18万元的推销员的人数所占比重最高，为22.5%；其次是年销售额在14万～16万元的推销员人数所占比重，为 18.13%；再次为年销售额在 18 万～20 万元的推销员人数所占比重，为 15.62%。这三组推销员的人数所占比重共计 56.25%。最后一组推销员的人数所占比重最低，为 2.5%。

（2）可以从不同时期总体结构的变动中观察现象的变化过程及发展趋势。例如，可根据 2011—2016 年我国国民经济三大产业所占比重数据（见表 3-4），分析我国产业结构的变化及发展趋势。

表 3-4　　　　　2011—2016 年我国国内生产总值中三大产业所占比重（%）

	2011 年	2012 年	2013 年	2014 年	2015 年	2016 年
第一产业	9.4	9.4	9.3	9.1	8.9	8.6
第二产业	46.4	45.3	44.0	43.1	40.9	39.8
第三产业	44.2	45.3	46.7	47.8	50.2	51.6
合计	100.0	100.0	100.0	100.0	100.0	100.0

从表 3-4 可以看出，我国第一产业在国内生产总值中所占比重逐年下降，从 2011 年的 9.4%下降到 2016 年的 8.6%；第二产业在国内生产总值中所占比重也逐年下降，从 2011 年的 46.4%下降到 2016 年的 39.8%；第三产业在国内生产总值中所占比重则逐年提高，从 2011 年的 44.2%提高到 2016 年的 51.6%。

（3）可以研究现象的内在联系。例如，可根据表 3-5 所示的数据，应用结构相对指标分析 2017 年某乡不同地形的人口比重与粮食产量比重的内在联系。

表 3-5　　　　　2017 年某乡人口构成与粮食产量构成情况（%）

地形	人口比重	粮食产量比重
山区	20.9	11.0
丘陵	22.9	18.6
平原	56.2	70.4
合计	100.0	100.0

从表 3-5 可以看出，山区的人口占该乡人口总数的 20.9%，而粮食产量只占全乡粮食产量的 11.0%；平原地区的人口占该乡人口总数的 56.2%，而粮食产量却占全乡粮食产量的 70.4%。由此可知，山区与平原地区的农业生产条件和经济情况有明显区别。

3. 比例相对指标

比例相对指标又称比例相对数，是在统计分组的基础上，同一总体内不同组成部分之间数值对比的比值，以反映总体内部各个组成部分之间的比例关系。比例相对指标主要用来研究现象的比例是否协调，常用的有国内生产总值中三大产业的比例关系、国民收入使用额中消费与积累的比例关系、工农业产值中农轻重比例关系、人口的性别比例关系等。比例相对指标的计算公式为：

$$比例相对指标 = \frac{总体中某一部分数值}{总体中另一部分数值} \tag{3-8}$$

比例相对指标可以用百分数表示，但更多的是采用比例的形式。例如，人口的性别比例指的是男性人口对女性人口的比例，通常以女性人口数为 100。

【例 3-4】《中华人民共和国 2017 年国民经济和社会发展统计公报》显示，年末全国（不包含港、澳、台地区）总人口 139 008 万人，其中男性 71 137 万人，女性 67 871 万人，计算男女性别比例。2017 年末我国男女性别比例为 71 137：67 871=104.81：100。

在统计分析中，为反映总体中若干部分之间的比例关系，可以采用连比的形式。为了能清晰地显示各部分数量之间的联系，用来连比的组数不宜过多。例如，《中华人民共和国 2017 年国民经济和社会发展统计公报》显示，初步核算，全年国内生产总值中，第一产业增加值 65 468 亿元，第二产业增加值 334 623 亿元，第三产业增加值 427 032 亿元。以第一产业增加值为 1，则三大产业的比例关系为 1：5.11：6.52。

比例相对指标和结构相对指标是从两个不同的角度来分析总体内各组成部分的数量对比关系的。结构相对指标是一种从属关系，分子数值是分母数值的一部分，分子、分母位置不可以互换；比例相对指标是一种并列关系，分子与分母数值都是总体中某部分的数值，分子、分母位置可以互换。与结构相对指标类似的是，比例相对指标分子与分母既可以同是总体单位总量，也可以同是总体标志总量。

4. 比较相对指标

比较相对指标又称比较相对数，是同类指标在同一时间、不同空间条件下对比的比值，用来反映同类指标在不同空间条件下的数量对比关系，揭示不同总体之间同类指标的差异程度，一般用百分数或倍数表示。其计算公式为：

$$\text{比较相对指标} = \frac{\text{某地区（单位）某类指标数值}}{\text{另一地区（单位）同类指标数值}} \times 100\% \qquad (3\text{-}9)$$

比较相对指标用来进行对比的指标可以是总量指标，也可以是相对指标或平均指标。由于总量指标易受总体范围等条件不同的影响，因此，在比较工作质量、经济效益等方面的情况时，多采用相对指标和平均指标。

根据研究目的的不同，比较相对指标的分子和分母可以互换，以从不同的出发点说明问题。

【例 3-5】某年有甲、乙两家企业同时生产同一种产品，甲企业工人劳动生产率为 38 614 万元/人，乙企业工人劳动生产率为 55 988 万元/人，计算比较相对指标。

$$\text{比较相对指标} = \frac{38\,614}{55\,988} \times 100 = 68.97\%$$

或 $$\text{比较相对指标} = \frac{55\,988}{38\,614} \times 100 = 144.99\%$$

计算结果表明，某年甲企业工人劳动生产率是乙企业的 68.97%，或乙企业工人劳动生产率是甲企业的 144.99%，说明两家企业工人的劳动生产率存在较大差距。

5. 强度相对指标

强度相对指标又称强度相对数，是两个性质不同但有一定联系的总量指标数值对比的比值，用来说明现象的强度、密度和普遍程度。其计算公式为：

$$\text{强度相对指标} = \frac{\text{某一总量指标数值}}{\text{另一有联系而性质不同的总量指标数值}} \qquad (3\text{-}10)$$

由于公式中分子、分母的计量单位有时相同，有时不相同，所以，强度相对指标数值的表现形式有两种：一种是无名数，即用系数、倍数、百分数或千分数表示，如人口出生率、自然增长率用千分数表示，流通费用率用百分数表示等；另一种是复名数，如人口密度用"人/平方千米"表示，人均国内生产总值用"万元/人"表示，人均钢产量用"吨/人"表示等。

【例 3-6】某地 2017 年末有 800 万人，有零售商业网点 50 000 个，计算该地 2017 年末的零售商业网点密度。

$$\text{零售商业网点密度} = \frac{50\,000\text{个}}{800\text{万人}} = 62.5\,(\text{个/万人})$$

$$\text{零售商业网点密度} = \frac{800\text{万人}}{50\,000\text{个}} = 0.016\,(\text{万人/个})$$

计算和运用强度相对指标时要注意以下两个问题。

第一，强度相对指标是两个有联系的不同总体的总量指标数值对比，因此，有些强度相对指标的分子、分母可以互换，有正指标与逆指标之分。正指标是指强度相对指标的数值大小与现象的发展程度或密度成正向变化，即比值越大，则强度越大，如例 3-6 中零售商业网点密度为 62.5 个/万人是正指标。逆指标是指强度相对指标的数值大小与现象的发展程度或密度成反向变化，即比值越大，则强度越小，如例 3-6 中零售商业网点密度为 0.016 万人/个是逆指标。有些强度相对指标只有用正指标才能更清楚地说明所研究的问题，如研究人口密度时只使用正指标，即人口数与土地面积之比。

第二，强度相对指标有时带有"平均"的意思，如人均国内生产总值、人均钢产量等，但其不是平均指标。强度相对指标与平均指标不同，平均指标是总体的标志总量与总体单位总量的对比，反映的是总体各单位标志值的平均水平，分子、分母属同一总体且一一对应；而强度相对指标则是两个不同性质的总体总量指标数值对比，反映的是两个现象之间的相互关系，分子、分母属不同总体且不一一对应。

强度相对指标的主要作用有两个：一是说明一个国家、地区、部门的经济实力或为社会服务的能力，如人均国内生产总值、商业网点密度等；二是反映和考核经济效益，如流通费用率、资金利润率等。

6. 动态相对指标

动态相对指标又称动态相对数，是同一现象在不同时期的两个数值进行动态对比的比值，以表明现象发展变化的程度。对比的结果可用百分数或倍数表示。其计算公式为：

$$动态相对指标=\frac{某一现象报告期水平}{同一现象基期水平}\times100\% \tag{3-11}$$

式（3-11）中，报告期是指统计所要研究和说明的时期，也称计算期；基期是用来作为比较的基础时期。根据统计研究的任务和需要，基期可以是前期、上年同期或具有历史意义的时期。

【例 3-7】某物流公司 2017 年钢材运输量为 865 万吨，2016 年钢材运输量为 964 万吨，计算动态相对指标。

$$动态相对指标=\frac{865}{964}\times100\%=89.7\%$$

计算结果表明 2017 年钢材运输量比 2016 年下降了 10.3%。

动态相对指标在统计分析中应用广泛，将在项目四中详加阐述。

（三）相对指标的应用原则

相对指标是进行现象数量对比分析的重要工具，正确计算和运用相对指标一般须遵循以下几个原则。

1. 可比性原则

可比性原则是指用来进行对比的两个指标应有相互对比的共同基础。相对指标是两个相互联系的指标数值对比的比值，是一个抽象化的数值，因此，必须确保用来进行对比的分子和分母之间的可比性。可比性主要是指用来对比的两个指标（即分子与分母）在经济内容、总体范围、计量单位、计量价格与计算方法等方面具有可比性。

2. 相对指标与总量指标结合运用的原则

相对指标往往是由两个有联系的总量指标对比形成的，它把现象的绝对水平抽象化了，使许多不便于直接对比的现象可以进行比较，反映现象之间的相互联系和对比关系。但是，相对指标具有的抽象化特点，掩盖了现象之间绝对量的差别。所以，相对指标应与总量指标结合运用，才能对客观现象有正确的认识。例如，2017 年甲、乙两家企业的有关数据如表 3-6 所示。

表 3-6　　　　　　　　　　2017 年甲、乙两家企业利润总额发展情况

	利润总额（万元）		发展速度
	基期	报告期	（%）
甲企业	50	60	120
乙企业	500	600	120

从表 3-6 中可以看出，两家企业利润总额的发展速度都是 120%，完全相同，但同样的发展速度给甲、乙两家企业带来的利润总额的增加量却有很大的差别。甲企业增长 20% 带来的是利润总额增加 10 万元，而乙企业增长 20% 带来的是利润总额增加 100 万元。

3．多种相对指标结合运用的原则

不同的相对指标有不同的作用，运用相对指标进行统计分析时，可以将从不同方面不同角度说明问题的各种相对指标结合起来使用，全面地说明客观现象的状况及发展的规律性。例如，要研究一家企业经营发展的情况，除了要计算计划完成程度相对指标以说明计划完成情况外，还需要把本期的实际水平同去年同期水平进行对比，以分析经营的发展趋势；还可以将实际水平与同行业先进水平或国际水平进行对比，以分析企业在同行业中所处的地位等。因此，只有把多种相对指标结合运用，才能全面地、深入地说明要研究的问题。

任务二 ｜ 平均指标分析

集中趋势是指一组数据向分布的中心集中的程度。描述集中趋势的实质是找出数据的集中点或中心值。数据分布集中趋势的测度指标又称平均指标。项目三开篇案例中某财产保险公司计划部经理在制定具体的销售目标时就应该找出公司 160 名推销员年销售额的平均数，因为这个平均数反映了这 160 名推销员年销售额的集中趋势。

一、平均指标的概念和作用

平均指标是反映社会经济现象一般水平的重要指标，它的表现形式是平均数。按其性质不同可分为总体单位平均数和序时平均数两大类。本任务中研究的是总体单位平均数，序时平均数将在项目四中详加阐述。

总体单位平均数又称静态平均数，它是同一时间总体各单位某一数量标志值在一定条件下的代表值，表明该类社会经济现象在一定时间、地点、条件下所达到的一般水平，如平均产量、平均工资、平均成绩、平均价格、平均劳动生产率等。

平均指标在统计分析中有着如下重要作用。

（1）可起比较作用。平均指标是个代表值，不受总体单位数多少的影响。因此，它不仅可以进行不同总体同一时间同一指标水平高低的比较（如 2017 年两个乡早稻平均亩产量的比较等）以外，还可以用于同一总体某一指标水平在不同时间上的比较，如某乡历年早稻平均亩产量的比较等。

（2）可作为论断事物的一种数量标准或参考。在实际工作中，评价事物的优劣或好差，通常以有关的平均数为标准。例如，评价一个班学生的学习情况，凡成绩高于平均分数的为较好，低于平均分数的为较差。企业在制定各种定额时，也往往以实际的平均数作为重要参考数据。例如，项目三开篇案例中某财产保险公司计划部经理在制定具体的销售目标时就是要找出该公司 160 名推销员年销售额的平均数，以该公司推销员的年平均销售额作为制定销售目标的重要参考数据。

（3）利用平均指标可进行数量上的推算。在统计实际工作中，经常利用指标之间的关系，以平均指标来推算总量指标，这在抽样调查、预测等方法中运用广泛。

总体的同质性是计算或应用平均指标的基本前提。平均数作为总体各单位某一数量标志值的代表值，必须保证总体各单位具有同一性质。只有同质总体计算出的平均数，才能反映事物的真实情况和本质。例如，某财产保险公司在制定本公司的家庭财产保险销售目标时，只能以本公司家庭财产保险推销员作为一个总体，将他们的平均销售额作为制定家庭财产保险销售目标的重要依据；而不能把财产保险公司中企业财产保险推销员与家庭财产保险推销员放在一起来计算他们的平均销售额，并以此作为制定家庭财产保险销售目标的依据。

常见的平均指标有算术平均数、调和平均数、几何平均数、中位数和众数。它们的计算方法不同，应用的场合和条件也有所不同。一般把前三种称为计算平均数，后两种称为位置平均数。

二、算术平均数

算术平均数是平均指标中最重要的一种。一般不特别说明时，所称的"平均数"就是指算术平均数。算术平均数的定义公式为：

$$算术平均数 = \frac{总体标志总量}{总体单位总量} \tag{3-12}$$

算术平均数可分为简单算术平均数和加权算术平均数两种。

（一）简单算术平均数

简单算术平均数适用于未分组数据或各变量值出现次数相同的数据。其计算公式为：

$$\bar{x} = \frac{x_1 + x_2 + x_3 + \cdots + x_n}{n} = \frac{\sum x}{n} \tag{3-13}$$

式中，$\bar{x}$代表算术平均数，x_i代表第i个变量值，

n代表总体单位数，$\sum$为求和符号。

【例3-8】某财产保险公司2017年160个家庭财产保险推销员的销售额统计数据如图2-1所示，计算160个家庭财产保险推销员的年平均销售额。

$$\bar{x} = \frac{25.05 + 17.48 + 13.80 + \cdots + 11.24}{160} = 18.78（万元）$$

计算结果表明，这160个家庭财产保险推销员的年平均销售额为18.78万元。

（二）加权算术平均数

加权算术平均数适用于分组数据，第i组的变量值用x_i表示，第i组的次数用f_i表示，则

$$\bar{x} = \frac{x_1 f_1 + x_2 f_2 + x_3 f_3 + \cdots + x_n f_n}{f_1 + f_2 + f_3 + \cdots + f_n} = \frac{\sum xf}{\sum f} \tag{3-14}$$

在所依据的数据为组距数列且缺乏组平均数的条件下，可用各组的组中值代替组平均数进行运算。

【例3-9】根据2017年某财产保险公司家庭财产保险推销员按年销售额分组数据计算加权算术平均数过程如表3-7所示。

表3-7　　2017年某财产保险公司160个家庭财产保险推销员按年销售额分组的数据

按年销售额分组（万元）	组中值（x）	人数（f）	xf
10～12	11	6	66
12～14	13	13	169
14～16	15	29	435
16～18	17	36	612
18～20	19	25	475

续表

按年销售额分组（万元）	组中值（x）	人数（f）	xf
20～22	21	17	357
22～24	23	14	322
24～26	25	9	225
26～28	27	7	189
28～30	29	4	116
合计	—	160	2 966

$$\bar{x} = \frac{\sum xf}{\sum f} = \frac{2\ 966}{160} = 18.54\ （万元）$$

计算结果表明，这 160 个家庭财产保险推销员的年平均销售额为 18.54 万元。

【例 3-8】与【例 3-9】都是根据项目二开篇案例数据计算的 160 个家庭保险推销员的年平均销售额，但它们的计算结果却不同，这是因为【例 3-9】是根据分组数据计算的，由于没有掌握各组的平均数，便用各组的组中值代替组平均数进行运算，其计算结果只是一个近似值。

加权算术平均数的大小受两个因素的影响：一是受各组变量值大小的影响；二是受各组次数多少的影响。哪个组的次数较大，哪个组的变量值对平均数的影响也较大。因此，各组变量值的次数在计算平均数的过程中，有着权衡轻重的作用。所以，次数又称为权数。

应该指出的是，只有当各组的次数不相等时，次数才具有权数的作用。当各组次数都相等时，次数失去了权数的作用，即

$$f_1 = f_2 = \cdots = f_n = A时，$$

$$\bar{x} = \frac{\Sigma xf}{\Sigma f} = \frac{x_1 f_1 + x_2 f_2 + \cdots + x_n f_n}{f_1 + f_2 + \cdots + f_n} = \frac{x_1 A + x_2 A + \cdots + x_n A}{A + A + \cdots + A}$$

$$= \frac{x_1 + x_2 + \cdots + x_n}{1 + 1 + \cdots + 1} = \frac{\Sigma x}{n}$$

由此可见，简单算术平均数是加权算术平均数的一个特例。

权数有两种表现形式，即绝对数形式和相对数形式。权数的实质为相对数形式。用绝对数权数与用相对数权数计算的结果一致，即

$$\bar{x} = \frac{\sum xf}{\sum f} = \sum x \cdot \frac{f}{\sum f} \tag{3-15}$$

（三）是非标志算术平均数的计算方法

是非标志是指只有"是"和"非"两种属性表现的标志。例如，产品可分为合格品和不合格品，学生成绩可分为及格和不及格等。由于是非标志只有质的差别，没有量的差别，不能直接计算平均数，需进行数量化处理，即将是非标志质的差异过渡到数的差异。具体方法是：将全部总体单位分为两个组，一组具有"是"的属性表现，另一组具有"非"的属性表现；以 1 代表"是"的标志值，以 0 代表"非"的标志值；以 N_1 代表"是"组的总体单位数，以 N_0 代表"非"组的总体单位数，以 N 代表全部单位数，且 $N_1 + N_0 = N$；以 p 代表"是"组的总体单位数占全部总体单位数的比重，以 q 代表"非"组的总体单位数占全部总体单位数的比重，且 $p + q = 1$，则是非标志的算术平均数计算公式为：

$$\bar{x} = \frac{\sum xf}{\sum f} = \frac{1 \times N_1 + 0 \times N_0}{N_1 + N_0} = \frac{N_1}{N} = p \tag{3-16}$$

【例3-10】某班50名学生英语考试成绩公布如下：及格39人，不及格11人，计算平均及格率。

$$\overline{x} = P = \frac{N_1}{N} = \frac{39}{50} = 78\%$$

计算结果表明，该班英语考试的平均及格率为78%，即平均及格率就是其及格率本身。

三、调和平均数

调和平均数是各个变量值倒数的算术平均数的倒数，又称为倒数平均数。调和平均数作为一种独立的形式，在社会经济统计中应用场合较少。在实际工作中，当所掌握的数据无法用算术平均数直接计算时，往往把调和平均数的计算形式作为算术平均数的变形来使用。

调和平均数可分为简单调和平均数、加权调和平均数两种。

（一）简单调和平均数

简单调和平均数是在各变量值均为一个单位、对平均数起同等作用的条件下应用的。其计算公式为：

$$H = \frac{n}{\frac{1}{x_1} + \frac{1}{x_2} + \frac{1}{x_3} + \cdots + \frac{1}{x_n}} = \frac{n}{\sum \frac{1}{x}} \qquad （3-17）$$

式中，H代表调和平均数；

x_1，x_2，x_3，$\cdots$，x_n代表各变量值；

n代表变量值项数。

【例3-11】设某日某农贸市场某种蔬菜每公斤的价格有4元、2.5元、2元三种，若每种价格的蔬菜各买10元，计算这种蔬菜每公斤的平均价格。

$$H = \frac{n}{\sum \frac{1}{x}} = \frac{10 + 10 + 10}{\frac{10}{4} + \frac{10}{2.5} + \frac{10}{2}} = \frac{30}{11.5} = 2.6 （元）$$

计算结果显示，这种蔬菜每公斤的平均价格为2.6元。

（二）加权调和平均数

若各变量值不是同等单位，对平均数的作用是不同的，例如，若【例3-11】中三种价格的蔬菜不是各买10元，而且用了不同的购买金额，则可应用加权调和平均数形式来计算其平均数。

加权调和平均数的计算公式为：

$$H = \frac{m_1 + m_2 + m_3 + \cdots + m_n}{\frac{m_1}{x_1} + \frac{m_2}{x_2} + \frac{m_3}{x_3} + \cdots + \frac{m_n}{x_n}} = \frac{\sum m}{\sum \frac{m}{x}} \qquad （3-18）$$

式中，m为调和平均数的权数。

应当强调的是，当加权调和平均数作为加权算术平均数的变形来使用时，其权数必须等于加权算术平均数公式中的标志总量，即

$$m = xf \text{ 时，} \quad H = \frac{\sum m}{\sum \frac{m}{x}} = \frac{\sum xf}{\sum \frac{xf}{x}} = \frac{\sum xf}{\sum f} = \overline{x}$$

【例3-12】根据表3-8所示的数据，计算2017年某企业购入的四批某种原材料的平均单价。

表 3-8   2017 年某企业购入某种原材料数据

购入批次	单价（元/千克）x	采购金额（元）m	采购量（千克）m/x
1	35	10 000	286
2	40	20 000	500
3	45	15 000	333
4	50	5 000	100
合计	—	50 000	1 219

原材料平均单价为：

$$H = \frac{\sum m}{\sum \dfrac{m}{x}} = \frac{50\,000}{1\,219} = 41.02 \text{（元）}$$

计算结果显示，这四批某种原材料的平均单价为 41.02 元。

在统计工作中，由于所掌握的数据不同，应选用合适的公式来计算平均数。若已知平均数计算公式中的分母数据，缺少分子数据，宜采用算术平均数公式计算平均数；若已知平均数计算公式中的分子数据，缺少分母数据，则宜采用调和平均数公式计算平均数。

加权调和平均数还适用于由相对数或平均数计算平均数，即如果掌握的数据是相对数或平均数计算公式中的分子数据，缺少分母数据，可采用加权调和平均数公式计算平均数。

【例 3-13】根据表 3-9 所示的数据，计算 2017 年某公司下属三家商店销售额的平均计划完成程度。

表 3-9   2017 年某公司下属三家商店销售数据

商店名称	计划完成程度（%）x	实际销售额（万元）m	计划销售额（万元）m/x
一商店	95	1 140	1 200
二商店	105	13 440	12 800
三商店	110	2 300	2 091
合计	—	16 880	16 091

$$平均计划完成程度 = \frac{实际完成总数}{计划完成总数} \times 100\%$$

$$= \frac{\sum m}{\sum \dfrac{m}{x}} \times 100\% = \frac{16\,880}{16\,091} \times 100\% = 104.9\%$$

计算结果显示，该公司下属三家商店销售额的平均计划完成程度为 104.9%。

四、几何平均数

几何平均数是计算平均比率、平均速度最适用的一种方法，用 G 表示。凡是变量值的连乘积等于总比率或总速度的现象都可以采用几何平均数计算平均比率或平均速度。几何平均数也可分为简单几何平均数、加权几何平均数两种。

（一）简单几何平均数

当计算几何平均数的每个变量值的次数相同时，采用简单几何平均数计算平均比率或平均速度。简单几何平均数是 n 个变量值连乘积的 n 次方根，其计算公式为：

$$G = \sqrt[n]{x_1 \cdot x_2 \cdot x_3 \cdots x_n} = \sqrt[n]{\prod x} \tag{3-19}$$

式中，x_1，x_2，…，x_n 代表各变量值；n 为变量值个数；$\prod$ 为连乘符号。

【例 3-14】某机械厂有毛坯车间、粗加工车间、精加工车间、装配车间四个流水连续作业的车间。本月毛坯车间制品合格率为 95%，粗加工车间合格率为 92%，精加工车间合格率为 90%，装配车间合格率为 85%，求四个车间平均产品合格率。

$$G = \sqrt[n]{\prod x} = \sqrt[4]{95\% \times 92\% \times 90\% \times 85\%} = 90.43\%$$

计算结果显示，四个车间的平均产品合格率为 90.43%。

（二）加权几何平均数

当计算几何平均数的每个变量值的次数不相同时，采用加权几何平均数计算平均比率或平均速度。加权几何平均数的计算公式为：

$$G = \sum_{f} \sqrt{x_1^{f_1} \cdot x_2^{f_2} \cdot x_3^{f_3} \cdot \cdots \cdot x_n^{f_n}} = \sum_{f} \sqrt{\prod x^f} \qquad (3\text{-}20)$$

式中，f_i 代表分组条件下各组的次数。

【例 3-15】设某笔为期 20 年的投资按复利计算收益，前 10 年的年利率为 10%，中间 5 年的年利率为 8%，最后 5 年的年利率为 6%，计算整个投资期内的平均年利率。

$$G = \sqrt[20]{1.1^{10} \times 1.08^5 \times 1.06^5} - 1 = \sqrt[20]{5.100\,1} - 1 = 8.487\%$$

计算结果显示，整个投资期内的平均年利率为 8.487%。

几何平均数在社会经济统计中常常用来计算平均速度，将在项目四中详加阐述。

五、中位数

把总体各单位变量值按大小顺序排列起来，处于中点位置的变量值就是中位数，中位数用 M_e 表示。中位数将变量值分为两部分，一半变量值比它大，一半变量值比它小。由此可见，中位数处于次数分配的中点，不受极端值的影响。当一个总体的大部分总体单位的变量值比较集中时，以中位数为代表值，比算术平均数还能更确切地反映次数分配的集中趋势。

（一）根据未分组数据确定中位数

在变量值未经分组的情况下，先将总体各单位的变量值按大小顺序排列，再确定中位数位置。中位数位置可由公式（3-21）确定。

$$中位数位置 = \frac{n+1}{2} \qquad (3\text{-}21)$$

当总体单位数为奇数时，处于中间位置上的那个变量值就是中位数；如果总体单位数为偶数，则中位数是位于中间位置的两个变量值的算术平均数。

【例 3-16】将图 2-1 所示的某财产保险公司 160 个家庭财产保险推销员的年销售额按大小顺序排列后，计算这 160 个家庭财产保险推销员年销售额的中位数。

$$中位数位置 = \frac{n+1}{2} = \frac{160+1}{2} = 80.5$$

由于中位数位置在第 80 个数值（17.90）和第 81 个数值（17.93）之间，则

$$M_e = \frac{17.90 + 17.93}{2} = 17.915（万元）$$

计算结果显示，这 160 个家庭财产保险推销员年销售额的中位数为 17.915 万元。

（二）根据分组数据确定中位数

1. 由单项数列确定中位数

根据单项数列数据确定中位数位置的计算公式为：

$$中位数位置 = \frac{\sum f + 1}{2} \qquad (3\text{-}22)$$

式中，$\sum f$ 为总次数。

【例 3-17】 2017 年年末某村农民家庭按儿童人数分组数据如表 3-10 所示，计算每个家庭儿童人数的中位数。

表 3-10　　　　　　　　2017 年末某村农民家庭按儿童人数分组数据

按儿童人数分组（个/户）	家庭数（户）	家庭数累计（户）
0	6	6
1	14	20
2	25	45
3	9	54
4	3	57
合计	57	—

$$中位数位置 = \frac{\sum f + 1}{2} = \frac{57 + 1}{2} = 29$$

由于第 29 户家庭位于第三组（21～45）中，则第三组的变量值 2 就是中位数，表明该村平均每户 2 个儿童。

2. 由组距数列确定中位数

根据组距数列数据确定中位数位置的计算公式为：

$$中位数位置 = \frac{\sum f}{2} \qquad (3\text{-}23)$$

在掌握的数据为组距数列的情况下，假定中位数所在组的次数均匀分布，则可利用比例插值法推算中位数的近似值。

计算中位数的下限公式为：

$$M_e = L + \frac{\dfrac{\sum f}{2} - S_{m-1}}{f_m} \cdot i \qquad (3\text{-}24)$$

式中，L 代表中位数所在组的下限；$\sum f$ 代表总次数；

S_{m-1} 代表比中位数所在组下限小的各组累计次数；

f_m 代表中位数所在组的次数；i 代表中位数所在组的组距。

计算中位数的上限公式为：

$$M_e = U - \frac{\dfrac{\sum f}{2} - S_{m+1}}{f_m} \cdot i \qquad (3\text{-}25)$$

式中，U 代表中位数所在组的上限；

S_{m+1} 代表比中位数所在组上限大的各组累计次数。

【例 3-18】 根据 2017 年某财产保险公司家庭财产保险推销员按年销售额分组数据，计算该公司家庭财产保险推销员年销售额的中位数（见表 3-11）。

表 3-11　　2017 年某财产保险公司 160 个家庭财产保险推销员销售额中位数计算表

按年销售额分组（万元）	人数（人）	向上累计	向下累计
10～12	6	6	160
12～14	13	19	154
14～16	29	48	141

按年销售额分组（万元）	人数（人）	向上累计	向下累计
16～18	36	84	112
18～20	25	109	76
20～22	17	126	51
22～24	14	140	34
24～26	9	149	20
26～28	7	156	11
28～30	4	160	4
合计	160	—	—

已知：中位数在第四组内且 $L=16$，$U=18$，$S_{m-1}=48$，$S_{m+1}=76$，$f_m=36$，$i=2$。

按下限公式计算：

$$M_e = L + \frac{\frac{\sum f}{2} - S_{m-1}}{f_m} \cdot i$$

$$= 16 + \frac{80-48}{36} \times 2 = 16 + 1.78 = 17.78 \text{（万元）}$$

按上限公式计算：

$$M_e = U - \frac{\frac{\sum f}{2} - S_{m+1}}{f_m} \cdot i$$

$$= 18 - \frac{80-76}{36} \times 2 = 18 - 0.22 = 17.78 \text{（万元）}$$

计算结果表明，该公司家庭财产保险推销员年销售额的中位数是 17.78 万元。

运用上限公式和下限公式计算中位数的结果相同。

六、众数

众数是指总体中出现次数最多的变量值，用 M_0 表示。一般只有总体单位比较多且存在明显集中趋势的数列中才存在众数。众数不受极端值影响。在出现最高次数为 2 或大于 2 的情况下，可以有多个众数。如果数据有两个众数，数据是双峰的；如果数据有多于两个的众数，数据是多峰的。在多峰的情况下，众数通常不必指出。

由于所掌握的数据不同，确定众数的方法可分为以下两种。

（一）由单项数列确定众数

在单项数列中，出现次数最多的变量值就是众数。

【例 3-19】根据表 3-12 所示的数据，计算 2017 年某商场男运动服销售的众数。

表 3-12　　　　　　　　　2017 年某商场男运动服销售数据

男运动服（厘米）	销售量（百件）
85	8
90	17
95	28
100	115

续表

男运动服（厘米）	销售量（百件）
105	18
110	14
合计	200

从表 3-12 中可看出，出现次数最多的变量值是 100 厘米，因此，100 厘米就是该商场销售男运动服的众数。

（二）由组距数列确定众数

在组距数列的条件下，确定众数时应首先将出现次数最多的一组定为众数组，然后再利用插补法确定众数的近似值。众数在众数组的位置直接受相邻两组次数大小的影响。众数的数值始终偏向相邻组中次数较大的组。当相邻两组的次数相等时，众数则是众数组的组中值。

计算众数的下限公式为：

$$M_0 = L + \frac{\Delta_1}{\Delta_1 + \Delta_2} \cdot i \tag{3-26}$$

式中，L 代表众数组的下限，i 代表众数组的组距，

Δ_1 代表众数组的次数与其下一组的次数之差，

Δ_2 代表众数组的次数与其上一组的次数之差。

计算众数的上限公式为：

$$M_0 = U - \frac{\Delta_2}{\Delta_1 + \Delta_2} \cdot i \tag{3-27}$$

式中，U 代表众数组的上限。

【例 3-20】根据 2017 年某财产保险公司家庭财产保险推销员按年销售额分组数据，计算该公司家庭财产保险推销员年销售额的众数。

表 3-13　　2017 年某财产保险公司 160 个家庭财产保险推销员销售额众数计算表

按年销售额分组（万元）	人数（人）
10～12	6
12～14	13
14～16	29 ——众数所在组下一组
16～18	36 ——众数所在组
18～20	25 ——众数所在组上一组
20～22	17
22～24	14
24～26	9
26～28	7
28～30	4
合计	160

根据表 3-13 所示的数据，已知众数在第四组，且 $L=16$，$U=18$，$i=2$，$\Delta_1 = 36 - 29 = 7$，$\Delta_2 = 36 - 25 = 11$。

按下限公式计算：

$$M_0 = L + \frac{\varDelta_1}{\varDelta_1 + \varDelta_2} \cdot i = 16 + \frac{7}{7+11} \times 2$$
$$= 16 + 0.78 = 16.78 \text{（万元）}$$

按上限公式计算：

$$M_0 = U - \frac{\varDelta_2}{\varDelta_1 + \varDelta_2} \cdot i = 18 - \frac{11}{7+11} \times 2$$
$$= 18 - 1.22 = 16.78 \text{（万元）}$$

计算结果表明，该公司家庭财产保险推销员年销售额的众数是 16.78 万元。运用上限公式和下限公式计算众数的结果相同。

七、平均指标的比较

（一）各种数值平均数的比较

首先，适用场合不同。在计算总体单位变量值的平均数时，若总体标志总量等于总体各单位变量值之和，可采用算术平均数计算；若总体标志总量等于总体各单位变量值之积，则应采用几何平均数计算。

其次，某些数值平均数对于被平均变量的取值有着特殊的限制。例如，当被平均变量出现一个零值时，几何平均数为零，调和平均数无法计算。当被平均变量出现一个负值时，几何平均数失去意义。

如用同一数据分别计算算术平均数、调和平均数和几何平均数，则有关系：$\bar{x} \geqslant G \geqslant H$。

（二）数值平均数与位置平均数的比较

首先，数值平均数是根据所有变量值来计算的平均数，它们能够概括地反映整个数列中所有各项变量值的平均水平；位置平均数则是根据总体中处于特殊位置上的个别单位或部分单位的变量值来确定的代表值。因此，数值平均数对于数据的概括能力比位置平均数更强。

其次，由于数值平均数的数据概括能力强，因而数列中任何一项数据的变动都将在一定程度上影响到数值平均数的计算结果，数值平均数对于数据变化的"灵敏度"很高。但是，这也使得数值平均数极容易受到个别或少数极端值的影响，它们对极端值的"耐抗性"较低。位置平均数则相反，数列中某些数据的变动不一定会影响到它们的水平，尤其是个别或少数极端值对于它们几乎没有影响，所以，尽管位置平均数的"灵敏度"较低，但"耐抗性"却很强。

最后，数值平均数与位置平均数各自适用的数据类型不同。一般来说，各种数值平均数对于数据的量化尺度要求较高，它们只适用于定距尺度和定比尺度的数据；位置平均数则不同，它们还适用于各种定序尺度的数据，众数甚至还适用于各种定类尺度的数据。这表明，在一些无法适当运用数值平均数的场合，位置平均数不失为一种独特且有用的分析工具。

（三）中位数、众数和算术平均数的关系

当现象呈对称的钟型分布时，中位数、众数和算术平均数三者处于同一位置上，即 $\bar{x} = M_e = M_0$。如现象出现非正常的极端值，则会呈非对称分布，偏态的方向由极少数远离中央的极端值所确定。这时，算术平均数、中位数和众数之间会产生差异，而且偏斜的程度越大，三者之间的差异就越大。极端值对三种平均数的影响是不同的。众数是分布次数最多的变量值，不受极端值的影响；中位数只受极端值位置的影响，不受极端值大小的影响；而算术平均数则受所有变量值的影响，极端值对它的影响最大。所以，在正偏情形下，有 $M_0 < M_e < \bar{x}$；在负偏情形下，有 $\bar{x} < M_e < M_0$。中位数始终位于算术平均数和众数之间。

在分布呈现偏斜的情形下，三种集中趋势的数量水平通常存在差异，它们之间的大小关系可能出现各种不同组合。经过著名统计学家卡尔·皮尔逊（Karl Pearson）的研究，得到如下经验规则（即"皮尔逊规则"）：在钟型分布只存在适度或轻微偏斜的情形下，中位数一般介于众数与算术平均数之间。而且，众数与中位数之间的距离，大约为中位数与算术平均数之间距离的 2 倍，即

$$\left| M_0 - M_e \right| = 2 \left| M_e - \bar{x} \right|$$

$$M_0 = 3M_e - 2\bar{x} \tag{3-28}$$

$$\bar{x} = \frac{3M_e - M_0}{2} \tag{3-29}$$

$$M_e = \frac{M_0 + 2\bar{x}}{3} \tag{3-30}$$

利用这三个关系式，可以在钟型分布只存在适度或轻微偏斜的情形下，已知其中两个平均数时，估计另一个平均数。

任务三　标志变异指标分析

项目三开篇案例中，某财产保险公司计划部经理找出 160 个家庭财产保险推销员年销售额的平均数后，这个平均数就有可能成为该公司家庭财产保险销售额的具体目标值。因为这个代表值反映了这 160 个家庭财产保险推销员年销售额的集中趋势。同时，为了使销售目标制定得科学、合理，还必须考虑每个推销员年销售额之间的差别，要了解这 160 个推销员中年销售额最多的与最少的相差多少、每个人的年销售额与平均数相比差多少。年销售额之间的差异越大，平均数对这 160 个家庭财产保险推销员年销售额的代表性就越差；反之，年销售额之间的差异越小，平均数对这 160 个家庭财产保险推销员年销售额的代表性就越好。数据之间的这种差异也是制定销售目标的重要依据。

集中趋势只是总体次数分布的一个特征，它把总体各单位变量值之间的数量差异抽象化了，所反映的是总体各单位变量值向其中心聚集的程度。离散趋势则是总体次数分布的另一个重要特征，它反映的是总体各单位变量值远离中心的程度，也称为离中趋势。

描述离散趋势的指标主要有全距、平均差、标准差、方差及变异系数等。

一、全距

全距是总体各单位某一数量标志的最大值与最小值之差，又称极差，常用 R 表示。其计算公式为：

$$全距（R）=最大值-最小值 \tag{3-31}$$

【例 3-21】图 2-1 中，2017 年某财产保险公司 160 个家庭财产保险推销员年销售额的最大值为 29.55 万元，最小值为 10.05 万元，计算全距。

全距=29.55-10.05=19.5（万元）

若统计数据为组距数列，则全距等于最高组的上限与最低组的下限之差。其计算结果比实际的极差要大些，只是一个近似值。

全距是两个极端值之间的距离，表明总体各单位变量值变动的最大范围。在两个总体的平均水平相同的情况下，全距越小，说明总体各单位变量值越集中，平均数的代表性越好；全距越大，说明总体各单位变量值越分散，平均数的代表性越差。

全距是测定标志变异程度最简单的方法，但它受极端值的影响，没有考虑中间变量值的变异

情况，因此只能粗略地说明总体各单位变量值的变异程度。

二、平均差

平均差是各变量值对其算术平均数离差绝对值的算术平均数，常用 $A \cdot D$ 表示。平均差以平均数为中心，反映了每个变量值对其算术平均数的平均离差。平均差越大，表明总体各单位标志变异程度越大；平均差越小，则表明总体各单位标志变异程度越小。

（一）根据未分组数据计算

$$A \cdot D = \frac{\sum \left| x - \overline{x} \right|}{n} \tag{3-32}$$

【例3-22】根据图 2-1 所示的数据，计算 2017 年某财产保险公司 160 个家庭财产保险推销员年销售额的平均差。

$$\overline{x} = \frac{25.05 + 17.48 + 13.80 + \cdots + 11.24}{160} = 18.78 \text{（万元）}$$

$$A \cdot D = \frac{\sum \left| x - \overline{x} \right|}{n} = \frac{|25.05 - 18.78| + |17.48 - 18.78| + \cdots + |11.24 - 18.78|}{160}$$

$$= \frac{553.628}{160} = 3.46 \text{（万元）}$$

计算结果表明，每个家庭财产保险推销员的年销售额与年平均销售额之间的平均差为 3.46 万元。

（二）根据分组数据计算

$$A \cdot D = \frac{\sum \left| x - \overline{x} \right| f}{\sum f} \tag{3-33}$$

【例3-23】根据图 2-1 所示的 2017 年某财产保险公司 160 个家庭财产保险推销员按年销售额分组数据计算平均差，如表 3-14 所示。

表 3-14　　2017 年某财产保险公司 160 个家庭财产保险推销员销售额平均差计算表

按年销售额分组（万元）	组中值（x）	人数（f）	xf	$\left| x - \overline{x} \right| f$
10～12	11	6	66	45.24
12～14	13	13	169	72.02
14～16	15	29	435	102.66
16～18	17	36	612	55.44
18～20	19	25	475	11.50
20～22	21	17	357	41.82
22～24	23	14	322	62.44
24～26	25	9	225	58.14
26～28	27	7	189	59.22
28～30	29	4	116	41.84
合计	—	160	2 966	550.3

$$\overline{x} = \frac{\sum xf}{\sum f} = \frac{2\,966}{160} = 18.54\,(万元)$$

$$A \cdot D = \frac{\sum |x - \overline{x}| f}{\sum f} = \frac{550.3}{160} = 3.44\,(万元)$$

计算结果表明,每个家庭财产保险推销员的年销售额与年平均销售额之间的平均差为 3.44 万元。

在两个总体的平均水平相同的情况下,平均差越小,说明总体各单位变量值越集中,平均数的代表性越好;平均差越大,说明总体各单位变量值越分散,平均数的代表性越差。

平均差综合了总体各单位变量值的变异情况,计算方法简单且意义明确。但由于其取绝对值计算,不便于代数运算,故在实际应用中受到一定限制。

三、标准差和方差

标准差是总体各单位变量值与其算术平均数离差平方的算术平均数的平方根,又称均方差或均方根差。标准差常用符号 σ 表示。标准差越大,表明总体各单位标志变异程度越大。标准差具有平均差综合反映总体各单位变量值差异程度的优点,并且避免了取绝对值所引起的不便于进行代数处理的缺陷,因而在实际工作中应用广泛。

标准差的平方叫方差,常用符号 σ^2 表示。方差越大,表明总体各单位标志变异程度越大。方差在社会经济统计和数理统计中应用非常广泛。

(一)标准差和方差的基本计算

1. 根据未分组数据计算

$$\sigma = \sqrt{\frac{\sum (x - \overline{x})^2}{n}} \qquad (3\text{-}34)$$

$$\sigma^2 = \frac{\sum (x - \overline{x})^2}{n} \qquad (3\text{-}35)$$

【例 3-24】根据图 2-1 所示的数据,计算某财产保险公司 160 个家庭财产保险推销员年销售额的标准差和方差。

$$\overline{x} = \frac{25.05 + 17.48 + 13.80 + \cdots + 11.24}{160} = 18.78\,(万元)$$

$$\sigma = \sqrt{\frac{\sum (x - \overline{x})^2}{n}} = \sqrt{\frac{(25.05 - 18.78)^2 + (17.48 - 18.78)^2 + \cdots + (11.24 - 18.78)^2}{160}}$$

$$= \sqrt{\frac{3\,199.58}{160}} = 4.47$$

$$\sigma^2 = \frac{\sum (x - \overline{x})^2}{n} = \frac{3\,199.58}{160} = 20$$

计算结果表明,每个家庭财产保险推销员的年销售额与年平均销售额之间的标准差为 4.47,方差为 20。

2. 根据分组数据计算

$$\sigma = \sqrt{\frac{\sum (x - \overline{x})^2 f}{\sum f}} \qquad (3\text{-}36)$$

$$\sigma^2 = \frac{\sum (x - \bar{x})^2 f}{\sum f} \tag{3-37}$$

【例 3-25】根据图 2-1 所示的 2017 年某财产保险公司 160 个家庭财产保险推销员按年销售额分组数据，计算标准差和方差。

表 3-15　　　2017 年某财产保险公司 160 个家庭财产保险推销员销售额标准差计算表

按年销售额分组 （万元）	组中值（x）	人数（f）	xf	$(x - \bar{x})^2 f$
10～12	11	6	66	341.11
12～14	13	13	169	398.99
14～16	15	29	435	363.42
16～18	17	36	612	85.38
18～20	19	25	475	5.29
20～22	21	17	357	102.88
22～24	23	14	322	278.48
24～26	25	9	225	375.58
26～28	27	7	189	501.00
28～30	29	4	116	437.65
合计	—	160	2 966	2 889.78

$$\bar{x} = \frac{\sum xf}{\sum f} = \frac{2\,966}{160} = 18.54 \text{（万元）}$$

$$\sigma = \sqrt{\frac{\sum (x - \bar{x})^2 f}{\sum f}} = \sqrt{\frac{2\,889.78}{160}} = 4.25$$

$$\sigma^2 = \frac{\sum (x - \bar{x})^2 f}{\sum f} = \frac{2\,889.78}{160} = 18.06$$

计算结果表明，每个家庭财产保险推销员的年销售额与年平均销售额之间的标准差为 4.25，方差为 18.06。

在两个总体的平均水平相同的情况下，标准差和方差越小，说明总体各单位变量值越集中，平均数的代表性越好；标准差和方差越大，说明总体各单位变量值越分散，平均数的代表性越差。

（二）标准差和方差的简捷计算

将标准差和方差的基本计算公式变形后，可得到标准差和方差的简捷计算公式：

$$\sigma^2 = \frac{\sum (x - \bar{x})^2}{n} = \frac{\sum (x^2 - 2x\bar{x} + \bar{x}^2)}{n}$$

$$= \frac{\sum x^2}{n} - \frac{2\bar{x} \cdot \sum x}{n} + \bar{x}^2 \tag{3-38}$$

$$= \overline{x^2} - 2\bar{x}^2 + \bar{x}^2$$

$$= \overline{x^2} - \bar{x}^2$$

同理，
$$\sigma = \sqrt{\overline{x^2} - \bar{x}^2} \tag{3-39}$$

【例 3-26】2017 年某企业 190 个工人按产值分组资料如表 3-16 所示，用简捷法计算标准差和方差。

表 3-16　　　　　　　　　　2017 年某企业 190 个工人按产值分组资料

按产值分组（万元）	组中值（x）	人数（f）
50 以下	45	10
50～60	55	20
60～70	65	40
70～80	75	50
80～90	85	40
90 以上	95	30
合计	—	190

$$\bar{x} = \frac{\Sigma xf}{\Sigma f} = \frac{45 \times 10 + 55 \times 20 + \cdots + 95 \times 30}{190} = \frac{14\,150}{190} = 74.47$$

$$\overline{x^2} = \frac{\Sigma x^2 f}{\Sigma f} = \frac{45^2 \times 10 + 55^2 \times 20 + \cdots + 95^2 \times 30}{190} = \frac{1\,090\,750}{190} = 5\,740.79$$

$$\sigma^2 = \overline{x^2} - \bar{x}^2 = 5\,740.79 - 74.47^2 = 195.01$$

$$\sigma = \sqrt{195.01} = 13.96$$

计算结果表明，该企业每个工人的年产值与年平均产值之间的标准差为 13.96，方差为 195.01。

一般情况下，根据同一数据计算的标志变异指标 R、$A \cdot D$、σ，在数值上存在关系：$R \geqslant \sigma \geqslant A \cdot D$。

（三）是非标志标准差的计算

从前述内容中已知是非标志的算术平均数等于 p，则是非标志标准差的计算公式为：

$$\sigma = \sqrt{\frac{\sum (x - \bar{x})^2 f}{\sum f}} = \sqrt{\frac{(1-p)^2 N_1 + (0-p)^2 N_0}{N}}$$

$$= \sqrt{p(1-p)} \tag{3-40}$$

【例 3-27】某班 50 名学生英语考试成绩及格 39 人，不及格 11 人，计算其标准差。

$$p = \frac{N_1}{N} = \frac{39}{50} = 0.78$$

$$\sigma = \sqrt{p(1-p)} = \sqrt{0.78 \times 0.22} = 0.414$$

（四）方差的加法定理

根据原始数据可以计算总方差。将原始数据编制成组距数列后，总方差分解成两部分，即组间方差和平均组内方差。组间方差是各组平均数对总平均数离差平方的算术平均数，平均组内方差则是每组中各单位变量值对组平均数离差平方的算术平均数的平均数。

总方差、组间方差、平均组内方差的计算公式如下。

总方差：
$$\sigma^2 = \frac{\sum (x - \bar{x})^2}{n} \tag{3-41}$$

组间方差：
$$\delta^2 = \frac{\sum (\bar{x_i} - \bar{x})^2 n_i}{n} \tag{3-42}$$

平均组内方差：
$$\overline{\sigma_i^2} = \frac{\sum \sigma_i^2 n_i}{n} \tag{3-43}$$

式中， x 代表变量值，

$\overline{x_i}$ 代表各组平均数，

$\overline{x}$ 代表总平均数，

σ_i^2 代表各组的组内方差，

n_i 代表各组单位个数，

n 代表总体单位个数。

可以证明总方差、组间方差和平均组内方差之间的关系为：

$$\sigma^2 = \delta^2 + \overline{\sigma_i^2} \qquad (3-44)$$

【例3-28】2017年某乡有织袜专业户9户，分别拥有的织袜机数量为：2、2、3、4、6、7、8、10、12台，则这9户平均拥有织袜机的台数为：

$$\overline{x} = \frac{\sum x}{n} = \frac{2+2+3+4+6+7+8+10+12}{9} = \frac{54}{9} = 6$$

这9户拥有织袜机台数的总方差为：

$$\sigma^2 = \frac{\sum(x-\overline{x})^2}{n}$$

$$= \frac{(2-6)^2 + (2-6)^2 + (3-6)^2 + \cdots + (12-6)^2}{9}$$

$$= \frac{102}{9} = 11.33$$

将原始数据编制成组距数列后，可计算组间方差和平均组内方差，数据如表3-17所示。

表3-17 　　　　　　　　　　2017年某乡织袜专业户数据

按织袜机台数分组	户数（户） n_i	台数（台）	组平均台数（台） $\overline{x_i}$	$(\overline{x_i} - \overline{x})^2 n_i$
1～4	4	11	2.75	42.25
5～8	3	21	7.00	3.00
9～12	2	22	11.00	50.00
合计	9	54	—	95.25

组间方差： $\delta^2 = \dfrac{\sum(\overline{x_i} - \overline{x})^2 n_i}{n} = \dfrac{95.25}{9} = 10.58$

第一组组内方差： $\sigma_1^2 = \dfrac{\sum(x - \overline{x_1})^2}{n_1}$

$$= \frac{(2-2.75)^2 + (2-2.75)^2 + (3-2.75)^2 + (4-2.75)^2}{4}$$

$$= \frac{2.75}{4} = 0.687\,5$$

第二组组内方差： $\sigma_2^2 = \dfrac{\sum(x - \overline{x_2})^2}{n_2}$

$$= \frac{(6-7)^2 + (7-7)^2 + (8-7)^2}{3}$$

$$= \frac{2}{3} = 0.666\,7$$

第三组组内方差：$\sigma_3^2 = \dfrac{\sum(x-\overline{x_3})^2}{n_3}$

$$= \dfrac{(10-11)^2+(12-11)^2}{2}$$

$$= \dfrac{2}{2} = 1$$

平均组内方差：$\overline{\sigma_i^2} = \dfrac{\sum \sigma_i^2 n_i}{n} = \dfrac{0.687\,5 \times 4 + 0.666\,7 \times 3 + 1 \times 2}{9}$

$$= \dfrac{6.75}{9} = 0.75$$

$11.33 = 10.58 + 0.75$

即 $\sigma^2 = \delta^2 + \overline{\sigma_i^2}$

根据方差的加法定理可知道，由各组中值充当组平均数与总体平均数比较而计算的方差，实际上是组间方差，我们把它当作总体方差使用，是因为组距数列条件下，各组内部的变量分布看不到了，无法计算组内方差，从而求不出真实的总体方差，只能以组间方差来代替。

四、变异系数

全距、平均差、标准差和方差的共同特点是都有具体的计量单位，都是反映总体各单位变量值离散程度的绝对量指标，其数值大小不仅受变量值离散程度的影响，而且受变量值平均水平大小的影响。一般来说，变量值平均水平高，其离散程度的测度值也大，反之，则会小些。因此，在统计研究中，为了对比分析不同性质、不同水平的总体之间数据的离散程度，需要计算相对量指标即变异系数，以消除不同总体之间在平均水平、计量单位等方面的不可比因素。

常用的变异系数为标准差系数。其计算公式为：

$$V_\sigma = \dfrac{\sigma}{\overline{x}} \times 100\% \qquad (3\text{-}45)$$

【例 3-29】某年甲、乙两村粮食平均亩产量及标准差数据如表 3-18 所示，计算标准差系数。

表 3-18 标准差系数计算表

	平均亩产量 $\overline{x}$（千克）	标准差 σ（千克）	标准差系数 V_σ（%）
甲村	1 000	45	4.50
乙村	1 250	49	3.92

甲村和乙村的平均亩产量不一样，因此，不能简单地用平均差和标准差来反映数据的离散程度，必须计算变异系数，从而消除两个总体平均水平不同的影响。从标准差系数来看，乙村小于甲村，说明乙村的粮食平均亩产量具有较好的代表性。

项目小结

项目三主要介绍了统计分析的基本指标，主要有总量指标、相对指标、平均指标及标志变异指标。

总量指标是反映在一定时间、空间条件下某种现象总规模、总水平的统计指标，也称为绝对数。总量指标按其反映的总体内容不同可分为总体单位总量和总体标志总量，按其反映的时间状况不同可分为时期指标和时点指标。

相对指标是两个有联系的指标数值进行对比计算的结果，又称为相对数。常用的相对指标可分为计划完成程度相对指标、结构相对指标、比例相对指标、比较相对指标、强度相对指标、动态相对指标六类。

平均指标可分为静态平均数和动态平均数，本章主要研究静态平均数。

平均指标是总体各单位某一数量标志值在具体时间、空间条件下达到的一般水平，反映了现象的集中趋势。集中趋势是指一组数据向分布的中心集中的现象，是次数分布的一个重要特征。平均指标依照其计算方法的不同，可分为计算平均数和位置平均数两类。前者包括算术平均数、调和平均数和几何平均数，它们都是根据总体各单位标志值的计算取得的；后者包括众数和中位数，是根据分布数列中总体单位标志值所处的位置来确定的。

标志变异指标是反映总体单位标志值的变动幅度或离差程度的指标，它所反映的是各变量值远离中心的程度，也称为离中趋势或离散趋势，离散趋势是次数分布的另一个重要特征。标志变异指标越大，说明总体各单位标志值差异程度越大。测定标志变异的指标主要有全距、平均差、标准差、方差和变异系数。

应用技能训练

一、单项选择题

1. 总量指标作为基本指标，（　　　）。
   A. 仅是计算相对指标的基础
   B. 仅是计算平均指标的基础
   C. 既是计算相对指标的基础，也是计算平均指标的基础
   D. 不是计算相对指标和平均指标的基础

2. 总量指标的特征之一为计量形式都是（　　　）。
   A. 无名数　　　　B. 有名数　　　　C. 单名数　　　　D. 复名数

3. 在同一总体中，（　　　）。
   A. 总体单位总量与总体标志总量都只有一个
   B. 总体单位总量可有若干个，总体标志总量只能有一个
   C. 总体单位总量只能有一个，总体标志总量可有若干个
   D. 总体单位总量与总体标志总量均可有若干个

4. 相对指标的计量形式（　　　）。
   A. 仅有无名数　　　　　　　　　　B. 仅有有名数
   C. 既有无名数，也有有名数　　　　D. 既不是无名数，也不是有名数

5. 将对比基数定为 10 而计算出的相对数称为（　　　）。
   A. 成数　　　　B. 百分数　　　　C. 倍数　　　　D. 千分数

6. 某产品单位成本计划比上年降低 6%，实际降低 5%，则产品单位成本计划完成程度为（　　　）。
   A. 101.1%　　　　B. 83.5%　　　　C. 120%　　　　D. 98.9%

7. 某企业劳动生产率计划比上年提高 5%，实际比上年提高 8%，则该企业劳动生产率的计划完成程度为（　　　）。
   A. 160%　　　　B. 102.9%　　　　C. 62.5%　　　　D. 97.2%

8. 同一指标在不同时间上对比的相对指标是（　　　）。
   A. 比较相对指标　　　　　　　　　B. 强度相对指标

C. 计划完成程度相对指标   D. 动态相对指标

9. 某商场家电部的零售额占全商场零售总额的比重由去年的 30%上升到今年的 32%，则这两项指标（   ）。

    A. 一个是结构相对指标，一个是动态相对指标

    B. 都是动态相对指标

    C. 都是结构相对指标

    D. 以上两种指标都不是

10. 某市人均年生活费支出是 9 800 元，是同类城市的 1.1 倍，则这两项指标（   ）。

    A. 一个是强度相对指标，一个是比较相对指标

    B. 两个都是相对指标

    C. 两个都是比较相对指标

    D. 一个是平均指标，一个是比较相对指标

11. 平均指标是将总体内各单位标志值的差异（   ）。

    A. 具体化   B. 抽象化   C. 简单化   D. 明显化

12. 平均指标说明（   ）。

    A. 各类总体某一数量标志在一定历史条件下的一般水平

    B. 社会经济现象在一定历史条件下的一般水平

    C. 同质总体内某一数量标志在一定历史条件下的一般水平

    D. 大量经济现象在一定历史条件下的一般水平

13. 影响简单算术平均数大小的因素有（   ）。

    A. 变量   B. 权数   C. 变量值   D. 变量的个数

14. 加权算术平均数的大小（   ）。

    A. 只受各组变量值大小的影响，与各组次数的多少无关

    B. 只受各组次数多少的影响，与各组变量值的大小无关

    C. 既受各组变量值大小的影响，也受各组次数多少的影响

    D. 与各组变量值的大小及各组次数的多少无关

15. 对比不同地区的粮食生产水平，可用（   ）。

    A. 人均粮食产量   B. 最高亩产量

    C. 粮食总产量   D. 平均每亩粮食产量

16. 按组距数列计算的平均数是（   ）。

    A. 处于次数中点位置的数值   B. 总体中最普遍的数值

    C. 一个近似数值   D. 一个精确数值

17. 在变量数列中，若各组权数完全相等，则平均数（   ）。

    A. 不受权数的影响   B. 只受权数的影响

    C. 既受变量值的影响，也受权数的影响   D. 计算没有意义

18. 总体内各标志值与其平均数的离差之和为（   ）。

    A. 该总体的平均数   B. 最小值

    C. 该总体的平方平均数   D. 零

19. 计算平均比率应采用（   ）。

    A. 几何平均数   B. 简单算术平均数   C. 调和平均数   D. 加权算术平均数

20. 由组距数列确定众数时，如果众数组相邻两组的次数相等，则（   ）。

    A. 众数为零   B. 众数在众数组内靠近上限

C. 众数在众数组内靠近下限   D. 众数组的组中值就是众数

21. 标准差与平均差的区别主要是（   ）。

     A. 意义不同   B. 计算结果不同

     C. 计算条件不同   D. 对离差和的数学处理方法不同

22. 平均差的主要缺点是（   ）。

     A. 易受极端值的影响   B. 与标准差相比计算复杂

     C. 不符合代数方法的演算   D. 计算的结果比标准差结果大

23. 不同总体间的标准差不能进行直接对比，是因为（   ）。

     A. 平均数不一致   B. 离散程度不一致

     C. 总体单位数不一致   D. 离差平方和不一致

24. 标志变异指标与平均数的代表性之间存在（   ）。

     A. 正比关系   B. 反比关系   C. 恒等关系   D. 倒数关系

25. 标志变异指标可以反映总体各单位标志值的差异程度，它们之间存在（   ）。

     A. 正比关系   B. 反比关系   C. 恒等关系   D. 倒数关系

26. 计算标准差一般所依据的中心指标是（   ）。

     A. 众数   B. 中位数   C. 算术平均数   D. 几何平均数

27. 标准差属于（   ）。

     A. 强度相对指标   B. 绝对指标   C. 相对指标   D. 平均指标

28. 两个总体的平均数不相等，但标准差相等，则（   ）。

     A. 平均数小，代表性好   B. 平均数大，代表性好

     C. 两个平均数代表性相同   D. 无法进行正确判断

29. 是非标志的标准差是（   ）。

     A. p B. pq C. $\sqrt{p(1-p)}$ D. $p(1-p)$

30. 已知某班有 40 名学生，男女学生各占一半，则成数方差为（   ）。

     A. 25%   B. 30%   C. 40%   D. 50%

二、填空题

1. 统计指标按其表现形式可分为总量指标、_____指标、_____指标和标志变异指标。

2. 总量指标按其反映的时间状况不同，可分为_____指标和_____指标。

3. 总体单位总量是用来反映总体_____的总量指标。

4. 总体标志总量是用来反映总体_____的总量指标。

5. 相对指标是用_____的方法来反映现象之间数量关系的综合指标。

6. 具有可加性的相对指标只有_____。

7. 计量形式为有名数的相对指标只有_____相对指标。

8. _____是总体部分数值与总体全部数值之比。

9. 有些强度相对指标可互换分子、分母再进行计算，从而形成_____指标和_____指标。

10. 平均指标反映了总体次数分布的_____趋势。

11. 社会经济现象的_____性是计算和应用平均指标的一个重要原则。

12. 如果变量值中有一项为零，则不能计算_____平均数。

13. 简单算术平均数可视为_____相等条件下的加权算术平均数。

14. 使用组中值计算算术平均数是假定各组内的变量值是_____分布的，其计算结果是一个_____。

15. 中位数和众数都是_____平均数。

16. 常用的标志变异指标有全距、_____、_____、_____和变异系数。

17. 标志变异指标中易受极端值影响的是_____。

18. 若把全部产品分为合格品与不合格品，所采用的标志属于_____标志。

19. _____综合反映总体各单位某一数量标志值的共性，说明分布数列中变量值的集中趋势。

20. _____综合反映总体各单位标志值的差异性，说明分布数列中变量值的离中趋势。

21. 已知某数列的平均数为 2 600，标准差系数为 30%，则该数列的方差为_____。

22. 对 200 件产品进行检查，发现合格品为 180 件，不合格品为 20 件，则其是非标志的平均数为_____，标准差为_____。

三、判断题

1. 总量指标计算是否正确，会直接影响相对指标和平均指标的准确性。 （　　）

2. 由总体单位标志值汇总而来的指标是总体单位总量。 （　　）

3. 按最低限额规定的计划指标，其计划完成程度相对指标越小越好，即低于 100% 为超额。

　（　　）

4. 比例相对指标是总体某部分数值与总体另一部分数值之比。 （　　）

5. 比较相对指标又称比重指标。 （　　）

6. 所有相对指标的分子、分母均可互换计算，从而形成正、逆指标。 （　　）

7. 计算相对指标的首要问题是可比性问题。 （　　）

8. 相对指标中计量形式为有名数的只有比较相对指标。 （　　）

9. 相对指标直接相加无意义，所以均不能直接相加。 （　　）

10. 强度相对指标与平均指标都能反映社会经济现象的平均水平。 （　　）

11. 加权算术平均数的权数，既可用相对数表示，也可用绝对数表示，其计算结果相同。

　（　　）

12. 影响加权算术平均数的因素只有变量值。 （　　）

13. 当次数分布完全对称时，$M_0 < M_e < \bar{x}$。 （　　）

14. 调和平均数作为算术平均数的变形，其条件是 $xf = m$。 （　　）

15. 全国人均国内生产总值是算术平均数。 （　　）

16. 如果变量值中有一项为零，则不能计算算术平均数。 （　　）

17. 如果两个数列的平均数相同，则这两个数列的标准差也相同。 （　　）

18. 标志变异指标的数值越大，平均数的代表性就越好。 （　　）

19. 是非标志的标准差是总体中两个成数的几何平均数。 （　　）

20. 对同一数列同时计算平均差和标准差，两者必须相等。 （　　）

四、简答题

1. 什么是总量指标？它有什么作用？

2. 总体单位总量与总体标志总量有何不同？

3. 时期指标与时点指标有何区别？

4. 什么是相对指标？相对指标有什么作用？

5. 相对指标可以分为哪几种？

6. 简述计算和运用相对指标的原则。

7. 什么是平均指标？它有什么作用？

8. 简述算术平均数与强度相对数的区别与联系。

9. 简述中位数、众数与算术平均数的关系。

10. 数值平均数包括哪几种平均数？

11. 应用平均指标为什么必须遵循同质性原则？

12. 什么是标志变异指标？它有什么作用？

13. 标志变异指标与平均指标在说明同质总体特征方面有何不同？

14. 常用的标志变异指标有哪几种？

15. 简述全距的优缺点。

16. 简述平均差的优缺点。

17. 简述标准差的优缺点。

18. 什么是变异系数？它有什么作用？

19. 总体标志值的差异性与总体平均指标的代表性有什么关系？

20. 什么是方差的加法定理？由组距数列计算的总体方差有什么假定性？

五、计算题

1. 某厂 2016 年全员劳动生产率计划比 2015 年提高 6%，而实际提高 5%，求该厂 2016 年全员劳动生产率的计划完成情况。

2. 某厂某产品单位成本计划二季度比一季度降低 5%，而实际降低 6%，求该厂二季度该产品单位成本计划完成情况。

3. 甲、乙两地 2016 年有关数据如表 3-19 所示。

表 3-19　　　　　　　甲、乙两地 2016 年有关数据

	人口数	土地面积	城镇人口数	农业人口数
计量单位	万人	万平方千米	万人	万人
甲地区	260	1.0	110	150
乙地区	240	1.6	60	180

试计算：①两地区人口结构状况；

② 有关强度相对指标和比例相对指标。

4. 某企业有三个车间，2016 年上半年产值完成情况如表 3-20 所示。

表 3-20　　　　　　某企业三个车间 2016 年上半年产值完成情况

	一季度实际产值（万元）	二季度				计划完成（%）	二季度实际产值为一季度的（%）
		计划		实际			
		产值（万元）	比重(%)	产值（万元）	比重（%）		
一车间	100	110					104.5
二车间	90	95				102	
三车间	120			130		100	
合计	310		100		100		

要求：①计算表中空格处数据。

② 一车间二季度如能完成计划，则应增加多少产值？由此，该企业的计划完成情况又如何？

5. 某乡播种 2800 亩早稻，其中 35%的稻田使用良种，平均亩产 750 公斤，其余的稻田平均亩产仅 480 公斤。

试计算：①全部耕地早稻平均亩产；

② 该乡早稻的全部产量。

6. 某市工业企业按产值分组数据如表 3-21 所示。

表 3-21　　　　　　　　　　某市工业企业按产值分组数据

按产值分组（万元）	企业数（家）
200 以下	50
200～400	110
400～600	130
600～800	140
800～1 000	90
1 000～1 200	30
合计	550

根据上述数据计算算术平均数、中位数和众数。

7. 某车间有两个小组，每组都是 7 人，每人日产量（件）如下：

第一组：20、40、60、70、80、100、120

第二组：67、68、69、70、71、72、73

若这两组工人每人平均日产量都是 70 件，计算每人日产量的差异指标：①全距，②平均差，③标准差，并比较哪个组的平均数的代表性好。

8. 有两个生产作业班工人按其产品日产量分组的数据如表 3-22 所示。

表 3-22　　　　　　　　两个生产作业班工人按其产品日产量分组的数据

甲组		乙组	
日产量（件）	工人数（人）	日产量（件）	工人数（人）
5	3	8	6
7	5	12	7
9	6	14	3
10	4	15	3
13	2	16	1
合计		合计	

根据上述数据分别计算两个班工人平均日产量，并通过计算说明哪个班的平均数代表性好。

9. 两种不同的水稻品种分别在 5 块试验田上试种，其产量数据如表 3-23 所示。

表 3-23　　　　　　　　　　两种水稻试种产量数据

甲品种		乙品种	
田块面积（亩）	亩产（斤）	田块面积（亩）	亩产（斤）
1.2	1 000	1.2	1 360
1.1	950	1.1	1 000
1.0	1 100	1.0	1 250
0.9	900	0.9	750
0.8	1 050	0.8	600
合计		合计	

假定生产条件相同，试研究这两个品种的亩产水平，并确定哪个品种具有较大的推广价值（1 斤=0.5 千克，1 亩=666.67 平方米）。

知识拓展

恩格尔系数

恩格尔系数是衡量一个家庭或一个国家富裕程度的主要标准之一。

恩斯特·恩格尔（Ernst Engel，1821—1896），德国经济学家和统计学家，社会统计学派中的主要人物。恩格尔曾出任萨克森邦的统计局局长，从此开始了他作为政府统计官员的生涯。

恩格尔善于把调查的行政目的与统计研究的科学目的巧妙地结合起来。他曾对比利时、德国、英国、法国等国家的工人家庭做了相关的调查，通过对许多家庭的收入和各类开支进行深入的分析研究，发现了一种带有普遍性的消费结构走势和规律，即收入越少的家庭，用于食物的开支占家庭收入的比重越大，其次是衣着、住房，而用于教育、文化娱乐、医药卫生方面的开支随着家庭收入的减少，所占的比重也越小。由此，恩格尔得出结论：在其他条件相同的情况下，居民消费支出中用于食物部分的数量，可以作为其消费水平高低的标志。他认为这是衡量居民福利的最好尺度。他还指出，食品支出比率的大小，是随富裕程度的降低按几何级数增大的。从方法论上看，恩格尔是第一次借统计数据来建立重要的计量法则的。

随着家庭和个人收入的增加，收入中用于食品方面的支出比重将逐渐减小，这一定律被称为恩格尔定律，反映这一定律的系数被称为恩格尔系数。

恩格尔系数=食物支出金额÷总支出金额×100%

可以看出，在总支出金额不变的条件下，恩格尔系数越大，说明用于食物支出的金额越多；恩格尔系数越小，说明用于食物支出的金额越少，二者成正比。反过来，在食物支出金额不变的条件下，总支出金额与恩格尔系数成反比。一般来说，在其他条件相同的情况下，恩格尔系数较高，作为家庭来说表明收入较低，作为国家来说则表明该国较贫穷。反之，恩格尔系数较低，作为家庭来说表明收入较高，作为国家来说则表明该国较富裕。

联合国根据恩格尔系数的大小，对世界各国的生活水平有一个划分标准，即一个国家平均家庭恩格尔系数大于60%为贫穷，50%～60%为温饱，40%～50%为小康，30%～40%为相对富裕，20%～30%为富足，20%以下为极其富裕。

20世纪90年代，恩格尔系数在20%以下的国家只有美国，达到16%；欧洲各国、日本、加拿大，恩格尔系数一般在20%～30%之间，是富裕状态；东欧各国的恩格尔系数一般在30%～40%之间，相对富裕；剩下的发展中国家，多数处于温饱状态。

项目四
时间数列分析

学习目标

1. 掌握时间数列的概念和种类
2. 熟练掌握时间数列水平分析与速度分析方法
3. 熟练掌握长期趋势测定的意义及方法
4. 熟练掌握季节变动测定的意义及方法

项目引入

2018 年初，某生产电冰箱的企业着手制订电冰箱生产的三年发展规划。负责制订该规划的企划部的李先生毕业于某财经大学，在校学的是统计学专业，擅长统计资料搜集、整理以及分析工作。他采集了 2011—2017 年电冰箱的产量资料作为参考依据，详细资料如表 4-1 所示。

表 4-1　　　　　某企业 2011—2017 年电冰箱产量

年份	2011	2012	2013	2014	2015	2016	2017
产量（万台）	12.4	13.8	15.7	17.6	19.0	20.8	22.7

李先生认为，要做好企业电冰箱生产的三年发展规划，应该对 2011—2017 年电冰箱的生产情况进行详细分析，掌握近 7 年来电冰箱生产的发展规律。只有这样，才能了解电冰箱生产的发展趋势，并做好既符合企业生产条件又符合市场需求的电冰箱生产的三年发展规划。

项目分析

企划部的李先生在获得该企业 2011—2017 年电冰箱的产量资料后，应该如何对其进行详细分析以便更好地制定电冰箱生产的三年发展规划？是采用水平指标分析以及速度指标分析就可以了，还是需要运用一些其他的统计分析方法呢？企划部的李先生在思考后认为还需要找到一种统计分析方法，可以对电冰箱产量长期趋势进行测定，进而预测 2020 年电冰箱的产量。

为制定出既符合企业生产条件又符合市场需求的电冰箱生产的三年发展规划，企划部的李先生的具体任务如下。

（1）计算该企业电冰箱产量的序时平均数；

（2）计算该企业电冰箱产量的逐期增长量、累计增长量和平均增长量；

（3）计算该企业电冰箱产量的环比发展速度、定基发展速度以及增长1%的绝对值；

（4）计算该企业电冰箱产量的平均发展速度和平均增长速度；

（5）建立趋势方程以预测该企业2020年电冰箱的产量。

任务一 ┃ 时间数列概述

一、时间数列的意义及作用

（一）时间数列的概念及构成要素

客观世界处在不断发展变化之中，各种社会经济现象的数量也在不断增减变化。因此，对社会经济现象进行动态分析，认识其发展变化的规律性并预测其发展趋势是统计分析的一项重要任务。要进行动态分析，就需要将相关指标值按时间先后顺序排列编制成时间数列。根据时间数列，就可以对相关指标进行不同时间的对比，研究它的发展变化方向、发展变化的速度及发展变化的规律性。

所谓时间数列，就是将一系列同类统计指标值按时间先后顺序排列所构成的数列，又称为动态数列。时间数列分析就是从时间发展变化的角度，研究现象在不同时间上的发展状况，探索现象随时间推移的规律和演变趋势，揭示其数量变化和时间的关系，预测现象在未来时间上可能达到的数量和规模。表4-2所示的就是反映我国国民经济基本水平的相关指标按时间先后顺序排列而形成的时间数列。

表 4-2　　　　　　　　　我国 2010—2016 年国民经济基本水平指标

年份	国内生产总值（亿元）	年末总人口数（万人）	人均国内生产总值（元）	城镇单位就业人员平均工资（元）
2010	408 903.0	134 091	30 567	36 539
2011	484 123.5	134 735	36 018	41 799
2012	534 123.0	135 404	39 544	46 769
2013	588 018.8	136 072	43 320	51 483
2014	636 138.7	136 782	46 629	56 339
2015	689 052.1	137 462	50 251	62 029
2016	743 585.5	138 271	53 980	67 569

根据表 4-2，可以对国民经济的四项基本指标进行分析，研究其自身变化以及各项指标值之间的联系。同时，还可看出时间数列是由两个基本要素构成的：一个是反映现象所属的时间，称为时间要素（常用 t 表示）；另一个是反映现象在不同时间上数量表现的统计数据，称为数据要素（常用 a 表示）。时间要素的单位，可以是年、季、月、周、日，也可以是小时、分钟，还可以是某一瞬间。数据要素的表现，可以是绝对量数据（包括表现总水平的总量数据和表现平均水平的平均数据），也可以是相对量数据。

（二）时间数列的作用

编制时间数列的目的是通过动态分析某一指标的变化，了解现象发展变化的方向、速度及规律，预测现象发展的趋势，评价当前、安排未来。因此，动态分析是统计研究中的重要方法之一。时间数列分析在经济活动和统计工作中有着重要作用，具体体现在以下几个方面。

（1）时间数列可以描绘社会经济现象发展变化的过程。时间数列是描绘社会经济现象发展变化过程的特有方法。通过时间数列，可以观察现象的数值变化和现象在连续一段时间上的量变过程。例如，通过表 4-2 可以看出各种指标的变动过程。

（2）时间数列可以揭示社会经济现象的变动规律。根据时间数列资料，通过对各期发展水平进行观察和比较，可以反映社会经济现象发展变化的过程、方向、程度，揭示现象发展变化的规律。

（3）时间数列可以观察社会经济现象之间的联系程度及其发展变化的趋势。时间数列是对历史资料的一种积累，通过对历史资料的观察与分析，可以找出现象发展变化的规律，在此基础上结合相应的统计方法，可对现象发展变化的趋势进行预测和推算。

（4）不同国家、地区、单位的相同的时间数列可以进行对比分析，揭示其社会经济现象在发展过程中的差距。

二、时间数列的种类

时间数列按统计指标的性质不同，可以分为总量指标时间数列、相对指标时间数列和平均指标时间数列。总量指标时间数列是基本数列，相对指标时间数列和平均指标时间数列是根据总量指标时间数列计算而得出的派生数列。

（一）总量指标时间数列

总量指标时间数列，又叫绝对数时间数列，是由同一总量指标的数值按时间先后顺序排列所形成的数列，用以反映社会经济现象的总体规模或总体水平的发展变化情况。总量指标按所反映的社会经济现象的时间状况不同，可以分为时期指标和时点指标。所以，总量指标时间数列又可分为时期指标时间数列和时点指标时间数列，分别简称为时期数列和时点数列。

1. 时期数列

在总量指标时间数列中，若指标值是反映某种社会经济现象在一段时间内发展过程的总量，则这种时间数列称为时期数列。或者说时期数列是指由一系列的时期指标值构成的数列。例如，表 4-2 中各年国内生产总值数列是时期数列。

时期数列具有以下特点。

（1）时期数列具有连续统计的特点。由于时期指标反映的是现象在一段时间内发展过程的总量，因此，时期数列的指标数值是连续观察、登记、汇总的结果。

（2）时期数列中各个指标数值可以相加。由于数列中每一指标值反映的是一段时间内的积累量，因而各指标数值可以相加，相加后的数值表示现象在更长时间内的积累量。例如，表 4-2 中可以将 2010—2016 年的国内生产总值相加，反映这 7 年的国内生产总值的总和。

（3）时期数列中各个指标数值的大小与其所包括的时期长短有直接关系。时期数列中，每一指标数值所体现的时间长短，可以称为"时期"。所以，时期越长，指标值越大；时期越短，指标值越小。例如，表 4-2 中 7 年的国内生产总值一定大于 1 年的国内生产总值。

2. 时点数列

在总量指标时间数列中，如果指标值反映的是某种社会经济现象在某一时刻上的状态及总量，则这种数列称为时点数列。或者说，时点数列是指由一系列时点指标值构成的数列。例如，表 4-2 中各年末总人口数数列就是时点数列。

时点数列具有以下特点。

（1）时点数列中的指标值采用间断统计的方式获得。时点指标只反映现象在某一时点上的数量，所以每个指标数值是通过间隔一定时间登记一次取得的。

（2）时点数列中各个指标值不具有可加性。由于时点数列中的每个数值是表明现象在某一瞬间的数量，几个数值相加后，无法说明这个数值是属于哪一时点上现象的数量，因而没有实际意义。例如，将表 4-2 中的年末人口数数列中的各年末人口数相加没有实际意义。

（3）时点数列中每个指标值的大小与其时间间隔长短没有直接联系。时点数列中，两个相邻指标在时间上的距离称为"间隔"。间隔时间长，不一定数值就大；反之，也不一定小。

（二）相对指标时间数列

相对指标时间数列是由同一相对指标按时间先后顺序排列而形成的数列，用以反映社会经济现象的比例、结构、程度、速度等的发展变化情况。例如，表 4-2 中的人均国内生产总值数列就是相对指标时间数列。

各种不同的相对指标时间数列，均从不同角度反映社会经济现象之间相互关系的发展过程及其规律性。相对指标时间数列一般是由两个总量指标时间数列对比所形成的。它可以由两个时期数列对比、两个时点数列对比或一个时期数列和一个时点数列对比所形成。表 4-2 中的人均国内生产总值就是由一个时期数列和一个时点数列对比所形成的。由于相对指标时间数列中的各个指标值都是相对数，所以，各个指标数值不能直接相加。

（三）平均指标时间数列

平均指标时间数列是由同一平均指标按时间先后顺序排列而形成的数列，用以反映社会经济现象一般水平的发展趋势。例如，表 4-2 中的城镇单位就业人员平均工资数列就是平均指标时间数列，它反映了我国城镇单位就业人员平均工资的变动趋势。

平均指标时间数列也是由两个总量指标时间数列对比所形成的。由于平均指标时间数列中的各个指标值都是平均数，所以不能直接相加。

三、时间数列的编制原则

编制时间数列的目的是进行动态对比和分析，以研究现象发展变化的过程、发展速度及发展趋势和规律性。所以，编制时间数列应遵守可比性原则，以保持数列中各个指标的可比性。其可比性具体要求如下。

（一）时期长短应该统一

在时期数列中，各指标数值的大小与时期长短有密切关系，只有时期相等，才便于对比分析。各指标数值所属的时期长短不相等，不仅会影响数列中各指标数值的对比，而且会掩盖现象发展变化的规律。例如，编制企业销售额时期数列时，有的是全年销售额，有的是某一季度销售额，各指标之间进行对比就毫无意义。

对时点数列来说，每个指标数值都是说明现象在某一时刻上的状态或水平，所以不存在时期长短应该统一的问题。两时点间隔长短，对时点指标数值大小没有直接影响。

但这个原则也不能绝对化，有时为了特殊的研究需要，也可将时期不等的指标值编成时期数列。

（二）总体范围应该一致

在时间数列中，各个指标值所包括的总体范围应该一致。若研究某县的工农业产值的变化情况，就必须保证该地区在对比前后有相同的管理范围。如果行政区划发生了变动，就要进行调整，以保证总体范围的一致，然后再进行对比。

（三）经济内容应该相同

若从指标名称上看是同一指标，但其经济内容却发生了变化，这样就不可以直接进行比较，必须做调整后才能进行对比分析。例如，我国的粮食产量，有的年份包括大豆产量，有的年份却没有包括，这样粮食产量的经济内容就前后不一致了，也就不便于直接进行动态对比。因此，要注意时间数列各指标数值所反映的经济内容的一致性，不同质的指标不能编制成同一时间数列。

（四）计算方法、计算价格和计量单位应该统一

采用什么计算方法、什么计算价格、什么计量单位，各指标数值都应该相同。例如，企业劳动生产率指标有的是按全部职工计算，有的是按生产工人计算；产值指标有的是按现行价格计算，有的是按不变价格计算；钢铁产品产量指标的计量单位有的是吨，有的是万吨等。因此，计算方法、计算价格和计量单位应该统一，才能进行对比。

任务二 | 时间数列的水平分析

为了研究社会经济现象发展变化的过程和规律，需要编制时间数列进而进行动态分析。动态分析包括现象发展的水平分析和现象发展的速度分析。水平分析是速度分析的基础，速度分析是水平分析的深入和继续。时间数列的水平分析指标，包括发展水平、平均发展水平、增长量和平均增长量。

一、发展水平

发展水平又称发展量，反映社会经济现象发展变化在各个不同时间上所达到的状态、规模或水平。发展水平既可以表现为总量指标，也可以表现为相对指标或平均指标。发展水平实际上就是时间数列中的各项具体的指标数值。发展水平一般用 a_i 表示。

时间数列按从左到右的顺序，处在第一个位置上的发展水平称为最初发展水平，一般用 a_0 表示；处在最后位置上的发展水平称为最末水平，一般用 a_n 表示。除 a_0、a_n 以外的各项水平，称为中间水平，用 a_1，a_2，a_3，…，a_{n-1} 表示。因此，时间数列可用符号表示为：a_0，a_1，a_2，a_3，…，a_{n-1}，a_n。

发展水平根据在动态分析中的作用不同，可分为基期水平和报告期水平。

在进行动态对比时，作为对比基础时期的观察值称为基期水平，作为研究时期的观察值则称为报告期水平或计算期水平。基期水平对应的时间称为基期，报告期水平对应的时间称为报告期或计算期。

二、平均发展水平

平均发展水平是将不同时期的发展水平加以平均而得到的平均数，又称为序时平均数或动态平均数，记作 $\bar{a}$。平均发展水平是将现象各期发展水平的差异抽象化了，反映现象在一段时期内的一般水平。

序时平均数（平均发展水平）可以由总量指标时间数列计算，也可以由相对指标时间数列或平均指标时间数列计算。总量指标时间数列序时平均数的计算方法是基本方法。

序时平均数与前面讲过的一般平均数有共同之处，都是把现象的数量差异抽象化，反映现象数量的一般水平。但两者也有区别，序时平均数所平均的是现象在不同时间上的数量差异，从动态上说明某段时间内发展的一般水平，它是根据时间数列计算的；而一般平均数所平均的是同一时间内总体各单位某一数量标志值的差异，从静态上说明现象在一定条件下的一般水平，它是根据变量数列计算的。

（一）总量指标时间数列序时平均数的计算

总量指标时间数列分为时期数列和时点数列。由于两者特点不同，计算序时平均数的方法也有所不同。

1. 由时期数列计算序时平均数

由于时期数列中的指标数值具有可加性特点，因此，可以采用简单算术平均数的方法计算序时平均数，即将数列中各期指标值相加后除以时期数，其计算公式为：

$$\overline{a} = \frac{a_1 + a_2 + \cdots + a_n}{n} = \frac{\sum a_i}{n} \qquad (4\text{-}1)$$

式中，$\overline{a}$ 为平均发展水平（序时平均数）；a_1，a_2，a_3，$\cdots$，a_{n-1}，a_n 为各期发展水平；n 为时期数。

【例 4-1】 根据项目四开篇案例中某企业 2011—2017 年电冰箱产量资料，计算该企业电冰箱产量的序时平均数。

表 4-3   某企业 2011—2017 年电冰箱产量

年份	2011	2012	2013	2014	2015	2016	2017
产量（万台）	12.4	13.8	15.7	17.6	19.0	20.8	22.7
a	a_1	a_2	a_3	a_4	a_5	a_6	a_7

$$\overline{a} = \frac{\sum a_i}{n} = \frac{(12.4 + 13.8 + 15.7 + 17.6 + 19.0 + 20.8 + 22.7)}{7} = 17.43 \text{（万台）}$$

即该企业 2011—2017 年电冰箱产量的序时平均数为 17.43 万台。

2. 由时点数列计算序时平均数

时点数列有连续时点数列和间断时点数列之分。连续时点数列是指时点数列是以每日时点资料来排列的，时间间隔以"日"来计量；间断时点数列是指时点数列以间隔一段时间的时点资料来排列的，时间间隔以"天""周""月""季""年"等来计量。而连续时点数列和间断时点数列又分别有间隔相等和间隔不等两种情况。

（1）根据连续时点数列求序时平均数

① 间隔相等的连续时点数列

间隔相等的连续时点数列的统计资料逐日记录，逐日排列，未加任何分组，因而它的序时平均数的计算同时期数列一样，用简单算术平均法计算。其计算公式如公式（4-1）所示。例如，已知某企业一个月内每天的工人数，要计算该月内每天平均工人数，即可按简单算术平均数的方法，将每天的工人数相加后除以该月的天数。

② 间隔不等的连续时点数列

间隔不等的连续时点数列的统计资料并非逐日登记和排列，而是根据研究时期内每次变动的资料进行分组。因此，以每次变动的间隔长度为权数，用加权算术平均数的方法计算，其计算公式为：

$$\overline{a} = \frac{\sum a_i f_i}{\sum f_i} \qquad (i = 1, 2, 3, \cdots, n) \qquad (4\text{-}2)$$

式中，f_i 为权数，即时间间隔；其他符号与公式（4-1）同。

【例 4-2】 某企业 2017 年 6 月工人人数资料如表 4-4 所示，计算 6 月每天工人的平均人数。

表 4-4   某企业 2017 年 6 月工人人数资料

日期	工人数（人）a	间隔时间（日）f	af
1—5	201	5	1 005
6—15	210	10	2 100
16—18	205	3	615
19—30	215	12	2 580
合计	—	30	6 300

$$\overline{a} = \frac{\sum a_i f_i}{\sum f_i} = \frac{6\,300}{30} = 210 \text{（人）}$$

即该企业 2017 年 6 月每天工人的平均人数为 210 人。

（2）根据间断时点数列求序时平均数

根据间断时点数列求序时平均数有两个假定条件：一是假定现象在相邻两个时点的变化是均匀的；二是假定本期末为下期初。

间断时点数列可根据间隔相等或间隔不等两种情况计算序时平均数。

① 间隔相等的间断时点数列

在掌握间隔相等的每期期初（末）资料时，可将两个相邻时点指标值相加后除以2，得到这两个时点之间的序时平均数，然后根据这些平均数再利用简单算术平均数法，求得整个数列的平均数。

【例4-3】某公司2017年3—6月月末职工人数资料如表4-5所示，分别计算各月和第二季度各月的平均职工人数。

表4-5 某企业2017年3—6月月末职工人数资料

日期	3月31日	4月30日	5月31日	6月30日
工人数（人）	800	1 100	1 200	1 800

4月平均职工人数 $=\dfrac{800+1100}{2}=950$（人）

5月平均职工人数 $=\dfrac{1100+1200}{2}=1150$（人）

6月平均职工人数 $=\dfrac{1200+1800}{2}=1500$（人）

第二季度各月平均职工人数 $=\dfrac{950+1150+1500}{3}=1200$（人）

上述计算第二季度各月平均职工人数的两个步骤，可以合并简化为：

第二季度各月平均职工人数 $=\dfrac{\dfrac{800+1100}{2}+\dfrac{1100+1200}{2}+\dfrac{1200+1800}{2}}{3}$

$$=\dfrac{\dfrac{800}{2}+1100+1200+\dfrac{1800}{2}}{4-1}=1200\text{（人）}$$

上述计算过程用公式可表示为：

$$\bar{a}=\dfrac{\dfrac{(a_1+a_2)}{2}+\dfrac{(a_2+a_3)}{2}+\dfrac{(a_3+a_4)}{2}+\cdots+\dfrac{(a_{n-1}+a_n)}{2}}{n-1} \quad (4\text{-}3)$$

$$=\dfrac{\dfrac{a_1}{2}+a_2+a_3+\cdots+a_{n-1}+\dfrac{a_n}{2}}{n-1}$$

这种计算方法称为"简单序时平均法"或"首末折半法"。

② 间隔不等的间断时点数列

根据间隔不等的间断时点数列求序时平均数，可先将两个相邻时点指标值相加后除以2，得到这两个时点之间的序时平均数，然后以间隔长度作为权数，用加权算术平均数的方法计算。这种方法称为"加权序时平均法"。其计算公式为：

$$\bar{a}=\dfrac{\dfrac{a_1+a_2}{2}\times f_1+\dfrac{a_2+a_3}{2}\times f_2+\cdots+\dfrac{a_{n-1}+a_n}{2}\times f_{n-1}}{\sum f_i} \quad (4\text{-}4)$$

式中，f_i 为权数。

【例4-4】某企业2017年职工人数统计如表4-6所示，计算该企业2017年月平均人数。

表 4-6   某企业 2017 年职工人数统计表

日期	1月1日	4月1日	7月1日	9月1日	12月1日	12月31日
职工人数（人）	300	400	380	420	500	600

该企业各月的平均职工人数为：

$$\bar{a} = \frac{\dfrac{300+400}{2} \times 3 + \dfrac{400+380}{2} \times 3 + \dfrac{380+420}{2} \times 2 + \dfrac{420+500}{2} \times 3 + \dfrac{500+600}{2} \times 1}{3+3+2+3+1}$$

=412.5（人）

应该注意的是，根据间断时点数列计算平均发展水平，是以被研究的现象在相邻两个时点之间均匀变动为前提的，但实际上现象的变动并非完全如此。因此，求出的结果只是个近似值。为了使其计算结果尽可能反映实际情况，间断时点数列的间隔不宜过长。

（二）相对指标时间数列序时平均数的计算

相对指标可分为静态相对指标和动态相对指标，下面主要介绍由静态相对指标组成的时间数列序时平均数的计算方法。由于在相对指标时间数列中，用于对比的基数不同，故各项指标数值不能直接相加，但相对指标时间数列是由两个密切联系的总量指标时间数列对比所形成的。所以，计算相对指标时间数列的序时平均数时，可以先计算构成这个相对指标时间数列的两个总量指标时间数列的序时平均数，然后再将这两个序时平均数对比即可。其计算公式为：

$$\bar{c} = \frac{\bar{a}}{\bar{b}} \qquad (4-5)$$

式中，$\bar{c}$ 为相对指标时间数列的序时平均数；

$\bar{a}$ 为分子数列的序时平均数；

$\bar{b}$ 为分母数列的序时平均数。

应该注意的是，相对指标时间数列是由两个总量指标时间数列对比所形成的，它可以由两个时期数列对比形成，也可以由两个时点数列对比形成，也可以由一个时期数列和一个时点数列对比形成。由于对比方式不同，具体计算方法也有区别。

1. 由两个时期数列对比形成的相对指标时间数列序时平均数的计算方法

由于由两个时期数列对比形成的相对指标时间数列的分子、分母都是时期数列，故其分子、分母数列的序时平均数可分别采用简单算术平均数计算，即

$$\bar{a} = \frac{a_1 + a_2 + \cdots + a_n}{n} = \frac{\sum a}{n}$$

$$\bar{b} = \frac{b_1 + b_2 + \cdots + b_n}{n} = \frac{\sum b}{n}$$

$$\bar{c} = \frac{\bar{a}}{\bar{b}} = \frac{\dfrac{a_1 + a_2 + \cdots + a_n}{n}}{\dfrac{b_1 + b_2 + \cdots + b_n}{n}} = \frac{\sum a}{\sum b} \qquad (4-6)$$

当所掌握的资料不全时，可采用其变形公式计算。

$\because c = \dfrac{a}{b}$，$\therefore a = bc$，代入 $\bar{c} = \dfrac{\sum a}{\sum b}$ 得

$$\bar{c} = \frac{\sum bc}{\sum b} \qquad (4-7)$$

公式（4-7）实际上就是加权算术平均数公式。

同理，$\because c = \dfrac{a}{b}$，$\therefore b = \dfrac{a}{c}$，代入 $\bar{c} = \dfrac{\sum a}{\sum b}$ 得

$$\bar{c} = \frac{\sum a}{\sum \dfrac{a}{c}} \tag{4-8}$$

公式（4-8）实际上就是加权调和平均数公式。

当掌握了分子数列 a 和分母数列 b 的资料时，选择公式 $\bar{c} = \dfrac{\sum a}{\sum b}$ 计算其序时平均数；当掌握了相对数时间数列 c 及它的分母数列 b 资料时，选择公式 $\bar{c} = \dfrac{\sum bc}{\sum b}$ 计算其序时平均数；当掌握了相对数时间数列 c 及它的分子数列 a 资料时，选择公式 $\bar{c} = \dfrac{\sum a}{\sum \dfrac{a}{c}}$ 计算其序时平均数。对于同一资料，3 个公式的计算结果完全相等。

【例 4-5】某企业 2017 年甲产品第二季度的产量计划完成情况如表 4-7 所示，计算第二季度平均的计划完成程度。

表 4-7　　　　　　　某企业 2017 年甲产品第二季度的产量计划完成情况

项目	4 月	5 月	6 月	合计
计划产量（件）b	100	400	200	700
实际产量（件）a	105	380	200	685
计划完成程度（%）c	105	95	100	97.86

假定同时具备实际产量 a 数列和计划产量 b 数列，则第二季度平均的计划完成程度为：

$$\bar{c} = \frac{\sum a}{\sum b} = \frac{685}{700} \times 100\% = 97.86\%$$

假定只有计划产量 b 数列和计划完成程度 c 数列，则第二季度平均的计划完成程度为：

$$\bar{c} = \frac{\sum bc}{\sum b} = \frac{100 \times 1.05 + 400 \times 0.95 + 200 \times 1}{100 + 400 + 200} \times 100\% = 97.86\%$$

这是一个加权算术平均数公式，各月的计划产量在这里充当了权数，对第二季度总的计划完成百分数的计算起着权衡轻重的作用。从该式也可以理解为什么第二季度总的计划完成百分数也就是各月平均的计划完成百分数。

假定只有实际产量 a 数列和计划完成程度 c 数列，则第二季度平均的计划完成程度为：

$$\bar{c} = \frac{\sum a}{\sum \dfrac{a}{c}} = \frac{105 + 380 + 200}{\dfrac{105}{1.05} + \dfrac{380}{0.95} + \dfrac{200}{1}} \times 100\% = 97.86\%$$

这是一个加权调和平均数公式，各月的实际产量在这里充当了权数，对第二季度的计划完成起着权衡轻重的作用。

2. 由两个时点数列对比形成的相对指标时间数列序时平均数的计算方法

如前所述，由时点数列求序时平均数，有连续时点数列和间断时点数列之分。而连续时点数列和间断时点数列又有间隔相等和间隔不等两种情况。所以，相对指标时间数列就会派生出 4 种

不同的类型。

（1）由两个连续时点数列对比

间隔相等：
$$\bar{c} = \frac{\bar{a}}{\bar{b}} = \frac{\sum a}{\sum b} \qquad (4\text{-}9)$$

间隔不等：
$$\bar{c} = \frac{\bar{a}}{\bar{b}} = \frac{\sum af}{\sum bf} \qquad (4\text{-}10)$$

（2）由两个间断时点数列对比

间隔相等：
$$\bar{c} = \frac{\bar{a}}{\bar{b}} = \frac{\dfrac{a_1}{2} + a_2 + \cdots + a_{n-1} + \dfrac{a_n}{2}}{\dfrac{b_1}{2} + b_2 + \cdots + b_{n-1} + \dfrac{b_n}{2}} \qquad (4\text{-}11)$$

间隔不等：
$$\bar{c} = \frac{\bar{a}}{\bar{b}} = \frac{(a_1 + a_2)f_1 + (a_2 + a_3)f_2 + \cdots + (a_{n-1} + a_n)f_{n-1}}{(b_1 + b_2)f_1 + (b_2 + b_3)f_2 + \cdots + (b_{n-1} + b_n)f_{n-1}} \qquad (4\text{-}12)$$

【例 4-6】某企业 2017 年第二季度的职工人数资料如表 4-8 所示，计算该企业第二季度生产工人占全部职工人数的平均比重。

表 4-8　　　　　　　　　　某企业 2017 年第二季度职工人数资料

项目	3 月末	4 月末	5 月末	6 月末
生产工人数（人）a	800	820	830	860
全部职工人数（人）b	1 000	1 030	1 040	1 100
生产工人所占比重（%）c	80.0	79.6	79.8	78.2

该企业第二季度生产工人占全部职工人数的平均比重为：
$$\bar{c} = \frac{\bar{a}}{\bar{b}} = \frac{\dfrac{a_1}{2} + a_2 + \cdots + a_{n-1} + \dfrac{a_n}{2}}{\dfrac{b_1}{2} + b_2 + \cdots + b_{n-1} + \dfrac{b_n}{2}} = \frac{\dfrac{800}{2} + 820 + 830 + \dfrac{860}{2}}{\dfrac{1\,000}{2} + 1\,030 + 1\,040 + \dfrac{1\,100}{2}} = 79.5\%$$

3．由一个时期数列和一个时点数列对比形成的相对指标时间数列序时平均数的计算方法

在这种情形下，先用简单算术平均数法求出时期数列的平均数，再选择相应的计算公式求出时点数列的序时平均数，然后对比求得相对数时间数列的序时平均数。

【例 4-7】某商场 2017 年第二季度的商品流转次数资料如表 4-9 所示，计算该商场第二季度平均各月商品流转次数。

表 4-9　　　　　　　　　　某商场 2017 年第二季度商品流转次数资料

项目	4 月	5 月	6 月
商品流转额（万元）a	200	300	420
月末商品库存额（万元）b	110	130	170
商品流转次数（次）c	2	2.5	2.8

另：4 月月初的商品库存额为 90 万元。

在表 4-9 中，商品流转额数列是时期数列，月末商品库存额数列是间隔相等的间断时点数列。商品流转次数数列是由一个时期数列和一个间隔相等的间断时点数列对比形成的相对指标时间数列。所以，分子数列的序时平均数用简单算术平均数的方法计算，分母数列的序时平均数用简单序时平均法计算。

该商场第二季度平均各月商品流转次数为：

$$\overline{c} = \frac{\overline{a}}{\overline{b}} = \frac{\dfrac{\sum a}{n}}{\dfrac{\dfrac{b_1}{2} + b_2 + \cdots + b_{n-1} + \dfrac{b_n}{2}}{n-1}}$$

$$= \frac{(200 + 300 + 420)/3}{\dfrac{90}{2} + 110 + 130 + \dfrac{170}{2}} = 0.828 \ （次）$$

（三）平均指标时间数列序时平均数的计算

平均指标时间数列可以分为静态平均数时间数列和序时平均数时间数列。

1. 根据序时平均数组成的平均指标时间数列计算序时平均数

在计算时，如果时期相等，可用简单算术平均法；如果时期不等，则以时期数作为权数，采用加权算术平均法。

【例 4-8】某企业的职工人数 1 月平均为 452 人，2 月、3 月平均每月为 455 人，第二季度平均每月为 458 人，求上半年的平均每月职工人数。

上半年的平均每月职工人数为：

$$\overline{a} = \frac{\sum af}{\sum f} = \frac{452 \times 1 + 455 \times 2 + 458 \times 3}{1 + 2 + 3} = 456 \ （人）$$

【例 4-9】某商场 2017 年第二季度的商品平均库存额资料如表 4-10 所示，计算该商场第二季度平均各月库存额。

商品平均库存额是一个序时平均数，所以该数列是一个由序时平均数构成的平均指标时间数列，计算其序时平均数应该用简单算术平均数的方法。

表 4-10　　　　　　　　　某商场 2017 年第二季度商品平均库存额资料

项目	4 月	5 月	6 月
商品平均库存额（万元）	100	120	150

该商场第二季度平均各月库存额为：

$$\overline{c} = \frac{\sum c}{n} = \frac{100 + 120 + 150}{3} = 123.3 \ （万元）$$

2. 根据静态平均数组成的平均指标时间数列计算序时平均数

由静态平均数组成的平均指标时间数列序时平均数的计算方法与相对指标时间数列序时平均数的计算方法相同，先选择相应的公式计算分子数列和分母数列的序时平均数，然后将分子数列的序时平均数除以分母数列的序时平均数即得平均指标时间数列的序时平均数。

三、增长量

增长量是社会经济现象在一定时期内增加的绝对数量，是报告期水平与基期水平之差，反映报告期比基期增长的绝对水平，用公式表示为：

$$增长量=报告期水平-基期水平 \tag{4-13}$$

增长量是一个绝对数，正数表示增加，负数表示减少。按采用基期不同，增长量又分为逐期增长量和累计增长量。

逐期增长量是报告期发展水平与前一期发展水平之差，说明本期水平比上一期水平增长的绝对数量。

累计增长量则是报告期水平与某一固定时期水平（通常为最初水平）之差，说明某一时期内的总增长量。

设时间数列的指标值分别为 a_0，a_1，a_2，a_3，…，a_{n-1}，a_n，则各期增长量如下。

逐期增长量：a_1-a_0，a_2-a_1，…，a_n-a_{n-1}

累计增长量：a_1-a_0，a_2-a_0，…，a_n-a_0

逐期增长量和累计增长量之间存在如下的数量关系。

（1）各期逐期增长量之和等于相应时期的累计增长量

$$a_n-a_0=(a_1-a_0)+(a_2-a_1)+\cdots+(a_n-a_{n-1})$$

（2）两相邻时期累计增长量之差等于相应时期的逐期增长量

$$(a_n-a_0)-(a_{n-1}-a_0)=a_n-a_{n-1}$$

【例4-10】根据项目四开篇案例中某企业 2011—2017 年电冰箱产量资料，计算该企业电冰箱产量的逐期增长量和累计增长量。

表 4-11   某企业 2011—2017 年电冰箱产量资料   （单位：万台）

年份	2011	2012	2013	2014	2015	2016	2017
产量	12.4	13.8	15.7	17.6	19.0	20.8	22.7
逐期增长量	—	1.4	1.9	1.9	1.4	1.8	1.9
累计增长量	—	1.4	3.3	5.2	6.6	8.4	10.3

计算过程为：

（1）逐期增长量

2012 年逐期增长量 $= a_1-a_0 = 13.8-12.4 = 1.4$（万台）

2013 年逐期增长量 $= a_2-a_1 = 15.7-13.8 = 1.9$（万台）

其余各年份逐期增长量以此类推。

（2）累计增长量

2012 年累计增长量 $= a_1-a_0 = 13.8-12.4 = 1.4$（万台）

2013 年累计增长量 $= a_2-a_0 = 15.7-12.4 = 3.3$（万台）

其余各年份累计增长量以此类推。

四、平均增长量

平均增长量是逐期增长量的序时平均数，说明现象在一定时期内平均每期增长的数量。其计算方法可以将各个逐期增长量相加后除以逐期增长量的项数，或将累计增长量除以该数列发展水平的项数减 1 求得。其计算公式为：

$$平均增长量 = \frac{逐期增长量之和}{逐期增长量的项数} = \frac{累计增长量}{发展水平项数-1} \tag{4-14}$$

根据表 4-11 所示的资料，可计算该企业 2011—2017 年电冰箱产量的平均增长量：

$$平均增长量 = \frac{a_n-a_0}{n-1} = \frac{22.7-12.4}{6} = 1.72（万台）$$

任务三 时间数列的速度分析

通过计算时间数列的水平指标，可以看出现象在各个不同时期的发展规模和一般水平。但要研究现象的发展变化速度，还必须对时间数列进行速度分析。反映现象速度变动的指标主要有发展速度、增长速度、平均发展速度和平均增长速度，它们之间关系密切，其中发展速度是最基本的速度指标。

一、发展速度和增长速度

（一）发展速度

发展速度是说明某种社会经济现象发展程度的相对数，是报告期水平与基期水平对比的比值，表示某一现象在这段时间内发展变化的方向和程度。发展速度一般用百分数、系数或倍数来表示。其计算公式为：

$$发展速度 = \frac{报告期水平}{基期水平} \tag{4-15}$$

计算发展速度时，由于所采用的基期不同，可分为定基发展速度和环比发展速度。

定基发展速度是报告期水平与某一固定时期水平（通常是最初水平）之比，表明现象在较长时期内总的发展速度。因此，定基发展速度也称为"总速度"。其计算公式为：

$$定基发展速度 = \frac{报告期水平}{最初水平} \tag{4-16}$$

环比发展速度是报告期水平与前一期发展水平之比，表明现象逐期发展的速度。其计算公式为：

$$环比发展速度 = \frac{报告期水平}{前期水平} \tag{4-17}$$

以上公式也可用符号表示：

设时间数列的指标值分别为 a_0，a_1，a_2，a_3，$\cdots$，a_{n-1}，a_n，则

定基发展速度：$\dfrac{a_1}{a_0}$，$\dfrac{a_2}{a_0}$，$\dfrac{a_3}{a_0}$，$\cdots$，$\dfrac{a_n}{a_0}$

环比发展速度：$\dfrac{a_1}{a_0}$，$\dfrac{a_2}{a_1}$，$\dfrac{a_3}{a_2}$，$\cdots$，$\dfrac{a_n}{a_{n-1}}$

定基发展速度与环比发展速度之间的数量关系如下。

（1）定基发展速度等于相应各期环比发展速度的连乘积

$$\frac{a_1}{a_0} \times \frac{a_2}{a_1} \times \cdots \times \frac{a_n}{a_{n-1}} = \frac{a_n}{a_0}$$

（2）相邻的两个定基发展速度之商，等于相应的环比发展速度

$$\frac{a_n}{a_{n-1}} = \frac{a_n}{a_0} \div \frac{a_{n-1}}{a_0}$$

（二）增长速度

增长速度是表明社会经济现象增长程度的相对指标，是根据增长量与其基期水平对比求得的，用以说明报告期水平比基期水平增长的程度。它一般用百分数或倍数来表示。其计算公式为：

$$增长速度 = \frac{增长量}{基期水平} = \frac{报告期水平 - 基期水平}{基期水平}$$

$$= \frac{报告期水平}{基期水平} - 1 = 发展速度 - 1 \tag{4-18}$$

增长速度指标可以为正，也可以为负。正值表示增长的程度，又称"增长率"；负值表示降低的程度，又称"降低率"。

由于采用的基期不同，增长速度可分为定基增长速度和环比增长速度。

定基增长速度是累计增长量与某一固定时期水平（通常是最初水平）对比的结果，表明现象在较长时期内总的增长程度。其计算公式为：

$$定基增长速度 = \frac{累计增长量}{最初水平} = 定基发展速度 - 1 \tag{4-19}$$

环比增长速度是逐期增长量与前期水平对比的结果，表明现象逐期增长的程度。其计算公式为：

$$环比增长速度 = \frac{逐期增长量}{前期水平} = 环比发展速度 - 1 \tag{4-20}$$

应该注意，环比增长速度的连乘积并不等于相应时期的定基增长速度，二者之间无直接换算关系，必须通过发展速度才能达到换算的目的。首先，把增长速度加 1 换成发展速度，再根据定基发展速度和环比发展速度的换算关系进行换算。然后，把换算出来的结果减去 1，还原成增长速度指标。

速度指标是一种相对数，具有抽象化的特点。所以，速度指标容易将作为比较基础的发展水平掩盖住，高速度可能掩盖低水平，低速度的背后可能隐藏着高水平。为了全面认识现象的发展情况、了解增长速度带来的实际效果、补充说明增长速度的作用，常常将增长速度与增长量联系起来，计算增长 1% 的绝对值。

增长 1% 的绝对值是指在报告期与基期水平的比较中，报告期比基期每增长 1% 所包含的绝对量，它是用增长量除以增长速度后再乘以 1% 求得的，公式如下：

$$增长1\%的绝对值 = \frac{增长量}{增长速度} \times 1\% \tag{4-21}$$

根据前述增长速度的含义可得：

$$增长1\%的绝对值 = \frac{增长量}{\dfrac{增长量}{基期水平}} \times 1\% = \frac{基期水平}{100} \tag{4-22}$$

若增长速度为环比增长速度，则

$$增长1\%的绝对值 = \frac{前一期水平}{100} \tag{4-23}$$

若增长速度为定基增长速度，则

$$增长1\%的绝对值 = \frac{最初水平}{100} \tag{4-24}$$

【例 4-11】根据项目四开篇案例中某企业 2011—2017 年电冰箱的产量资料，计算该企业电冰箱产量的环比发展速度、定基发展速度、环比增长速度、定基增长速度以及增长 1% 的绝对值。

表 4-12　　　　　　　　某商场 2012—2017 年商品销售额的动态分析指标

年份	发展水平（万台）	发展速度（%）		增长速度（%）		增长 1% 的绝对值（万台）	
		环比	定基	环比	定基	环比	定基
2011	12.4	—	—	—	—	—	—
2012	13.8	111.29	111.29	11.29	11.29	0.124	0.124
2013	15.7	113.77	126.61	13.77	26.61	0.138	0.124
2014	17.6	112.10	141.94	12.10	41.94	0.157	0.124
2015	19.0	107.95	153.23	7.95	53.23	0.176	0.124
2016	20.8	109.47	167.74	9.47	67.74	0.190	0.124
2017	22.7	109.13	183.06	9.13	83.06	0.208	0.124

计算过程为：

（1）发展速度

2012 年环比发展速度 $= \dfrac{a_1}{a_0} = \dfrac{13.8}{12.4} = 111.29\%$

2013 年环比发展速度 $= \dfrac{a_2}{a_1} = \dfrac{15.7}{13.8} = 113.77\%$

其余各年份环比发展速度以此类推。

2012 年定基发展速度 $= \dfrac{a_1}{a_0} = \dfrac{13.8}{12.4} = 111.29\%$

2013 年定基发展速度 $= \dfrac{a_2}{a_0} = \dfrac{15.7}{12.4} = 126.61\%$

其余各年份定基发展速度以此类推。

（2）增长速度

2012 年环比增长速度 = 环比发展速度 $-1 = 111.29\% - 1 = 11.29\%$

2013 年环比增长速度 = 环比发展速度 $-1 = 113.77\% - 1 = 13.77\%$

其余各年份定基增长速度以此类推。

2012 年定基增长速度 = 定基发展速度 $-1 = 111.29\% - 1 = 11.29\%$

2013 年定基增长速度 = 定基发展速度 $-1 = 126.61\% - 1 = 26.61\%$

其余各年份定基增长速度以此类推。

（3）增长 1% 的绝对值

基于环比发展速度：

2012 年增长 1% 的绝对值 $= \dfrac{\text{上期水平}}{100} = \dfrac{12.4}{100} = 0.124$（万台）

2013 年增长 1% 的绝对值 $= \dfrac{\text{上期水平}}{100} = \dfrac{13.8}{100} = 0.138$（万台）

其余各年份增长 1% 的绝对值以此类推。

基于定基发展速度：

2012 年增长 1% 的绝对值 $= \dfrac{\text{最初水平}}{100} = \dfrac{12.4}{100} = 0.124$（万台）

2013 年增长 1% 的绝对值 $= \dfrac{\text{最初水平}}{100} = \dfrac{12.4}{100} = 0.124$（万台）

其余各年份增长 1% 的绝对值以此类推。

二、平均发展速度和平均增长速度

（一）平均发展速度

平均发展速度是各期环比发展速度的序时平均数，反映被研究现象在发展期内逐期平均发展的变化程度。由于定基发展速度是各环比发展速度的连乘积，所以平均发展速度不能用算术平均法计算，而要用几何平均法或高次方程法来计算。

1. 几何平均法

几何平均法又称水平法，用这种方法计算平均发展速度就是求各期环比发展速度的几何平均数。

如果已知各期环比发展速度，平均发展速度的计算公式为：

$$\bar{x} = \sqrt[n]{x_1 \cdot x_2 \cdot \cdots \cdot x_n} = \sqrt[n]{\prod x} \tag{4-25}$$

式中，$\bar{x}$ 为平均发展速度；

x 为各期环比发展速度；

n 为环比发展速度的项数；

$\prod$ 为连乘符号。

如果已知最初水平和最末水平，平均发展速度的计算公式为：

$$\bar{x} = \sqrt[n]{\frac{a_1}{a_0} \times \frac{a_2}{a_1} \times \frac{a_3}{a_2} \times \cdots \times \frac{a_n}{a_{n-1}}} = \sqrt[n]{\frac{a_n}{a_0}} \qquad (4\text{-}26)$$

如果用 R 表示定基发展速度，则平均发展速度的计算公式为：

$$\bar{x} = \sqrt[n]{R} \qquad (4\text{-}27)$$

由公式（4-26）可得：

$$a_n = a_0 \bar{x}^n \qquad (4\text{-}28)$$

公式（4-28）表达了几何平均法的数学思想，即现象从最初水平出发，每期都按照平均发展速度发展，n 期以后可达到最末水平 a_n。在实际工作中，这个数学思想常常用来推算现象的末期水平。

【例4-12】根据项目四开篇案例中某企业2011—2017年电冰箱的产量资料，计算该企业电冰箱产量的平均发展速度。

表4-13　　　　某企业2011—2017年电冰箱产量平均发展速度计算表

年份	2011	2012	2013	2014	2015	2016	2017
产量（万台）	12.4	13.8	15.7	17.6	19.0	20.8	22.7
环比发展速度（%）	—	111.29	113.77	112.10	107.95	109.47	109.13

则2011—2017年该企业电冰箱产量的平均发展速度为：

$$\bar{x} = \sqrt[n]{x_1 \cdot x_2 \cdot \cdots \cdot x_n} = \sqrt[6]{111.29\% \times 113.77\% \times \cdots \times 109.13\%} = 110.60\%$$

$$或 \ \bar{x} = \sqrt[6]{\frac{a_6}{a_0}} = \sqrt[6]{\frac{22.7}{12.4}} = 110.60\%$$

几何平均法是计算平均发展速度最常用的方法，利用它不仅可以计算平均发展速度，而且可以推算最末水平和时间。

【例4-13】某企业2017年产值为9 210万元，若按每年102.5%的平均发展速度发展，则2022年该企业的产值将达到什么水平？

2022年该企业的产值将达到的水平为：

$$a_n = a_0 \bar{x}^n = 9\ 210 \times 1.025^5 = 10\ 420.27 \ （万元）$$

计算结果表明，2022年该企业的产值将达到10 420.27万元。

【例4-14】某地区2017年生产总值为88 254亿元，若按年均8.9%的增长速度增长，多少年后生产总值能达到176 508亿元？

根据公式 $\bar{x} = \sqrt[n]{\frac{a_n}{a_0}}$ 可推导出：

$$n = \frac{\lg \dfrac{a_n}{a_0}}{\lg \bar{x}}$$

由资料可知：$a_0 = 88\ 254$，$a_n = 176\ 508$，$\bar{x} = 1 + 8.9\% = 108.9\%$

所以 $n = \dfrac{\lg \dfrac{a_n}{a_0}}{\lg \bar{x}} = \dfrac{\lg \dfrac{176\ 508}{88\ 254}}{\lg 1.089} = 8.1 \ （年）$

计算结果表明，该地区生产总值 2025 年能达到 176 508 亿元。

2. 高次方程法

高次方程法又称累计法。高次方程法求平均发展速度的数学思想是：现象从最初水平出发，各期都按照平均发展速度发展，则各期的理论水平之和与各期的实际水平之和相等，即

$$a_0 \overline{x} + a_0 \overline{x}^2 + a_0 \overline{x}^3 + \cdots + a_0 \overline{x}^n = a_1 + a_2 + \cdots + a_n$$

$$a_0 (\overline{x} + \overline{x}^2 + \overline{x}^3 + \cdots + \overline{x}^n) = \sum a$$

$$\overline{x}^n + \overline{x}^{n-1} + \cdots + \overline{x}^2 + \overline{x} - \frac{\sum a}{a_0} = 0$$

整理后得标准高次方程，即

$$\overline{x} + \overline{x}^2 + \overline{x}^3 + \cdots + \overline{x}^n - \frac{\sum a}{a_0} = 0$$

解这个高次方程，求出 x 的正根，就是用方程式法所求的平均发展速度。求解这个高次方程比较麻烦，为了简化计算，可通过"平均递增速度查对表"或"平均递减速度查对表"来求平均增长速度。查表计算平均增长速度的方法如下。

首先，根据各期发展水平之和与最初水平之比来判断资料是递增型还是递减型。具体做法：计算 $\dfrac{\dfrac{\sum a}{a_0}}{n}$，其结果如果大于 1，就判断它是一个递增速度资料；如果结果小于 1，就判断它是一个递减速度资料；如果结果等于 1 或者十分接近 1，那就说明无明显的增减速度，那就没有必要计算平均增减速度了。

其次，根据已知资料，从"平均递增速度查对表"或"平均递减速度查对表"中的累计法部分，查出平均递增或平均递减速度。具体做法：查表时，如果判断为递增速度资料，就在递增速度部分查找 $\dfrac{\sum a}{a_0}$ 的数值，与这个数值相对应的左边栏内的数值即为所求的平均递增速度；如果判断为递减速度资料，就在递减速度部分查找，方法同上。

【例 4-15】某地区 2012—2016 年基本建设投资总额如表 4-14 所示。

表 4-14　　　　　　　　某地区 2012—2016 年基本建设投资总额

年份	2012	2013	2014	2015	2016
基建投资总额（亿元）	60	65	70	75	80

已知：$a_0 = 60$，$n = 5$，$\sum a = 350$

查递增速度查对表，并先计算：

$$\frac{\sum a}{a_0} = \frac{350}{60} \approx 5.83 \quad (\text{或 } 583\%)$$

$$\frac{\dfrac{\sum a}{a_0}}{n} = \frac{5.83}{5} = 1.166 > 1$$

由查对表查得 583% 介于 581.89% 与 583.60% 之间，相应的平均增长速度介于 5.1% 与 5.2% 之间。运用插值法可得到具体的数值，计算得 5.16%，说明 5 年的平均增长速度为 5.16%。

（二）平均增长速度

平均增长速度是说明某种现象在一段时期内平均每期增长的程度。平均增长速度比平均发展

速度更能明显地说明现象的发展变化程度，其实质是环比增长速度的平均值。平均增长速度既不能用环比增长速度求得，也不能用增长量求得，只能先求出平均发展速度，然后再用平均发展速度减 1（或 100%）来求得。其计算公式为：

$$平均增长速度 = 平均发展速度 - 1（或 100\%）\qquad (4\text{-}29)$$

如果平均发展速度大于 1，则平均增长速度为正值，表明现象在这段时期内平均说来是逐期递增的，因而也称为"平均递增率"；如果平均发展速度小于 1，则平均增长速度为负值，表明现象在这段时期内平均说来是逐期递减的，因而也称为"平均递减率"。

【例 4-16】根据项目四开篇案例资料，某企业电冰箱产量 2011 年为 12.4 万台，2017 年为 22.7 万台，计算 2011—2017 年该企业电冰箱产量的平均增长速度。

$$平均发展速度\ \bar{x} = \sqrt[n]{\frac{a_n}{a_0}} = \sqrt[6]{\frac{22.7}{12.4}} = 110.60\%$$

$$平均增长速度 = 平均发展速度 - 1 = 110.60\% - 1 = 10.60\%$$

（三）计算和应用平均速度指标应注意的问题

（1）要结合具体研究目的适当地选择基期。由于基期水平对平均速度指标影响重大，如果基期水平因受特殊因素的影响而过低或过高，用这样的资料来计算平均速度，就会降低这一指标的意义，甚至会失去代表性而不能说明现象发展变化的真实情况。

（2）应用分段平均速度来补充总平均速度。因为根据几何平均法求得的平均速度指标，实际只反映最初和最末水平的变化，并不反映中间各年的实际变化，因此当研究时期过长时，为了避免由于中间各期波动过大或不同的变化方向而降低平均速度指标的代表性这一问题，应计算分段平均速度指标来补充说明总平均发展速度，这对于全面、深入地了解现象的整个过程的变化情况是很有必要。

（3）要结合发展水平、经济效益来研究平均速度指标。在社会经济现象中，有可能出现高速度下的低水平、低效益，或者是低速度背后隐藏着高水平、高效益，如果将水平指标、经济效益及各种速度指标结合起来，对现象进行综合分析，则更有利于揭示现象发展变化的规律性。

任务四 | 长期趋势测定

一、时间数列变动趋势分析的意义

前面讨论了反映现象动态变动的各种统计指标，这些指标主要用来测定现象动态变动的规模、水平、程度、速度等。任务四则主要讨论时间数列的变动规律和发展趋势，从而对未来进行估计和预测。

社会经济现象的发展变化，是由许多错综复杂的因素共同作用的结果。这些因素有的属于基本因素，对于各个时期都起着普遍的、长期的、决定性的作用，而且使各期发展水平沿着一个方向发展，即向上或向下持续发展；有的只是偶然因素，只起局部的、临时的、非决定性的作用，而且它的大小、方向是不定的。这些因素所起的推动与制约作用不同，彼此之间的关系也错综复杂。例如，空调这一产品销售量的变化，既受社会制度、政策法规、风俗习惯的影响，又受消费水平、气候变化等因素的影响。

为了分析时间数列的发展变化规律，必须把影响时间数列的各种因素分开，并找出它们的变动规律。影响现象变动的因素错综复杂，但大体上可以归为以下几种类型。

1. 长期趋势变动

长期趋势是指现象在相当长的时期内持续发展变化的趋势。它由各个时期普遍、持续、决定性的基本因素所左右，是各期发展水平沿着一个方向上升或者下降的趋势变动。例如，我国人民的消费水平逐年提高，其根本原因是我国经济水平不断提高，人们的收入不断增加。认识和掌握了事物发展的长期趋势，可以进一步把握事物变化的基本特点。

2. 季节变动

季节变动是指现象因受自然条件或社会因素的影响，在一年或更短的时间内所产生的具有周期性、规律性的重复变动。季节变动有时会给社会生产与人们的生活带来某些不良影响，研究季节变动的目的在于克服由于季节变动引起的不良影响，以便于更好地组织生产、安排人们的经济生活。

3. 循环变动

循环变动是指现象发展水平以若干年为周期的涨落起伏相间的变动。与季节变动不同的是，循环变动的循环幅度和周期不是很规则，循环周期往往在一年以上。如周期性经济危机的每一个周期一般都包括危机、萧条、复苏、高涨四个阶段。循环变动是做中长期预测时应考虑的问题。

4. 不规则变动

不规则变动是指由于临时的、偶然的或不明原因而引起的无周期波动。不规则变动包含两种波动：一是以随机方式使现象产生的波动；二是偶然性因素引起的变动，它是不经常的、不规则的，但却是强有力的突发性变动，如政治动荡、战争爆发、自然灾害等产生的影响。

不同的时间数列包含的变动也不尽相同。例如，我国各年工农业生产总值数列就是由长期趋势变动和不规则变动构成的，而各季度农副产品收购量数列往往不仅包括长期趋势变动和不规则变动，还包括季节变动。

下面主要介绍长期趋势的测定方法。

二、长期趋势的测定方法

所谓长期趋势，是指现象在相当长的时间内持续发展变化的趋势。在现实经济生活中，很多现象的动态变动从短期看往往具有随机性，所描绘出来的动态曲线图会呈现出无规律的随机波动，如短期内股票市场价格的动态变动等。但从长期来看，现象的动态变动往往会有某种趋势，即现象朝着某个比较确定的方向发展。长期趋势分析的任务就是要消除其他变动对时间数列的影响，找出长期趋势的具体表现，并将其描述出来。测定长期趋势变动的方法有时距扩大法、移动平均法和趋势方程法等。

（一）时距扩大法

时距扩大法是对长期的时间数列资料进行统计修匀的一种简便方法，它是把原有时间数列各时期资料加以合并、扩大每段计算所包含的时间，得出较长时距的新时间数列，以消除由于时距较短受偶然因素影响所引起的波动，清楚地显示现象变动的长期趋势和方向。

用时距扩大法修匀时间数列，既可以用总量指标表示，也可以用序时平均数表示。前者只适用于时期数列；后者既适用于时期数列，也适用于时点数列。

【例4-17】某企业2017年各月的产值资料如表4-15所示。

表4-15　　　　　　　　　　　　　某企业2017年各月的产值资料

月份	1	2	3	4	5	6	7	8	9	10	11	12
产值（万元）	78	85	82	88	84	89	88	86	92	97	95	99

表4-15不能明显地反映现象发展的趋势，因为各月的产量不是逐月上升，而是有升有降。现在将时距由月扩大为季度，将每季度中各月的产量相加，得出各季的总产量；还可以列出各季平均的月产量，如表4-16所示。

表4-16　　　　　　　　　　　　　某企业2017年各季的产值资料

季度	一	二	三	四
产值（万元）	245	261	266	291
平均产值（万元）	81.7	87	88.7	97

表 4-16 中的新数列，可以明显地反映出该企业生产发展的长期趋势，其产值是逐季度上升的。

时距扩大法将时距扩大到什么程度，要根据现象的性质而定。其基本原则是以能够显示现象的发展趋势为度。时距过短，不能消除偶然因素的影响；时距过长，又会掩盖现象在不同时间上发展变化的差异。时距扩大法的优点是简便易行；缺点是新数列的项数过少，不能据以进行深入的趋势分析和预测。

（二）移动平均法

移动平均法是采用逐期递推移动的方法计算一系列扩大时距的序时平均数，并以这一系列移动平均数作为对应时期的趋势值的方法。通过移动平均数对时间数列修匀，可以更深刻地描述现象发展的长期趋势。

移动平均法的具体做法是从时间数列第一项数值开始，按一定项数求序时平均数，逐项移动，得出一个由移动平均数构成的新的时间数列。这个派生数列把受某些偶然因素影响所出现的波动修匀了，使整个数列的长期趋势更加明显。

移动平均法根据资料的特点及研究的具体任务不同，可选择奇数项移动平均或偶数项移动平均。移动项数的多少直接关系到修匀的程度。一般来说，项数越多，修匀的作用就越大，而得出的移动平均数就越少；反之，项数越少，修匀的作用就越小，得出的移动平均数就越多。原数列中如果存在自然周期，应该以周期数作为移动平均数的项数。奇数项移动平均所得的数值放在中间项的位置上；偶数项移动平均所得的数值放在中间两项位置的中间，它需要再进行一次移动平均（两项移动平均）。

【例 4-18】我国 1995—2014 年粮食产量移动平均计算表如表 4-17 所示。

表 4-17　　　　　　　　我国 1995—2014 年粮食产量移动平均计算表　　　　　　　　（单位：万吨）

年份	顺序号	粮食产量	趋势值		
			5 项移动平均	4 项移动平均	
				第一次移动	第二次移动
1995	1	46 661.80	—	—	—
1996	2	50 453.50	—	49 440.48	—
1997	3	49 417.10	49 720.10	50 484.68	49 962.58
1998	4	51 229.53	49 631.25	49 423.68	49 955.18
1999	5	50 838.58	48 593.28	48 387.33	48 906.51
2000	6	46 217.52	47 851.01	47 006.38	47 696.86
2001	7	45 263.67	46 219.01	45 064.12	46 035.25
2002	8	45 705.75	45 440.68	45 264.48	45 164.30
2003	9	43 069.53	45 877.62	46 031.11	45 647.80
2004	10	46 946.95	46 785.73	47 055.73	46 543.42
2005	11	48 402.19	47 676.64	48 828.41	47 942.07
2006	12	49 804.23	49 636.91	50 309.41	49 568.91
2007	13	50 160.28	50 863.94	51 479.38	50 894.40
2008	14	52 870.92	52 113.04	52 690.23	52 084.82
2009	15	53 082.08	53 576.37	54 430.39	53 560.32
2010	16	54 647.71	55 335.91	55 952.15	55 159.27
2011	17	57 120.85	56 800.49	57 730.09	50 841.12
2012	18	58 957.97	58 324.60	59 243.82	58 486.96
2013	19	60 193.84	—	—	—
2014	20	60 702.61	—	—	—

从表 4-17 可看出，原时间数列经过移动平均后，得到一个呈现上升趋势的新时间数列。

移动平均法的优点是较充分地利用了原数列的各项数值，使修匀后的新数列既能明显地显示现象的长期趋势，又能保持原数列的真实性。但移动平均法也有局限性，主要是它形成的新数列的项数比原数列的项数少，两端数值缺项，所以无法进行外推预测。

（三）趋势方程法

趋势方程法是根据时间数列的发展趋势类型，运用数学方法配合一个合适的方程式，并依据此方程式求趋势值来分析长期趋势的方法。趋势方程法的优点是不仅可以运用趋势方程严格地计算各期指标的趋势值，而且可以进行外推预测。

最小平方法又称最小二乘法，是分析长期趋势常用的方法。它是利用趋势方程来拟合一条趋势线以描绘数列的长期趋势，进而预测未来的一种统计方法。趋势方程须满足两个条件：

$$\sum(y - y_c) = 0 ; \quad \sum(y - y_c)^2 = 最小值$$

式中，y 为原数列指标值，y_c 为 y 的趋势值。

最小平方法既可用于配合直线方程，也可用于配合曲线方程。那么，在什么时候配合直线方程，什么时候配合曲线方程呢？方法有以下两种。

一是根据具体的统计资料，在直角坐标系上绘制散点图，从散点图上看，大体上呈直线变动的就配合直线方程，大体上呈曲线变动的则配合曲线方程。

二是根据时间数列中各项指标数值变化的特征来确定。一般来说，当时间数列各期发展水平的逐期增长量大致相等时，宜配合直线方程；当时间数列各期发展水平的逐期增长量减去上年的逐期增长量大致相等时，宜配合抛物线方程；当时间数列各期发展水平的环比发展速度（或环比增长速度）大致相等时，宜配合指数曲线方程。

本项目研究直线趋势方程的拟合方法。

直线趋势方程： $$y_c = a + bt \qquad (4-30)$$

式中，y_c 是 y 的趋势值；

a 是待定参数，是 $t = 0$ 时 y_c 的数值（起点值）；

b 是待定参数，是 t 每增加一个单位时 y_c 平均增加（或减少）的数量。

根据数学分析中的极值原理，用偏微分法可得出直线趋势方程 $y_c = a + bt$ 中计算 a、b 两参数所需的两个标准方程：

$$\sum y = na + b\sum t$$
$$\sum ty = a\sum t + b\sum t^2$$

解该方程组，可以得到求解参数 a 和 b 的计算公式：

$$a = \frac{\sum y}{n} - b\frac{\sum t}{n} \qquad (4-31)$$

$$b = \frac{n\sum ty - \sum t \sum y}{n\sum t^2 - (\sum t)^2} \qquad (4-32)$$

【例 4-19】根据项目四开篇案例资料，建立直线趋势方程，并预测该企业 2020 年电冰箱的产量。

表 4-18　　　　　　　　　　直线趋势方程参数计算表

年份	销售量 y（万台）	t	t^2	ty
2011	12.4	1	1	12.4
2012	13.8	2	4	27.6

年份	销售量 y（万台）	t	t^2	ty
2013	15.7	3	9	47.1
2014	17.6	4	16	70.4
2015	19.0	5	25	95.0
2016	20.8	6	36	124.8
2017	22.7	7	49	158.9
合计	122.0	28	140	536.2

将相关数据代入求解参数 a、b 的公式，得：

$$b = \frac{n\sum ty - \sum t \sum y}{n \sum t^2 - (\sum t)^2} = \frac{7 \times 536.2 - 28 \times 122}{7 \times 140 - 28^2} = 1.72$$

$$a = \frac{\sum y}{n} - b\frac{\sum t}{n} = \frac{122}{7} - 1.72 \times \frac{28}{7} = 10.55$$

$$y_c = 10.55 + 1.72t$$

该直线趋势方程的经济意义是根据现象给定的趋势，在 2010 年产量为 10.55 万台的基础上，该企业电冰箱产量大致以平均每年 1.72 万台的数量向上递增。

根据该直线趋势方程，可预测该企业 2020 年电冰箱的产量。

当 $t = 10$ 时，$y_c = 10.55 + 1.72t = 10.55 + 1.72 \times 10 = 27.75$（万台）

即根据该企业电冰箱产量的发展趋势，2020 年电冰箱的产量可达到 27.75 万台。

趋势方程原点的移动，给计算带来很大的便利。令 $\sum t = 0$，当时间数列为奇数项时，可用中间项作为原点，t 值分别为…，-3，-2，-1，0，1，2，3，…；若时间数列为偶数项，则可用两个中间项的中点作为原点，这时，t 以半年为时间单位。原点以前各项的 t 值依次为…，-5，-3，-1，原点以后各年的 t 值依次为 1，3，5，…。于是上述标准方程可以简化为：

$$\sum y = na$$

$$\sum ty = b\sum t^2$$

$$a = \frac{\sum y}{n} = \bar{y} \tag{4-33}$$

$$b = \frac{\sum ty}{\sum t^2} \tag{4-34}$$

【例 4-20】根据项目四开篇案例资料，用简捷法建立直线趋势方程，并预测该企业 2020 年电冰箱的产量。

表 4-19 　　　　　　　　　　直线趋势方程参数简捷计算表

年份	销售量 y（万台）	t	t^2	ty
2011	12.4	−3	9	−37.2
2012	13.8	−2	4	−27.6
2013	15.7	−1	1	−15.7
2014	17.6	0	0	0
2015	19.0	1	1	19.0
2016	20.8	2	4	41.6
2017	22.7	3	9	68.1
合计	122.0	0	28	48.2

将相关数据代入求解参数 a、b 的公式，得：

$$a = \frac{\Sigma y}{n} = \frac{122}{7} = 17.43 \qquad b = \frac{\Sigma ty}{\Sigma t^2} = \frac{48.2}{28} = 1.72$$

$$y_c = 17.43 + 1.72t$$

根据该直线趋势方程，可预测该企业 2020 年电冰箱的产量：

$$y_{2020} = 17.43 + 1.72t = 17.43 + 1.72 \times 6 = 27.75 \ （万台）$$

即根据该企业电冰箱产量的发展趋势，2020 年电冰箱产量可达到 27.75 万台。

当时间数列的项数为偶数时，取中间两项分别为−1 和+1，这样各项之间的离差就是 2，如 $t = \cdots, -5, -3, -1, 1, 3, 5, \cdots$。

【例 4-21】根据表 4-20 所示的资料，用简捷法建立直线趋势方程，并预测该企业 2020 年电冰箱的产量。

表 4-20   直线趋势方程参数简捷计算表

年份	销售量 y （万台）	t	t^2	ty
2011	12.4	−5	25	−62.0
2012	13.8	−3	9	−41.4
2013	15.7	−1	1	−15.7
2014	17.6	1	1	17.6
2015	19.0	3	9	57.0
2016	20.8	5	25	104.0
合计	99.3	0	70	59.5

将相关数据代入求解参数 a、b 的公式，得：

$$a = \frac{\Sigma y}{n} = \frac{99.3}{6} = 16.55 \qquad b = \frac{\Sigma ty}{\Sigma t^2} = \frac{59.5}{70} = 0.85$$

$$y_{2020} = 16.55 + 0.85 \times 13 = 27.6 \ （万台）$$

即根据该企业电冰箱产量的发展趋势，2020 年电冰箱产量可达到 27.6 万台。

任务五 ｜ 季节变动测定

一、季节变动测定的意义

季节变动是指现象由于受社会因素和自然因素的影响，在一年或更短时期内呈现为有规律的周期性波动。例如，农业生产的投入与产出都因受自然因素的影响而有农忙、农闲和淡季、旺季之分，年复一年，大体相同，呈现出规律性的波动，由此农副产品的上市、收购、加工、运输等也有季节性波动；又如，在商业活动中，常常因为季节因素或节假日因素导致"销售旺季"或"销售淡季"；再如，寒暑假以及某些重要的节日，交通运输会出现季节性高峰等。

季节性变化有时会给社会生产与人们生活带来某些不良影响。我们研究季节变动的目的在于认识和掌握它的变动规律，以便及时采取相应的措施，克服由于季节变动而产生的不良影响，利用其有利的一面，及时组织生产、交通运输、安排好市场供应等，以便更好地组织生产和安排人们的生活。

二、季节变动测定的方法

统计是用统计指标来综合说明现象季节变动的数量特征。因此，必须掌握有关现象 3 年、5

年或更长一段时期按月或按季度的数字资料，否则，不足以表现该现象季节变动的数量特征。在这些统计资料的基础上，便可以计算出反映季节变动的统计指标。

测定季节变动的方法有很多，常用的方法有同月（季）平均法、长期趋势剔除法。这两种方法主要是通过计算季节比率来反映季节变动的程度。季节比率高说明是"旺季"，反之说明是"淡季"。同月（季）平均法不考虑长期趋势的影响，直接根据原始数列计算；长期趋势剔除法则需将原始数列中的长期趋势剔除后再进行计算。无论应用哪种方法，都需具备连续若干年的资料，季度资料至少不能少于 3×4=12 个季度，月度资料不能少于 3×12=36 个月等。

（一）同月（季）平均法

同月（季）平均法是把 3 年或 3 年以上同月（季）的资料按年排列，计算出各月（季）的同期平均数，并将其与月（季）总平均数进行对比以得出相对数，该相对数即为反映季节变动的测定指标——季节比率。其计算步骤如下。

（1）根据各年按月（季）的时间数列资料计算出各年同月（季）的平均水平；

（2）计算各年所有月（季）的总平均水平；

（3）将各年同月（季）的平均水平与总平均水平进行对比，即得出季节比率；

（4）对季节比率进行校正，得出季节指数。

各月季节比率之和应为 1 200%，各季度季节比率之和应为 400%。如果不相等，则说明存在计算误差。此时，应对季节比率进行校正，最后得出季节指数，校正公式为：

$$季节指数=季节比率\times \frac{1\,200\%\,(400\%)}{各月（季）季节比率之和}$$

【例 4-22】某商场 2013—2017 年各月的销售额资料及季节比率的计算如表 4-21 所示，计算季节比率。

表 4-21　　　某商场 2013—2017 年各月的销售额资料及季节比率的计算表

月份	历年销售额（万元）					同月销售额合计（万元）	同月销售额平均（万元）	季节比率（%）
	2013	2014	2015	2016	2017			
1	11	11	14	14	13	63	12.6	17.6
2	12	15	21	21	22	91	18.2	25.5
3	19	22	32	31	32	136	27.2	38.1
4	36	39	52	50	49	226	45.2	63.3
5	42	64	68	66	70	310	62.0	86.8
6	142	164	188	195	200	889	177.8	249.0
7	240	280	310	315	318	1 463	292.6	409.8
8	95	120	140	145	153	653	130.6	182.9
9	38	39	48	49	51	225	45.0	63.0
10	18	18	24	25	26	111	22.2	31.1
11	12	13	12	14	14	65	13.0	18.2
12	9	10	11	12	11	53	10.6	14.8
合计	674	795	920	937	959	4 285	71.4	1 200.0

季节比率的计算如下：

（1）5 年各月的平均销售额 $=\dfrac{5年同月销量额之和}{5年总年数}$

如：1 月平均销售额 $=\dfrac{63}{5}=12.6$ （万元）

（2）5年总平均销售额=$\dfrac{5年各月销售额之和}{5年总月数}=\dfrac{4\,285}{60}=71.4$（万元）

（3）季节比率=$\dfrac{5年各月的平均销售额}{5年总平均月销售额}$

如：1月的季节比率=12.6÷71.4=17.6%

2月的季节比率=18.2÷71.4=25.5%

通过季节比率，形成了各月份季节比率所组成的时间数列。该数列可清楚地表明该商场销售额的季节性变动趋势，自1月起逐月增长，7月达到最高峰，8月开始下降，到12月降到最低点。

按月平均法计算简便，容易掌握。如果被测定的社会经济现象总波动中未发现有明显的长期趋势和循环波动，即可通过算术平均法消除同期不规则变动，从而显现出现象的季节变动趋势。但季节比率的计算不够精确，因为它没有考虑长期趋势的影响。在前后期各月（季）水平波动较大的资料中，后期各月（季）水平与前期水平相比有较大提高，对平均数的影响就比较大，从而影响了季节比率的准确性。此时，可以用长期趋势剔除法来测定季节变动。

（二）长期趋势剔除法

如果所提供的资料不仅有季节变动，而且逐年数值有显著增长的趋势，则测定季节比率时就要采用长期趋势剔除法。长期趋势剔除法是一种利用移动平均法剔除长期趋势的影响后，再来测定其季节变动的方法。

采用长期趋势剔除法计算季节比率，首先要用移动平均法计算时间数列长期趋势的趋势值，而后从原时间数列中剔除长期趋势值，再测定季节比率。

【例4-23】假设某商场2015—2017年销售额资料如表4-22所示，计算季节比率。

表4-22　　　　　　　　　　某商场2015—2017年销售额资料　　　　　　　　（单位：万元）

年\月	1	2	3	4	5	6	7	8	9	10	11	12
2015	54	52	50	48	44	42	36	32	37	46	50	58
2016	58	54	58	54	48	44	38	36	42	54	56	64
2017	68	70	64	62	56	48	44	40	46	58	60	76

该资料明显存在长期趋势，计算季节比率时需要用长期趋势剔除法，可按下列步骤和方法进行计算。

（1）计算该时间数列的移动平均数，并将其作为相应时期的趋势值。该数列为3年12个月的资料，求移动平均数可用12项移动平均。计算结果如表4-23所示。

（2）将相应各月的实际销售额除以趋势值，使长期趋势的影响得以消除，以表明各月销售额的季节变动程度。

2015年7月剔除趋势值后的比率为45.92%

2015年8月剔除趋势值后的比率为46.17%

其余各月份剔除趋势值后的比率以此类推。表4-23为各月份剔除趋势值后的比率值。

（3）将各年同月趋势剔除后的比率加以简单平均，得到各年同月的平均比率，即季节比率。

表4-23　　　　　　　　　　　移动平均长期趋势剔除计算表

年份	月份	顺序号	销售额（万元）	12项移动平均	趋势值 T
2015	1	1	54		—
	2	2	52		—
	3	3	50		—
	4	4	48		—

年份	月份	顺序号	销售额（万元）	12 项移动平均	趋势值 T
2015	5	5	44		
	6	6	42		—
	7	7	36	45.75	45.92
	8	8	32	46.08	46.17
	9	9	37	46.25	46.59
	10	10	46	46.92	47.17
	11	11	50	47.42	47.59
	12	12	58	47.75	47.84
2016	1	13	58	47.92	48.00
	2	14	54	48.08	48.23
	3	15	58	48.42	48.63
	4	16	54	48.83	49.17
	5	17	48	49.50	49.75
	6	18	44	50.00	50.23
	7	19	38	50.50	50.92
	8	20	36	51.33	52.00
	9	21	42	52.67	53.42
	10	22	54	54.17	54.00
	11	23	56	53.83	54.17
	12	24	64	54.50	54.67
2017	1	25	68	54.83	55.08
	2	26	70	55.33	55.50
	3	27	64	55.67	55.80
	4	28	62	56.00	56.17
	5	29	56	56.33	56.50
	6	30	48	56.67	57.17
	7	31	44	57.67	—
	8	32	40		—
	9	33	46		—
	10	34	58		—
	11	35	60		—
	12	36	76		

例如，1 月季节比率 $=\dfrac{\dfrac{58}{48}+\dfrac{68}{55.08}}{2}=122.15\%$

2 月季节比率 $=\dfrac{\dfrac{54}{48.23}+\dfrac{70}{55.50}}{2}=119.03\%$

其余各月份季节比率计算以此类推。如表 4-24 所示，因此各月份季节比率合计数为 1 194.73%。

（4）季节比率修匀。在计算季节比率时，如果长期趋势不能完全剔除干净，则表现为 12 个月的季节比率总和不等于 1 200%或 4 个季度的季节比率不等于 400%（月均或季均 100%）。为了将误差分摊到各月中去，需要计算修正后的季节比率。

$$修正系数 = \dfrac{1\,200\%}{1194.73\%}=1.004\,411$$

将各月季节比率乘以修正系数便可得到修正后的季节比率。

例如，1 月的修正季节比率=122.15%×1.004 411=122.689%

2 月的修正季节比率=119.03%×1.004 411=119.555%

其余各月份的修正季节比率以此类推。季节比率计算表如表 4-24 所示。

表 4-24　　　　　　　　　　　　　　季节比率计算表　　　　　　　　　　　　　　单位：%

月＼年	2015	2016	2017	季节比率	季节比率修正
1	—	120.83	123.46	122.15	122.689
2	—	111.92	126.13	119.03	119.555
3	—	111.27	114.61	112.94	113.438
4	—	109.82	110.38	110.10	110.586
5	—	96.48	99.12	97.80	98.231
6	—	87.56	83.96	85.76	86.138
7	78.40	74.63	—	76.52	76.850
8	69.31	69.23	—	69.27	69.576
9	79.42	78.62	—	79.02	79.369
10	97.52	100.00	—	98.76	99.196
11	105.06	103.38	—	104.22	104.680
12	121.24	117.07	—	119.16	119.686
合计	—	—	—	1 194.73	1 200.000

　　计算结果表明，各月份季节比率组成了时间数列。该数列可清楚地表明该商场销售额的季节性变动趋势，1 月达到最高峰，自 1 月起逐渐降低，8 月降到最低点后触底反弹，逐月增加。同时为了消除误差的影响，计算出修正后的季节比率，修正后的季节比率与季节比率趋势差别不大。

🌱 项目小结

　　项目四主要介绍了时间数列的概念和种类、时间数列水平分析与速度分析方法、长期趋势测定的意义及方法、季节变动测定的意义及方法。

　　时间数列就是将一系列同类统计指标值按时间先后顺序排列所构成的数列，又称为动态数列。时间数列按统计指标的性质不同，可以分为总量指标时间数列（时期数列和时点数列）、相对指标时间数列和平均指标时间数列。其中时期数列具有以下特点：具有连续统计的特点；各个指标数值可以相加；各个指标数值的大小与其所包括的时期长短有直接关系。时点数列具有以下特点：指标值采用间断统计的方式获得；各个指标值不具有可加性；每个指标值的大小与其时间间隔长短没有直接联系。编制时间数列的原则有：①时期长短应该一致；②总体范围应该一致；③经济内容应该相同；④计算方法、计算价格和计量单位应该一致。

　　时间数列水平分析指标主要有发展水平、平均发展水平、增长量、平均增长量。发展水平可分为基期水平和报告期水平。平均发展水平是将不同时期的发展水平加以平均而得到的平均数，又称为序时平均数或动态平均数。平均发展水平将现象各期发展水平的差异抽象化了，反映现象在一段时期内的一般水平。增长量分为逐期增长量和累计增长量，各期逐期增长量之和等于相应时期的累计增长量，两相邻时期累计增长量之差等于相应时期的逐期增长量。

　　时间数列速度分析指标主要有发展速度、增长速度、平均发展速度和平均增长速度。发展速度分为定基发展速度和环比发展速度，定基发展速度等于相应各期环比发展速度的连乘积，相邻的两个定基发展速度之商等于相应的环比发展速度。增长速度是表明社会经济现象增长程度的相对指标，增长速度=发展速度-1。平均发展速度是各期环比发展速度的序时平均数，反映被研究现象在发展期内逐期平均发展的变化程度。平均发展速度用几何平均法或高次方程法来计算。平均增长速度=平均发展速度-1。

　　时间数列的影响因素主要有时间数列的长期趋势变动、季节变动和循环变动的测定。长期趋势变动的测定方法包括时距扩大法、移动平均法、趋势方程法。季节变动的测定方法有同月（季）平均法和长期趋势剔除法。

应用技能训练

一、单项选择题

1. 时间数列与变量数列（　　　）。
   A. 都是根据时间顺序排列的
   B. 都是根据变量值大小排列的
   C. 前者是根据时间顺序排列的，后者是根据变量值大小排列的
   D. 前者是根据变量值大小排列的，后者是根据时间顺序排列的

2. 时间数列中，数值大小与时间长短有直接关系的是（　　　）。
   A. 平均数时间序列　　B. 时期序列　　　　C. 时点序列　　　　D. 相对数时间序列

3. 发展速度属于（　　　）。
   A. 比例相对数　　　　B. 比较相对数　　　C. 动态相对数　　　D. 强度相对数

4. 计算发展速度的分母是（　　　）。
   A. 报告期水平　　　　B. 基期水平　　　　C. 实际水平　　　　D. 计划水平

5. 某车间某年各月初工人人数资料如表 4-25 所示。

表 4-25　　　　　　　　　　　　某车间某年各月初工人人数资料

月份	1	2	3	4	5	6	7
月初人数（人）	280	284	280	300	302	304	320

则该车间上半年的平均人数约为（　　　）。
   A. 296 人　　　　　　B. 292 人　　　　　C. 295 人　　　　　D. 300 人

6. 某地区某年 9 月末的人口数为 150 万人，10 月末的人口数为 150.2 万人，该地区 10 月的人口平均数为（　　　）。
   A. 150 万人　　　　　B. 150.2 万人　　　C. 150.1 万人　　　D. 无法确定

7. 由一个 9 项的时间序列可以计算的环比发展速度有（　　　）。
   A. 8 个　　　　　　　B. 9 个　　　　　　C. 10 个　　　　　　D. 7 个

8. 采用几何平均法计算平均发展速度的依据是（　　　）。
   A. 各年环比发展速度之积等于总速度　　　B. 各年环比发展速度之和等于总速度
   C. 各年环比增长速度之积等于总速度　　　D. 各年环比增长速度之和等于总速度

9. 某企业的科技投入中，2017 年比 2012 年增长了 58.6%，则该企业 2013—2017 年科技投入的平均发展速度为（　　　）。
   A. $\sqrt[5]{58.6\%}$　　　B. $\sqrt[5]{158.6\%}$　　　C. $\sqrt[6]{58.6\%}$　　　D. $\sqrt[6]{158.6\%}$

10. 根据牧区每个月初的牲畜存栏数计算全牧区半年的牲畜平均存栏数，采用的是（　　　）。
   A. 简单平均法　　　B. 几何平均法　　　C. 加权序时平均法　　D. 首末折半法

11. 在测定长期趋势的方法中，可以形成数学模型的是（　　　）。
   A. 时距扩大法　　　B. 移动平均法　　　C. 最小平方法　　　　D. 季节指数法

12. 动态数列中，每个指标数值相加有意义的是（　　　）。
   A. 时期数列　　　　B. 时点数列　　　　C. 相对数数列　　　　D. 平均数数列

13. 按几何平均法计算的平均发展速度侧重于考察现象的（　　　）。

  A. 期末发展水平   B. 期初发展水平

  C. 中间各项发展水平   D. 整个时期各发展水平的总和

14. 累计增长量与其相应的各逐期增长量的关系表现为（   ）。

  A. 累计增长量等于相应各逐期增长量之和   B. 累计增长量等于相应各逐期增长量之差

  C. 累计增长量等于相应各逐期增长量之积   D. 累计增长量等于相应各逐期增长量之商

15. 已知某地区 2017 年粮食产量比 2014 年增长了 1 倍，比 2016 年增长了 50%，那么 2016 年粮食产量比 2014 年增长了（   ）。

  A. 33%   B. 50%   C. 75%   D. 2 倍

16. 已知一个数列的环比增长速度分别为 3%、5%、8%，则该数列的定基增长速度为（   ）。

  A. 3%×5%×8%   B. 103%×105%×108%

  C. （3%×5%×8%）+ 1   D. （103%×105%×108%）-1

17. 企业生产的某种产品 2016 年比 2015 年增长了 8%，2017 年比 2015 年增长了 12%，则 2017 年比 2016 年增长了（   ）。

  A. 3.7%   B. 50%   C. 4%   D. 5%

18. 已知某地区 1965—2017 年各年的平均人口数资料，计算该地区人口数的年平均发展速度应开（   ）。

  A. 50 次方   B. 51 次方   C. 52 次方   D. 53 次方

19. 一个时间数列共有 30 年的数据，若采用 5 年移动平均法修匀时间数列，修匀后的时间数列共有（   ）。

  A. 30 项   B. 28 项   C. 25 项   D. 26 项

20. 按几何平均法计算的平均发展速度，可以使（   ）。

  A. 推算的各期水平之和等于各期实际水平之和

  B. 推算的末期水平等于末期实际水平

  C. 推算的各期增长量等于实际的逐期增长量

  D. 推算的各期定基发展速度等于实际的各期定基发展速度

二、填空题

1. 时间数列有两个组成要素：一是_____，二是_____。

2. 在一个时间数列中，最早出现的数值称为_____，最晚出现的数值称为_____。

3. 发展水平可以是总量指标，也可以是_____指标或平均指标。

4. 时间数列可以分为绝对数时间数列、相对数时间数列和_____时间数列三种。其中_____是最基本的数列。

5. 绝对数时间数列可以分为_____和_____两种。

6. 时间数列中不同时间的数值相加有实际意义的是_____数列，不同时间的数值相加没有实际意义的是_____数列。

7. 已知某油田 2010 年原油总产量为 200 万吨，2015 年原油总产量是 459 万吨，则 2010～2015 年该油田原油总产量年平均增长速度的算式为_____。

8. 发展速度由于采用的基期不同，分为_____和_____两种。

9. 环比发展速度和定基发展速度之间的关系可以表达为_____。

10. 设 $i=1, 2, 3, \cdots, n$，a_i 为第 i 个时期经济水平，则 $\dfrac{a_i}{a_0}$ 是_____发展速度，$\dfrac{a_i}{a_{i-1}}$ 是_____发展速度。

11. 计算平均发展速度的常用方法有方程式法和_____。

12. 某产品产量 2012 年比 2007 年增长了 105%，2017 年比 2007 年增长了 306.8%，则计算该产品 2017 年比 2012 增长的速度的算式是_____。

13. 如果移动时间长度适当，采用移动平均法能有效地消除循环变动和_____。

14. 时间数列的波动可分解为长期趋势变动、_____、循环变动和不规则变动。

15. 用最小二乘法测定长期趋势，采用的标准方程组是_____。

16. 动态数列由两个基本要素构成，即_____、_____。

17. 编制动态数列的基本原则是_____。

18. 相应的逐期增长量_____等于累计增长量。

19. 相应的环比发展速度的_____等于定期发展速度。

20. 根据间隔相等的间断时点数列计算平均发展水平应采用_____方法，俗称_____。

三、判断题

1. 时间数列中的发展水平都是统计绝对数。　　　　　　　　　　（　　）

2. 相对数时间数列中的数值相加没有实际意义。　　　　　　　　（　　）

3. 由两个时期数列的对应项相对比而产生的新数列仍然是时期数列。（　　）

4. 由于时点数列和时期数列都是绝对数时间数列，所以，它们的特点是相同的。（　　）

5. 时期数列有连续时期数列和间断时期数列两种。　　　　　　　（　　）

6. 发展速度可以为负值。　　　　　　　　　　　　　　　　　　（　　）

7. 只有增长速度大于 100%才能说明事物的变动是增长的。　　　（　　）

8. 季节比率=同月平均水平/总的月平均水平。　　　　　　　　　（　　）

9. 平均发展速度=平均增长速度+1。　　　　　　　　　　　　　（　　）

10. 采用几何平均法计算平均发展速度时，每一个环比发展速度都会影响到平均发展速度的大小。　　　　　　　　　　　　　　　　　　　　　　　　　　　（　　）

11. 计算所有平均发展水平采用的都是算术平均数方法。　　　　　（　　）

12. 移动平均法可以对现象变动的长期趋势进行动态预测。　　　　（　　）

13. 平均增长速度可以直接根据环比增长速度来计算。　　　　　　（　　）

14. 按品质标志分组形成的数列不属于动态数列。　　　　　　　　（　　）

15. 编制动态数列的可比性原则就是指一致性。　　　　　　　　　（　　）

16. 两个相邻的定基发展速度，用后者除以前者等于后期的环比发展速度。（　　）

17. 环比增长速度的连乘积等于相应年份的定基增长速度。　　　　（　　）

18. 平均增长速度是环比增长速度的几何平均数。　　　　　　　　（　　）

19. 移动平均的平均项数越大，则它对数列的平滑修匀作用越强。　（　　）

20. 季节比率说明的是各季节的相对差异。　　　　　　　　　　　（　　）

四、简答题

1. 什么是时间数列？它在统计分析中有何重要作用？

2. 时间数列有哪几种？各自具有什么特点？

3. 时期数列与时点数列有哪些不同？

4. 什么是发展水平？它有哪几种？

5. 逐期增长量与累计增长量之间有什么关系？

6. 定基发展速度与环比发展速度之间有什么关系？

7. 发展速度和增长速度之间有什么关系？

8. 什么是增长 1%的绝对值？计算这个指标有何意义？

9. 什么是序时平均数?

10. 由时期数列、时点数列如何计算序时平均数?

11. 由相对数时间数列或平均数时间数列如何计算序时平均数?

12. 序时平均数和一般平均数有哪些异同?

13. 计算平均发展速度和平均增长速度有哪些方法?其特点是什么?

14. 常用的揭示社会经济现象发展趋势的方法有哪几种?

15. 简述移动平均法的含义,并说明其特点。

16. 时间数列的季节变动与循环变动的区别是什么?

17. 利用模型法测定时间数列的趋势变动,评价不同趋势线拟合是否可靠的方法和依据是什么?

18. 什么是季节变动?为什么要研究季节变动?

19. 怎样测定季节变动?

20. 如何测定循环变动和不规则变动?

五、计算题

1. 某商店 2017 年 1—6 月份各月商品销售额分别为 220 万元、232 万元、240 万元、252 万元、292 万元和 255 万元,试计算该商店一、二季度及上半年平均每月销售额。

2. 某企业 2017 年一季度职工人数变动情况如表 4-26 所示。

表 4-26　　　　　　　　某企业 2017 年一季度职工人数变动情况

日期	1 月 1 日	2 月 15 日	3 月 22 日
职工人数 增减人数	1 000	+20	+40

补全表格中空白部分的数值,并求一季度平均职工人数。

3. 某商店 2017 年商品库存额资料如表 4-27 所示。

表 4-27　　　　　　　　某商店 2017 年商品库存额资料

日期	1 月 1 日	4 月 1 日	9 月 1 日	12 月 31 日
商品库存额（万元）	4.6	4.0	3.8	5.4

试计算该商店商品全年平均库存额。

4. 某企业 1 月实际完成产值 50 万元,刚好完成计划;2 月实际完成产值 61.2 万元,超额完成计划 2%;3 月实际完成产值 83.2 万元,超额完成计划 4%。试计算该厂第一季度平均计划完成程度。

5. 某地 2012—2017 年钢产量资料如表 4-28 所示。

表 4-28　　　　　　　　某地 2012—2017 年钢产量资料

年份	2012	2013	2014	2015	2016	2017
钢产量（万吨）	650	748	795	810	860	910

要求计算:

（1）逐期增长量与累计增长量;

（2）环比发展速度与定基发展速度;

（3）环比增长速度与定基增长速度;

（4）增长 1% 的绝对值;

（5）平均发展水平与平均增长量；

（6）平均发展速度与平均增长速度。

6. 某汽车厂 2015 年产量为 2.5 万辆。

（1）假设前五年每年平均增长 4%，以后每年平均增长 6%，那么到 2025 年产量将达到多少万辆？

（2）假设 2025 年汽车产量将为 2015 年产量的 4 倍，并且前五年每年平均增长速度只能为 6%，那么以后十年需要每年递增速度为多少才能达到预定的目标？

7. 某地今年实际基建投资额为 8 000 万元，计划明、后两年基建投资额是今年的 2.8 倍，求年平均增长速度和明、后两年各年的计划投资额。

8. 某公司某年 9 月月末有职工 250 人，10 月上旬的人数变动情况是：10 月 4 日新招聘 12 名大学生上岗，6 日有 4 名老职工退休离岗，8 日有 3 名青年工人应征入伍，同日又有 3 名职工辞职离岗，9 日招聘 7 名营销人员上岗。试计算该公司 10 月上旬的平均在岗人数。

9. 某银行 2017 年部分月份的现金库存额资料如表 4-29 所示。

表 4-29　　　　　　　　　　某银行 2017 年部分月份现金库存额资料

日期	1月1日	2月1日	3月1日	4月1日	5月1日	6月1日	7月1日
库存额（万元）	500	480	450	520	550	600	580

要求：（1）具体说明这个时间数列属于哪一种时间数列。

　　　　（2）分别计算该银行 2017 年第一季度、第二季度和上半年的平均现金库存额。

10. 某地区 2013—2017 年国民生产总值数据如表 4-30 所示。

表 4-30　　　　　　　　　　某地区 2013—2017 年国民生产总值数据

年份		2013	2014	2015	2016	2017
国民生产总值（亿元）		40.9		68.5	58	
发展速度（%）	环比	—				
	定基	—				151.34
增长速度（%）	环比	—	10.3			
	定基	—				

要求：（1）计算并填列表中所缺数字。

　　　　（2）计算该地区 2013—2017 年的平均国民生产总值。

　　　　（3）计算该地区 2013—2017 年国民生产总值的平均发展速度和平均增长速度。

11. 根据表 4-31 所示的某地 2009—2017 年粮食产量资料建立直线趋势方程并预测 2018 年粮食产量。

表 4-31　　　　　　　　　　某地 2009—2017 年粮食产量资料

年份	粮食产量 y（万千克）	t	t^2	ty
2009	217	1	1	217
2010	230	2	4	460
2011	225	3	9	675
2012	248	4	16	992
2013	242	5	25	1 210
2014	253	6	36	1 518
2015	280	7	49	1 960

续表

年份	粮食产量 y（万千克）	t	t^2	ty
2016	309	8	64	2 472
2017	343	9	81	3 087
合计	2 347	45	285	12 591

知识拓展

股票市场的季节变动

近年来，不少学者对金融市场的周期性异象产生了浓厚的兴趣，进行了大量的研究，研究主要集中于"日历效应"，如一月份的股票收益率比其他月份高；周一、周二的股票收益率为一周内最低，周四、周五的收益率为一周内最高；每月（阳历月份）上旬的股票日均收益率比下旬要高；节假日前后股票收益率会出现显著的异常波动。经实际观察和实证检验，股票市场运行存在以下季节变动效应。

1. 一月效应

所谓"一月效应"，是指一月的走势对全年的走势具有相当大的指导效应，一月收阳，则全年收阳；一月收阴，则全年收阴。尽管月相变化（按照阴历月份）与阳历月份并不能完全对应起来，但是还是可以大致检验出一月效应对于月相效应的影响。

2. 周内效应

周内效应是指一周内某一天的平均收益与其他各天的平均收益有显著差异。周内效应是大多数发达国家股票市场与某些新兴股票市场普遍存在的现象，通常表现为周一或周二的平均收益比一周内其他任何一天的平均收益要低，周四或周五的平均收益比一周内其他任何一天的平均收益要高。

3. 公历月份的影响

如果新月期的窗口大多位于上旬，而满月期的窗口大多位于下旬的话，那么月相效应有可能是因为上旬期间股票收益率比下旬期间股票收益率高而产生的，而不单纯是因为月相变化所产生的影响。

项目五
指数分析

学习目标

1. 掌握指数的概念、作用及分类
2. 掌握综合指数的概念及计算的一般原理
3. 熟练掌握综合指数的编制方法
4. 掌握平均数指数的概念、形式和编制方法
5. 掌握平均指标对比指数的概念、种类和编制方法
6. 熟练掌握利用指数体系进行指数间的推算、利用指数体系进行总量指标变动的因素分析以及总平均指标变动的因素分析

项目引入

某零售网店为了扩大新商品的知名度，计划分别在"双十一"和"双十二"期间对三种新商品实施促销活动。两次促销活动后，销售部负责人收集了三种新商品在"双十一"和"双十二"期间的销售数据，如表5-1所示。

表5-1　　　　三种新商品"双十一"与"双十二"的销售数据

商品名称	计量单位	"双十一"		"双十二"	
		价格（元）	销售量	价格（元）	销售量
甲	台	380	160	400	164
乙	包	45	70	30	90
丙	千克	180	250	150	245

销售部负责人希望明确三种新商品在"双十一"与"双十二"促销活动期间各自的销售数据变化情况，同时了解在两个促销活动中三种新商品总的销售量和销售价格的升降情况，并掌握销售量和价格的变动对销售额产生了什么样的影响，究竟是销售量的影响力更大，还是价格的影响力更大。在以后制定销售方案的时候，究竟应该采用提高价格的方式来扩大盈利，还是采用薄利多销的方式扩大盈利呢？

 ## 项目分析

销售部负责人在获得三种新商品的销售数据后，应该如何比较各自的销售量和销售价格的变动情况呢？是采用绝对值差额的方式还是采用相对值对比的方式呢？销售部负责人还要找到一种方法，能将三种性质不同的新商品的销售量和销售价格进行加总，进而比较其综合销售量和价格的变动情况。同时，销售部负责人要通过对三种新商品综合销售额、销售量和销售价格的变动情况的分析，确定销售量和销售价格两个因素对销售额影响的方向和程度，找出作用更大的影响因素。

为了以后制定更好的促销方案，销售部负责人的具体任务如下。

（1）计算三种新商品的个体销售量指数和个体价格指数；

（2）计算三种新商品的销售额总指数、销售量总指数和销售价格总指数；

（3）利用指数体系，对三种新商品的销售额进行因素分析，明确销售量和销售价格的变动分别对销售额的影响程度和影响金额。

任务一　统计指数概述

统计指数的产生，源于18世纪中叶的物价变动，当时大量金银涌入欧洲，导致物价飞涨，引起了社会恐慌，人们迫切需要某种指标来反映物价的变动，物价指数应运而生。随着社会演变、经济发展，指数的概念被不断拓展，其应用范围也越来越广泛，从最开始只能反映单一商品物价变化的物价指数，扩展到在经济领域得到广泛运用的各种指数，如利用指数来反映工业生产量、产品成本、劳动生产率、工资水平、股票价格等的变动情况。如今，所有能够反映社会经济现象总体数量变动的相对数，皆可称为统计指数。

一、指数的概念

统计指数的概念有广义和狭义之分。

从广义上讲，对指数有两种理解：第一种理解认为，凡是相对数都是指数。例如，项目三中介绍的计划完成相对数、结构相对数、比例相对数、比较相对数、强度相对数、动态相对数等，都可以叫统计指数。第二种理解认为，凡是能够反映同类社会经济现象数量变动的相对数都是指数，具体包括计划完成相对数、比较相对数、动态相对数。

从狭义上讲，统计指数是一种特殊的相对数，是指反映复杂社会经济现象总体数量综合变动的相对数，如社会零售物价指数、居民消费价格指数、股票价格指数等。在这里要注意的是，所谓的复杂现象，是指由于各个部分的不同性质而在研究其数量时，不能直接进行加总或对比的总体。例如，要反映江西省零售商品价格的综合变动情况时，由于各类商品的性质不同，不能采用直接将每一种商品的价格进行简单相加求出两个时期的零售商品单价之和，因而就不能将两个时期的零售商品单价之和进行对比来说明江西省零售商品价格的综合变动情况；又如，要综合反映江西省工业产品产量的变动情况时，由于各种工业产品的使用价值不同、计量单位不同，不能采用直接相加的方法求出江西省两个时期的工业产品总产量，因而就无法将两个时期的总产量进行对比来说明江西省工业产品产量的综合变动情况。

狭义的指数具有以下特点。

1. 综合性

狭义指数不是反映一种事物的变动，而是综合反映多种事物构成的总体的变动，所以它是一种综合性的指数。如股票价格指数是综合反映所有上市公司股票交易的价格变动，而不是某一上市公司股票价格的变动。

2. 平均性

由于各个个体的变动是参差不齐的，狭义指数所反映的总体的变动只能是一种平均意义上的变动，即表示各个个体变动的一般程度。例如，上海证券交易所综合指数当天与前一天相比上涨了 1.2%，表示平均来说上海证券交易所挂牌的上市公司平均股票价格当天比前一天上涨了 1.2%，但可能有的上市公司上涨了 10%，也有的上市公司下跌了 10%。

从指数理论及方法上看，指数所研究的主要是狭义指数，因此本章所讨论的是狭义指数。

二、指数的作用

指数对于分析社会经济发展变化和发展变化中各因素的影响程度具有重要作用，主要体现在以下三个方面。

（一）综合反映复杂现象总体变动的方向和程度

通过编制统计指数，可以将不能直接加总的复杂总体中的各个因素过渡到可以加总对比的状态，从而综合说明现象变动的方向和程度。统计指数百分比大于或小于 100%，可以反映现象变动方向是正还是负；而比 100% 大多少或小多少，则反映现象变动程度的大小。例如，商品零售物价指数为 108%，说明了多种商品零售物价总的变动情况。虽然具体到某种商品价格可能有涨有落，但从总体上看，零售物价仍然上涨了 8%，这是统计指数最基本的作用。

（二）分析社会经济现象总变动中各个因素的影响大小和影响程度

复杂现象的总变动，多受到两个或两个以上因素变动的综合影响。利用指数体系理论可以测定复杂社会经济现象的总变动中，各构成因素的变动对现象总变动的影响情况。例如，商品销售额可以分解为商品销售量和商品销售价格两个因素指标，即商品销售额=商品销售量×商品销售价格，利用指数分析法可以从绝对数和相对数两个方面来分析在商品销售额的总变动中，受到商品销售量和商品销售价格的影响程度各为多少。

（三）测定社会现象发展变化的长期趋势

由于利用指数进行动态比较可以解决不同性质数列之间不能对比的问题，因此，指数分析法特别适用于有联系而又性质不同的时间数列之间的对比，通过编制一系列反映同类现象变动情况的指数形成的指数数列，可以反映被研究现象的变动趋势。

三、指数的种类

由于着眼点不同，常见的统计指数分类方式有以下几种。

（一）按照所反映的统计指标的性质不同，分为数量指标指数和质量指标指数

数量指标指数反映研究现象总规模和总水平的变动，如销售量指数、产量指数等；质量指标指数反映研究现象的相对水平或平均水平的变动，如价格指数、产品成本指数等。两种指数各有不同的编制原则和方法。

（二）按照说明现象的范围不同，分为个体指数、类指数和总指数

个体指数是反映个别事物变动的相对数，即广义的指数。例如，说明某种商品价格变动的个体价格指数、说明某种商品销售量变动的个体销售量指数等。个体指数一般用 K 来表示。例如

个体商品销售量指数：$K_q = \dfrac{q_1}{q_0}$

式中，q_1 为报告期销售量，q_0 为基期销售量。

个体商品价格指数：$K_p = \dfrac{p_1}{p_0}$

式中，p_1 为报告期价格，p_0 为基期价格。

通过个体指数可以了解项目五开篇案例中三种新商品"双十二"与"双十一"相比，各自的销售量和价格的变化情况。

类指数是综合反映总体内某一类现象变动的相对数，如食品类价格指数、衣着类价格指数等。类指数是小范围的总指数，是编制总指数的中间环节。

总指数是综合反映整个复杂现象总体变化情况的相对数，即狭义的指数，如商品价格总指数、工业产品产量总指数等。总指数一般用 $\overline{K}$ 表示。

（三）按照所反映的时间状态不同，分为动态指数和静态指数

动态指数又称为时间指数，它是将不同时间上的同类现象水平进行比较的结果，反映现象在时间上的变化过程，如物价指数、股票价格指数、工业生产指数等。

静态指数包括空间指数和计划完成情况指数两种。空间指数即比较相对数，是将不同空间的同类现象水平进行比较的结果，反映同类现象在不同空间上的差异程度。计划完成情况指数则是将某种现象的实际水平与计划任务对比的结果，反映计划的执行情况或完成与未完成的程度。

（四）按照总指数的编制方法不同，分为综合指数和平均数指数

综合指数是先将所研究现象总体中不可同度量的个别现象的量，通过另一个因素或多个因素做媒介，使其转化为可同度量的量，再进行加总、对比，以综合反映所研究现象总体的变动方向和变动程度的指数。综合指数的优点在于不仅可以反映复杂经济现象总体的变动方向和变动程度，而且可以准确地、定量地说明现象变动所产生的实际经济效果。综合指数是编制总指数的基本形式。

平均数指数是从个体指数出发，通过对个体指数进行加权平均计算而编制的指数。平均数指数是总指数计算的另一种形式。平均数指数在一定条件下是综合指数的变形，但也可以是具有独立意义的平均数指数。

任务二　编制综合指数

综合指数是编制总指数的基本形式。

综合指数是两个价值总量指标对比形成的指数。当一个总量指标可以分解成两个因素的乘积时，就可以将其中被研究因素以外的因素固定下来，仅观察被研究因素的变动方向及程度。综合指数的重要意义在于能够比较全面、准确地反映所研究现象总的变动程度和随之产生的绝对数效果。

综合指数的特点是先综合后对比。其编制方法是：首先，引入同度量因素，解决复杂总体在研究指标上不能直接综合的困难，使其可以计算出总体的综合总量；其次，将同度量因素固定，以消除同度量因素的影响；最后，将两个时期的总量进行对比，其结果即为综合指数。综合指数可以综合反映复杂总体所研究指标的变动情况。

计算综合指数时，一般要涉及两个因素：一个是统计指数所要研究的对象，称为指数化因素；另一个是将不能直接加总的现象过渡到可以直接加总的现象的因素，称为同度量因素。所谓同度量因素，就是在编制综合指数时，将不能直接相加的量转化为可以直接相加的量的媒介因素，它在指数的编制中起着过渡、媒介或权数的作用。

综合指数的基本形式有两种：数量指标指数和质量指标指数。

一、编制数量指标指数

数量指标指数是说明数量指标变动的相对数，如产量指数、商品销售量指数等。

现以商品销售量指数为例说明数量指标指数的编制原理。

【**例 5-1**】项目五开篇案例中某零售网店的销售数据如表 5-2 所示。

表 5-2 三种新商品"双十一"与"双十二"的销售数据

商品名称	计量单位	"双十一"		"双十二"	
		价格（元）p_0	销售量 q_0	价格（元）p_1	销售量 q_1
甲	台	380	160	400	164
乙	包	45	70	30	90
丙	千克	180	250	150	245

由以上资料可以看出，"双十二"与"双十一"相比，甲、乙、丙三种新商品的销售量的具体表现有增有减，其个体销售量指数如下。

甲商品：$K_{q甲} = \dfrac{q_1}{q_0} = \dfrac{164}{160} = 102.50\%$ $q_1 - q_0 = 4$（台）

乙商品：$K_{q乙} = \dfrac{q_1}{q_0} = \dfrac{90}{70} = 128.57\%$ $q_1 - q_0 = 20$（包）

丙商品：$K_{q丙} = \dfrac{q_1}{q_0} = \dfrac{245}{250} = 98\%$ $q_1 - q_0 = -5$（千克）

以上计算结果表明，"双十二"促销活动与"双十一"促销活动相比，甲商品的销售量提高了 2.5%，绝对额增加了 4 台；乙商品的销售量提高了 28.57%，绝对额增加了 20 包；丙商品的销售量则降低了 2%，绝对额减少了 5 千克。

然而，个体指数只能反映每一种商品销售量各自的变动情况，若要说明三种商品销售量总的变动情况，需要编制销售量总指数。编制销售量总指数要求把三种商品"双十一"和"双十二"的销售量分别进行加总。因此，在编制销售量总指数时，需要注意解决好以下三个问题。

1. 寻找同度量因素

在项目五开篇案例中，由于三种商品的使用价值和计量单位不同，所以它们的销售量不能直接相加。如果引入商品的价格，以其为媒介，就可以将不能直接相加的商品销售量转化成可以直接相加的商品销售额。其中，商品销售量（数量指标）称为指数化因素；商品销售价格（质量指标）称为同度量因素。同度量因素不仅起着媒介的作用，还具有权数的作用。

通过商品销售价格的媒介作用，将两个不同时期三种商品的销售量转化为销售额后，就可以将这三种商品在两个不同时期的销售额分别加总，再将两个时期的销售总额进行对比，可以得到销售额总指数公式。

销售额总指数：
$$\overline{K}_{pq} = \frac{\sum p_1 q_1}{\sum p_0 q_0} \tag{5-1}$$

式中，q_0 代表基期（"双十一"时期）商品销售量；

q_1 代表报告期（"双十二"时期）商品销售量；

p_0 代表基期商品销售价格；

p_1 代表报告期商品销售价格。

将相关数据代入公式（5-1），可得：

$$\overline{K}_{pq} = \frac{\sum p_1 q_1}{\sum p_0 q_0} = \frac{400 \times 164 + 30 \times 90 + 150 \times 245}{380 \times 160 + 45 \times 70 + 180 \times 250} = \frac{105\,050}{108\,950} = 96.42\%$$

$$\sum p_1 q_1 - \sum p_0 q_0 = 105\,050 - 108\,950 = -3\,900（元）$$

从计算结果可以看出，报告期销售额比基期降低了 3.58%，绝对额减少了 3 900 元。

通过引入商品销售价格这一同度量因素，解决了三种商品销售量不能直接加总的问题。

2. 固定同度量因素

引入同度量因素后，得到的计算结果中，商品销售额降低了 3.58% 及绝对额减少了 3900 元是销售量和价格同时变动的结果。若要单纯地反映多种商品销售量总的变动方向和变动程度，需要假设报告期与基期的价格固定在同一时期，这样编制出的指数才是销售量总指数。

由此建立的销售量总指数公式为：

$$\overline{K}_q = \frac{\sum pq_1}{\sum pq_0} \qquad (5\text{-}2)$$

式中，p 代表商品两个时期相同的价格。

公式（5-2）中，商品价格 p 既可以选用基期价格 p_0，也可以选用报告期价格 p_1。若选用基期价格 p_0，则销售量总指数的公式为：

$$\overline{K}_q = \frac{\sum p_0 q_1}{\sum p_0 q_0} \qquad (5\text{-}3)$$

公式（5-3）称为拉斯贝尔指数公式，简称拉氏公式，即同度量因素固定在基期的综合指数公式。

将相关数据资料代入公式（5-3），可得：

$$\overline{K}_q = \frac{\sum p_0 q_1}{\sum p_0 q_0} = \frac{380 \times 164 + 45 \times 90 + 180 \times 245}{380 \times 160 + 45 \times 70 + 180 \times 250} = \frac{110\,470}{108\,950} = 101.40\%$$

$$\sum p_0 q_1 - \sum p_0 q_0 = 110\,470 - 108\,950 = 1\,520 \text{（元）}$$

计算结果表明，三种商品的销售量报告期与基期相比增长了 1.4%；销售量的增长，使销售额增加了 1 520 元。

当商品价格 p 选用报告期价格 p_1 时，销售量总指数公式为：

$$\overline{K}_q = \frac{\sum p_1 q_1}{\sum p_1 q_0} \qquad (5\text{-}4)$$

公式（5-4）称为派氏指数公式，简称派氏公式，即同度量因素固定在报告期的综合指数公式。

将相关数据资料代入公式（5-4），可得：

$$\overline{K}_q = \frac{\sum p_1 q_1}{\sum p_1 q_0} = \frac{400 \times 164 + 30 \times 90 + 150 \times 245}{400 \times 160 + 30 \times 70 + 150 \times 250} = \frac{105\,050}{103\,600} = 101.40\%$$

$$\sum p_1 q_1 - \sum p_1 q_0 = 105\,050 - 103\,600 = 1\,450 \text{（元）}$$

计算结果表明，三种商品的销售量报告期与基期相比增长了 1.4%；销售量的增长，使销售额增加了 1 450 元。

3. 确定同度量因素所属的时期

由以上计算结果可以看出，同一数量指标综合指数的同度量因素，因其固定时期不同，计算结果也不相同。因此我们需要根据研究目的来确定选用哪种公式作为销售量总指数的计算公式。

编制销售量总指数的目的在于测定多种商品销售量的综合变动情况，这就要求尽量排除价格变动的影响。因此，只有采用将同度量因素固定在基期的拉斯贝尔指数公式，才能反映销售量本身的变动程度及影响；而将同度量因素固定在报告期的派氏指数公式，则包含了价格和销售量共同变动的影响，不能确切反映销售量本身的变动及其影响。故通常认为编制数量指标综合指数，应以基期的质量指标作为同度量因素，选用拉斯贝尔指数公式。

二、编制质量指标指数

质量指标指数是反映质量指标数量变动的相对数，如价格指数、成本指数等。

现以商品销售价格总指数为例说明质量指标指数的编制方法。

【例 5-2】仍以项目五开篇案例中的数据资料为例。

由表 5-2 所示的数据资料可以看到，"双十二"与"双十一"相比，甲、乙、丙三种新商品的销售价格的具体表现同样有升有降，其个体销售价格指数如下。

甲商品：$K_{p甲} = \dfrac{p_1}{p_0} = \dfrac{400}{380} = 105.26\%$　　$p_1 - p_0 = 20$　（元）

乙商品：$K_{p乙} = \dfrac{p_1}{p_0} = \dfrac{30}{45} = 66.67\%$　　$p_1 - p_0 = -15$　（元）

丙商品：$K_{p丙} = \dfrac{p_1}{p_0} = \dfrac{150}{180} = 83.33\%$　　$p_1 - p_0 = -30$　（元）

以上计算结果表明，"双十二"促销活动与"双十一"促销活动相比，甲商品的销售价格提高了 5.26%，绝对额增加了 20 元；乙商品的销售价格降低了 33.33%，绝对额减少了 15 元；丙商品的销售价格降低了 16.67%，绝对额减少了 30 元。

个体价格指数只能说明每一种商品各自的价格变动情况，要综合说明三种商品价格总的变动情况，则需要编制价格总指数。

商品的价格虽然都是以货币表示的，其计量单位相同，但不同商品的价格仍然不能直接相加，这是因为不同商品的价格代表着不同性质的商品价值，简单相加是没有实际意义的。

因此，在编制价格综合指数时，仍然需要注意合理解决以下三个问题。

1. 寻找同度量因素

三种商品的价格虽然不能直接相加，但可以引入商品的销售量作为同度量因素，将不能直接相加的商品销售价格转化成可以直接相加的商品销售额。

此时，商品销售价格（质量指标）是指数化因素，商品销售量（数量指标）是同度量因素。引入同度量因素后，就可以将这三种商品在两个不同时期的销售额分别加总，再进行对比，可以得到销售额总指数公式，如公式（5-1）所示。

但是，这样计算的销售额总指数是销售量和价格同时变动的结果。

2. 固定同度量因素

要编制只反映价格综合变动情况的指数，必须假设报告期和基期的销售量相同，排除销售量这一同度量因素变动的影响。这样编制出的指数才是价格总指数。

基于以上原理建立的价格总指数的一般公式为：

$$\overline{K}_p = \frac{\sum p_1 q}{\sum p_0 q} \tag{5-5}$$

式中，q 为商品两个时期相同的销售量。

公式（5-5）中，商品销售量 q 可以选用基期销售量 q_0，也可以选用报告期销售量 q_1。若选用基期销售量 q_0，则价格总指数的公式为：

$$\overline{K}_p = \frac{\sum p_1 q_0}{\sum p_0 q_0} \tag{5-6}$$

公式（5-6）将同度量因素固定在基期，也称为拉斯贝尔指数公式。

将相关数据资料代入公式（5-6），可得：

$$\overline{K}_p = \frac{\sum p_1 q_0}{\sum p_0 q_0} = \frac{400 \times 160 + 30 \times 70 + 150 \times 250}{380 \times 160 + 45 \times 70 + 180 \times 250} = \frac{103\,600}{108\,950} = 95.09\%$$

$$\sum p_1 q_0 - \sum p_0 q_0 = 103\,600 - 108\,950 = -5\,350 \quad （元）$$

计算结果表明，报告期三种商品价格总水平相比基期下降了 4.91%；价格总水平的下降，使得销售额减少了 5 350 元。

当商品销售量选用报告期销售量 q_1 时，价格总指数的公式为：

$$\overline{K}_p = \frac{\sum p_1 q_1}{\sum p_0 q_1} \tag{5-7}$$

公式（5-7）将同度量因素固定在报告期，也称为派氏指数公式。

将相关数据资料代入公式（5-7），可得：

$$\overline{K}_p = \frac{\sum p_1 q_1}{\sum p_0 q_1} = \frac{400 \times 164 + 30 \times 90 + 150 \times 245}{380 \times 164 + 45 \times 90 + 180 \times 245} = \frac{105\,050}{110\,470} = 95.09\%$$

$$\sum p_1 q_1 - \sum p_0 q_1 = 105\,050 - 110\,470 = -5\,420 \text{（元）}$$

计算结果表明，报告期三种商品价格总水平相比基期下降了 4.91%；价格总水平的下降，使得销售额减少了 5 420 元。

3. 确定同度量因素所属的时期

由上述计算结果可以看出，用同一数量指标作为同度量因素，因其固定时期不同，计算结果也不相同。用基期销售量作为同度量因素的公式，虽然能够单纯反映商品价格的总变动，但是其计算结果是在按照过去销售量的条件下，销售这三种商品实现的销售额，这是没有实际意义的。而用报告期销售量作为同度量因素的公式，尽管在反映商品销售价格变化的同时，也包含部分销售量的变动影响，但是，它可以说明在目前的商品销售量条件下，由于价格的变动导致的商品销售额的变动情况，同时也可以说明在目前销售量的条件下，由于物价变动而使销售额变动的差额，更具有现实意义。故通常认为编制质量指标综合指数，应以报告期的数量指标作为同度量因素，选用派氏指数公式。

任务三 │ 编制平均数指数

利用综合指数法计算总指数是一种可行的方法，但计算综合指数的前提条件是必须掌握全面的原始资料。以销售量指数、销售价格指数编制为例，在实际工作中，要编制销售量指数、销售价格指数，必须取得报告期各种商品的销售量、销售价格资料以及基期各种商品的销售量、销售价格资料，甚至还必须掌握以基期的价格乘以报告期销售量计算的假定的销售额资料，而假定的销售额是几乎搜集不到现成的数据的。这些前提条件，极大地限制了以综合指数法编制总指数的应用。况且，当需要反映数量相当多的商品的价格与销售量的综合变动时，计算工作量及资料的搜集工作巨大。因此，实际工作中常采用平均数指数的计算方法来编制总指数。

平均数指数是个体指数的加权平均数。平均数指数是计算总指数的另一种形式。在解决复杂总体各组成要素不能直接相加的问题上，平均数指数与综合指数不同：平均数指数是先计算个体指数，然后将个体指数加权平均而计算的总指数。习惯上，把利用综合指数法编制的总指数称为综合指数；把利用平均数指数法编制的总指数称为平均数指数。平均数指数的基本形式一般分为两种：加权算术平均数指数和加权调和平均数指数。

平均数指数在一定条件下是综合指数的变形，但也可以是具有独立意义的平均数指数。

一、编制综合指数变形的平均数指数

作为综合指数变形的平均数指数有两种形式：一种是加权算术平均数指数，另一种是加权调和平均数指数。

（一）编制加权算术平均数指数

加权算术平均数指数是对个体指数运用加权算术平均的方法编制的指数。

从综合指数的编制原理可以知道，编制数量指标指数时应以基期的质量指标作为同度量因素，采用的是拉斯贝尔数量指标指数公式。加权算术平均数指数适用于拉斯贝尔数量指标指数的变形。

以销售量指数为例，设 $K_q = \dfrac{q_1}{q_0}$ 为销售量个体指数，则 $q_1 = K_q q_0$。

将 $q_1 = K_q q_0$ 代入拉斯贝尔数量指标指数公式，便可得到作为综合指数变形的加权算术平均数指数的计算公式：

$$\overline{K}_q = \frac{\sum q_1 p_0}{\sum q_0 p_0} = \frac{\sum K_q q_0 p_0}{\sum q_0 p_0} \tag{5-8}$$

从公式（5-8）中可以看出，加权算术平均数指数作为综合指数中数量指标指数变形的必备条件必须以基期的价值资料为权数。而且，加权算术平均数指数与综合指数中数量指标指数相比较，消除了报告期销售量 q_1 与基期销售价格 p_0 相乘得出假定销售额的资料限制和计算麻烦，从而使资料容易取得，同时又简化了计算过程。

【例5-3】项目五开篇案例中所提供的三种新商品的销售资料如表5-3所示，计算销售量总指数。

表 5-3   三种新商品销售量指数计算表

商品名称	计量单位	商品销售量		个体销售量指数 K_q（%）	"双十一"销售额 $q_0 p_0$（元）	$K_q q_0 p_0$
		基期 q_0	报告期 q_1			
甲	台	160	164	102.50	60 800	62 320
乙	包	70	90	128.57	3 150	4 050
丙	千克	250	245	98.00	45 000	44 100
合计	—	—	—	—	108 950	110 470

将表 5-3 中相关数据代入公式（5-8），可以得到：

$$\overline{K}_q = \frac{\sum K_q q_0 p_0}{\sum q_0 p_0} = \frac{110\,470}{108\,950} = 101.40\%$$

$$\sum K_q q_0 p_0 - \sum q_0 p_0 = 110\,470 - 108\,950 = 1\,520 \text{（元）}$$

计算结果表明，三种商品的销售量报告期比基期增长了1.4%，销售量的增长使得销售额增加了1 520元。

上述计算结果与综合指数中以基期质量指标为同度量因素的拉斯贝尔数量指标指数的计算结果完全相同。

在我国统计实践中，数量指标综合指数的变形一般采用以基期价值资料为权数形式的加权算术平均数指数。

（二）编制加权调和平均数指数

加权调和平均数指数是对个体指数运用加权调和平均的方法编制的指数。

通过综合指数的编制原理已经知道，编制质量指标指数时应以报告期的数量指标作为同度量因素，采用的是派氏质量指标指数公式。加权调和平均数指数适用于派氏质量指标指数的变形。

以销售价格指数为例，设 $K_p = \dfrac{p_1}{p_0}$ 为个体价格指数，则 $p_0 = \dfrac{p_1}{K_p} = \dfrac{1}{K_p} p_1$。

将 $p_0 = \dfrac{p_1}{K_p} = \dfrac{1}{K_p} p_1$ 代入派许质量指标指数公式，便可得到加权调和平均数指数的计算公式：

$$\overline{K}_p = \frac{\sum p_1 q_1}{\sum p_0 q_1} = \frac{\sum p_1 q_1}{\sum \dfrac{1}{K_p} p_1 q_1} \tag{5-9}$$

从公式（5-9）中可以看出，加权调和平均数指数作为综合指数中质量指标指数变形的必备条件必须以报告期的价值资料为权数。而且，加权调和平均数指数与综合指数中质量指标指数相比较，消除了报告期销售量 q_1 与基期销售价格 p_0 相乘得出假定销售额的资料限制和计算麻烦，从而使资料既易取得，又简化了计算过程。

【例5-4】项目五开篇案例中所提供的三种新商品的销售资料如表5-4所示，计算销售价格总指数。

表5-4　　　　　　　　三种新商品销售价格指数计算表

商品名称	计量单位	商品销售价格（元）		个体价格指数 K_p（%）	"双十二"销售额 $p_1 q_1$（元）	$p_1 q_1 / K_p$
		"双十一" p_0	"双十二" p_1			
甲	台	380	400	105.26	65 600	62 320
乙	包	45	30	66.67	2 700	4 050
丙	千克	180	150	83.33	36 750	44 100
合计	—	—	—	—	105 050	110 470

将表5-4中相关数据代入公式（5-9），可以得到：

$$\overline{K}_p = \frac{\sum p_1 q_1}{\sum \dfrac{1}{K_p} p_1 q_1} = \frac{105\,050}{110\,470} = 95.09\%$$

$$\sum p_1 q_1 - \sum \frac{1}{K_p} p_1 q_1 = 105\,050 - 110\,470 = -5\,420 \text{（元）}$$

上述计算结果与综合指数中以报告期的数量指标作为同度量因素的派氏质量指标指数公式的计算结果完全相同。

在我国统计实践中，质量指标综合指数的变形一般采用以报告期价值资料为权数形式的加权调和平均数指数。

二、编制具有独立意义的平均数指数

综合指数和综合指数变形的平均数指数计算公式所需要的具体资料可以不同，但它们所要求的物品的品种都是全面的，若无全面的品种资料，不论用综合指数公式还是其变形的平均数指数公式，计算结果都无多大意义。在实际工作中，有些指数的计算是难以取得全面资料的，即使可以取得，计算的工作量也都太大，不便于及时反映情况。因此，综合指数及其变形的平均数指数的计算公式，在实际应用中有一定的局限性，但它们的理论与方法是指数分析法的基本内容。

独立意义的平均数指数也可以分为加权算术平均数指数和加权调和平均数指数，它是以所选择的代表性物品的个体指数为变量，根据商业报表和典型调查资料或抽样资料计算并结合具体情况确定权数的。为了计算上的方便，这种权数以百分数 w 表示，即 $\sum w = 100$。权数一经确定，至少在一年内不变，它便于按月编制总指数，以便及时反映现象的变化情况。所以，这种独立意义的平均数指数，在国内外统计实践中被广泛应用。例如，我国按月编制的零售物价指数和居民消费价格指数，就是以代表性物品的个体指数为变量，利用固定权数加权平均计算出来的。

独立意义的平均数指数的权数为固定权数，一般以比重形式表示：

$$w = \frac{pq}{\sum pq}$$

加权算术平均数指数的计算公式为：

$$\overline{K}_q = \frac{\sum K_q w}{\sum w} \tag{5-10}$$

$$\overline{K}_p = \frac{\sum K_p w}{\sum w} \tag{5-11}$$

加权调和平均数指数的计算公式为：

$$\overline{K}_q = \frac{\sum w}{\sum \frac{1}{K_q} w} \tag{5-12}$$

$$\overline{K}_p = \frac{\sum w}{\sum \frac{1}{K_p} w} \tag{5-13}$$

任务四 | 编制平均指标对比指数

综合指数和平均数指数都属于总指数的范畴，都是从总量指标的对比上反映总体的变动程度和变动方向的。平均指标对比指数，则是从总体在不同时期的两个总平均水平的对比中得到反映其变动程度和方向的相对数。平均指标对比指数除了测定总体平均指标变动程度之外，还可以测定总体内部各组变量水平的变动和总体结构变动对总平均指标变动的影响。

平均指标对比指数在很多教材中也被称为平均指标指数，但因为平均指标通常也称为平均数，所以很多学生在学习的过程中往往不容易区分平均指标指数与平均数指数，故本教材将反映总平均指标变动情况的相对数称为平均指标对比指数。

这里需要说明的是，平均指标对比指数和平均数指数是两个不同的概念。平均指标对比指数是两个不同时期的总平均指标对比的结果，反映总平均指标变动情况；而平均数指数是指用平均数的方法来计算总指数，反映的是总量指标的变动情况。

平均指标对比指数中的平均指标是指总体在分组的条件下，用加权算术平均法计算出来的平均指标。

从综合指数的定义上可以看出，当一个总量指标可以分解成两个因素指标的乘积时，就可以计算每一个因素指标的变动对总量指标变动的影响。同样，对于总平均指标来讲，也可以用上述方法进行分析，因为总平均指标也可以分解成两个影响因素：一是各组的变量水平，即组平均数；二是各组单位数占总体单位数的比重，也称为权数，即

$$\overline{x} = \frac{\sum xf}{\sum f} = \sum x \cdot \frac{f}{\sum f} \tag{5-14}$$

式中，$\overline{x}$ 代表总体平均数；

x 代表各组的变量水平；

f 代表各组单位数；

$\dfrac{f}{\sum f}$ 代表各组单位数占总体单位数的比重。

由此可见，总平均水平的变动，必然受各组变量水平和各组单位数所占比重这两个因素变动的影响。在编制平均指标对比指数时应注意，将组平均水平视为质量指标，总体内部结构视为数量指标，再按综合指数的编制原理编制平均指标对比指数。

根据统计研究的目的不同，可以编制三种形式的平均指标对比指数：可变构成指数、固定结构指数和结构影响指数。

一、编制可变构成指数

可变构成指数是将总体两个不同时期的总平均指标进行对比所形成的指数，反映总平均指标的变动方向和程度，分子与分母之差则反映总平均指标增减变动的绝对额。可变构成指数受到组平均水平和总体结构变化的影响，其计算公式为：

$$\frac{\overline{x_1}}{\overline{x_0}} = \frac{\sum x_1 f_1}{\sum f_1} \bigg/ \frac{\sum x_0 f_0}{\sum f_0} \tag{5-15}$$

式中，$\overline{x_1}$ 为报告期的总体平均数；

$\quad\quad \overline{x_0}$ 为基期的总体平均数；

$\quad\quad x_1$ 为报告期各组的变量水平；

$\quad\quad x_0$ 为基期各组的变量水平；

$\quad\quad f_1$ 为报告期各组单位数；

$\quad\quad f_0$ 为基期各组单位数。

【例 5-5】某企业 2017 年第一季度（基期）和第二季度（报告期）职工人数和平均工资资料如表 5-5 所示，计算其可变构成指数。

表 5-5　　　　　　　　　　　　某企业职工人数及平均工资表

工人类别	职工人数（人）		平均工资（元）		工资总额（元）	
	基期	报告期	基期	报告期	基期	报告期
	f_0	f_1	x_0	x_1	$x_0 f_0$	$x_1 f_1$
	（1）	（2）	（3）	（4）	（5）=（3）×（1）	（6）=（4）×（2）
技术工	500	600	800	1 000	400 000	600 000
辅助工	400	450	600	800	240 000	360 000
合计	900	1 050	711.11	914.29	640 000	960 000

将表 5-5 中资料代入公式（5-15），得到：

平均工资可变构成指数：$\dfrac{\overline{x_1}}{\overline{x_0}} = \dfrac{\sum x_1 f_1}{\sum f_1} \bigg/ \dfrac{\sum x_0 f_0}{\sum f_0} = \dfrac{960\,000}{1\,050} \bigg/ \dfrac{640\,000}{900} = 128.57\%$

$$\frac{\sum x_1 f_1}{\sum f_1} - \frac{\sum x_0 f_0}{\sum f_0} = \frac{960\,000}{1\,050} - \frac{640\,000}{900} = 203.18 \text{（元）}$$

计算结果表明，该企业职工 2017 年第二季度的平均工资比第一季度的平均工资上涨了28.57%，绝对额增加了 203.18 元。

由于可变构成指数受到各组平均水平和总体结构变化的影响，因此，需要通过编制固定结构指数和结构影响指数来分析组平均水平和总体结构变动对总平均指标变动的影响。

二、编制固定结构指数

固定结构指数是把总体结构固定起来，观察组平均水平变动对总平均指标变动的影响方向和影响程度。依据综合指数的编制原理，为了消除总体结构变动的影响，反映各组平均水平变动对总平均指标变动的影响，要把总体结构固定在报告期。其计算公式为：

$$固定构成指数 = \frac{\sum x_1 f_1}{\sum f_1} \bigg/ \frac{\sum x_0 f_1}{\sum f_1} \qquad (5-16)$$

仍以例 5-5 的资料为例，计算其固定结构指数，所需资料如表 5-6 所示。

表 5-6   某企业职工人数及平均工资表

工人类别	工人数（人）		平均工资（元）		工资总额（元）		
	基期	报告期	基期	报告期	基期	报告期	假定工资总额
	f_0	f_1	x_0	x_1	$x_0 f_0$	$x_1 f_1$	$x_0 f_1$
	（1）	（2）	（3）	（4）	（5）=（3）×（1）	（6）=（4）×（2）	（7）=（3）×（2）
技术工	500	600	800	1 000	400 000	600 000	480 000
辅助工	400	450	600	800	240 000	360 000	270 000
合计	900	1 050	711.11	914.29	640 000	960 000	750 000

$$平均工资固定结构指数 = \frac{\sum x_1 f_1}{\sum f_1} \bigg/ \frac{\sum x_0 f_1}{\sum f_1} = \frac{960\,000}{1\,050} \bigg/ \frac{750\,000}{1\,050} = 128.00\%$$

$$\frac{\sum x_1 f_1}{\sum f_1} - \frac{\sum x_0 f_1}{\sum f_1} = \frac{960\,000}{1\,050} - \frac{750\,000}{1\,050} = 200（元）$$

计算结果表明，不同工种职工的平均工资的变动，导致企业 2017 年第二季度职工的平均工资比第一季度上涨了 28%，绝对额增加了 200 元。

三、编制结构影响指数

结构影响指数是在总体两个不同时期的平均指标进行对比时，将组平均水平固定起来，以反映总体结构的变动对总平均指标变动的影响方向和影响程度。依据综合指数的编制原理，为了消除组平均水平变动的影响，反映总体结构的变动对总平均指标变动的影响，要把组内平均水平固定在基期。其计算公式为：

$$结构影响指数 = \frac{\sum x_0 f_1}{\sum f_1} \bigg/ \frac{\sum x_0 f_0}{\sum f_0} \qquad (5-17)$$

仍以例 5-5 的资料为例，计算其结构影响指数，所需资料如表 5-6 所示。

$$平均工资结构影响指数 = \frac{\sum x_0 f_1}{\sum f_1} \bigg/ \frac{\sum x_0 f_0}{\sum f_0} = \frac{750\,000}{1\,050} \bigg/ \frac{640\,000}{900} = 100.45\%$$

$$\frac{\sum x_0 f_1}{\sum f_1} - \frac{\sum x_0 f_0}{\sum f_0} = \frac{750\,000}{1\,050} - \frac{640\,000}{900} = 3.18（元）$$

计算结果表明，不同工种职工人数的变动，导致企业 2017 年第二季度职工的平均工资比第一季度上涨了 0.45%，绝对额增加了 3.18 元。

任务五 | 利用指数体系进行因素分析

一、指数体系

（一）指数体系的概念

在经济分析中，一个指数通常只能说明某一方面的问题，而实践中往往需要多个指数结合起来加以运用，这就要求建立相应的"指数体系"。由三个或者三个以上具有内在联系的指数构成的有一定数量对等关系的整体，称为指数体系。

指数体系是由现象间客观存在的必然联系决定的。

例如：

$$商品销售额=商品销售量×商品销售价格$$
$$总产值=产量×产品价格$$
$$总产值=员工人数×全员劳动生产率$$
$$总成本=产量×单位产品成本$$
$$销售利润=销售量×销售价格×销售利润率$$

上述这些现象在数量上存在的联系，表现在动态变化上，就可以形成以下指数体系。

$$商品销售额指数=商品销售量指数×商品销售价格指数$$
$$总产值指数=产量指数×产品价格指数$$
$$总产值指数=员工人数指数×全员劳动生产率指数$$
$$总成本指数=产量指数×单位产品成本指数$$
$$销售利润指数=销售量指数×销售价格指数×销售利润率指数$$

在指数体系中反映现象总变动的指数称为总变动指数，反映某一因素变动的指数称为因素指数。在第一个指数体系中，商品销售额指数称为总变动指数，商品销售量指数和商品销售价格指数称为因素指数。

（二）指数体系的作用

1. 指数体系是因素分析法的基础

依据指数体系可以对复杂经济现象的变动进行因素分析，从数量方面研究现象的总变动中各个因素指标变动对其影响的方向、程度和绝对效果。

2. 根据指数体系，可以进行指数之间的相互换算

例如，在由三个指数所构成的指数体系中，只要知道其中的任意两个指数，便可依据其数量对等关系，推算另一指数。例如，总成本指数为 120%，产量指数为 98%，则根据指数之间的关系可以推出其单位成本指数为 122.4%。

3. 指数体系是计算总指数时选择和确定同度量因素时期的依据之一

在进行因素分析时，是以诸因素共同影响的总体为对象研究的，需要考虑各有关指数之间的关系，使各影响因素指数的乘积等于现象的总变动指数，各因素影响差额之和等于现象的总变动差额。这时，必须考虑指数体系在数量上有对等关系的要求。例如，在商品销售额指数=商品销售量指数×商品销售价格指数这个指数体系中，销售量指数的同度量因素（p）固定在基期，销售价格指数的同度量因素（q）必须固定在报告期。这样，才符合指数体系是三个或者三个以上具有内在联系的指数构成的有一定数量对等关系的整体。常用的指数体系公式有：

$$\frac{\Sigma p_1 q_1}{\Sigma p_0 q_0} = \frac{\Sigma q_1 p_0}{\Sigma q_0 p_0} \times \frac{\Sigma p_1 q_1}{\Sigma p_0 q_1} \tag{5-18}$$

$$\Sigma p_1 q_1 - \Sigma p_0 q_0 = (\Sigma q_1 p_0 - \Sigma q_0 p_0) + (\Sigma p_1 q_1 - \Sigma p_0 q_1) \tag{5-19}$$

利用指数体系进行因素分析时主要分析以下两个方面的问题。

（1）分析社会经济现象总体总量指标的变动受各种因素变动的影响程度和效果，即利用综合指数体系，从数量指标指数和质量指标指数的相互联系中，分析各个因素变动对总量指标变动的影响情况。例如，编制多种产品的销售量指数和价格指数，可以分析销售量和价格变动对销售额变动的影响。

（2）分析社会经济现象总体平均指标变动受各种因素变动的影响程度和效果，即利用综合指数编制的方法原理，通过编制固定结构指数和结构影响指数来分析组平均水平和总体结构变动对总平均指标变动的影响。

二、因素分析

因素分析是以综合指数的编制原理为依据，以指数体系为基础，分析在受多因素影响的总体某一数量特征总的变动中，各个因素变动的影响方向、程度和效果的方法。

因素分析具有以下特点。

（1）因素分析测定的是各影响因素的变动对总体某一数量特征总变动的影响方向、程度和效果。

（2）在分析过程中，假定只有一个指数化因素，在测定指数化因素影响时，其余因素均视为同度量因素。

（3）各影响因素指数的乘积必须等于总变动指数，各因素影响差额之和必须等于总变动差额。

进行因素分析一般要包括以下三个步骤。

第一，确定要分析的对象及影响因素。复杂社会现象至少由两个影响因素构成，各因素之间的客观联系是进行指数因素分析法的前提。因此，在进行因素分析时，首先要对所研究的现象进行分析，确定研究对象及其影响因素。例如，分析项目五开篇案例中三种新商品"双十二"与"双十一"相比销售额的变动情况时，通过分析可以确定其影响因素为商品销售量和销售价格。

第二，建立指数体系。根据指数间数量上的对等关系，可以列出指数体系的两个关系式，即相对数等式和绝对数等式。

以项目五开篇案例为例：

相对数等式：

商品销售额指数=商品销售量指数×商品销售价格指数

$$\frac{\Sigma p_1 q_1}{\Sigma p_0 q_0} = \frac{\Sigma q_1 p_0}{\Sigma q_0 p_0} \times \frac{\Sigma p_1 q_1}{\Sigma p_0 q_1}$$

绝对数等式：

商品销售额绝对差额=商品销售量绝对差额+商品销售价格绝对差额

$$\Sigma p_1 q_1 - \Sigma p_0 q_0 = (\Sigma q_1 p_0 - \Sigma q_0 p_0) + (\Sigma p_1 q_1 - \Sigma p_0 q_1)$$

第三，分析说明。根据计算结果，得出分析结论并做简要的文字说明。

因素分析包括总量指标变动的因素分析和总平均指标变动的因素分析。

（一）总量指标变动的因素分析

根据影响因素的多少，总量指标指数体系因素分析可以分为两因素分析和多因素分析。

1. 总量指标的两因素分析

总量指标两因素分析，就是通过总量指标指数体系将影响总量指标变动的两个因素分离出来加以计算，从而对总量指标的变动做出解释。

【例5-6】以项目五开篇案例为例，对三种新商品销售额总的变动情况进行因素分析。

（1）计算销售额的总变动情况。

$$\overline{K}_{pq} = \frac{\sum p_1 q_1}{\sum p_0 q_0} = \frac{400 \times 164 + 30 \times 90 + 150 \times 245}{380 \times 160 + 45 \times 70 + 180 \times 250} = \frac{105\,050}{108\,950} = 96.42\%$$

$$\sum p_1 q_1 - \sum p_0 q_0 = 105\,050 - 108\,950 = -3\,900 \text{（元）}$$

（2）分析销售额总变动的具体原因。

通过销售额指数体系，就把销售额的变动归结为销售量和商品价格两个因素变动共同作用的结果。分析销售额总变动的具体原因，就是利用指数体系分离出销售量的变动和价格的变动对销售额变动的影响方向、程度和实际效果。分析过程如下。

① 分析销售量变动的影响，具体步骤如下。

计算销售量指数：

$$\overline{K}_q = \frac{\sum p_0 q_1}{\sum p_0 q_0} = \frac{380 \times 164 + 45 \times 90 + 180 \times 245}{380 \times 160 + 45 \times 70 + 180 \times 250} = \frac{110\,470}{108\,950} = 101.40\%$$

分析销售量变动对销售额的影响：

$$\sum p_0 q_1 - \sum p_0 q_0 = 110\,470 - 108\,950 = 1\,520 \ （元）$$

② 分析物价变动的影响，具体步骤如下。

计算价格指数：

$$\overline{K}_p = \frac{\sum p_1 q_1}{\sum p_0 q_1} = \frac{400 \times 164 + 30 \times 90 + 150 \times 245}{380 \times 164 + 45 \times 90 + 180 \times 245} = \frac{105\,050}{110\,470} = 95.09\%$$

分析价格变动对销售额的影响：

$$\sum p_1 q_1 - \sum p_0 q_1 = 105\,050 - 110\,470 = -5\,420 \ （元）$$

（3）利用指数体系反映销售额指数与销售量指数以及销售价格指数之间的数量关系。

$$\frac{\sum p_1 q_1}{\sum p_0 q_0} = \frac{\sum q_1 p_0}{\sum q_0 p_0} \times \frac{\sum p_1 q_1}{\sum p_0 q_1}$$

$$96.42\% = 101.4\% \times 95.09\%$$

$$\sum p_1 q_1 - \sum p_0 q_0 = (\sum q_1 p_0 - \sum q_0 p_0) + (\sum p_1 q_1 - \sum p_0 q_1)$$

$$-3\,900\,元 = 1\,520\,元 - 5\,420\,元$$

计算结果表明，三种新商品销售额"双十二"比"双十一"降低了 3.58%，绝对额减少了 3\,900 元，这是由于商品销售量和销售价格共同作用的结果。三种新商品销售量"双十二"比"双十一"提高了 1.40%，销售量的提高使得销售额增加了 1\,520 元；三种新商品销售价格"双十二"比"双十一"降低了 4.91%，价格的下降使得销售额减少了 5\,420 元。

2. 总量指标的多因素分析

客观现象是比较复杂的，有时某一现象的变动可能受到三个或三个以上因素的影响。当一个总量指标可以表示为三个或三个以上因素指标的连乘积时，同样可以利用指数体系测定各因素变动对总变动的影响，这种分析就是对总量指标的多因素分析。

进行总量指标的多因素分析时应注意以下两个问题。

（1）指标的排列顺序。在运用多因素分析法时，一定要注意各因素的排列顺序。各因素之间的排列顺序，要符合它们之间相互联系的客观情况，一般是数量指标在前，质量指标在后，两两相乘要有经济意义。例如，在研究利润变化时，影响企业利润变动的因素排列顺序为销售量、销售单价、利润率。

（2）测定其中某个因素的作用时，要将其余所有因素按综合指数的一般编制原则固定。一般原则是在分析某个因素的变化时，同度量因素排在所分析的因素之前，其同度量时期固定在报告期；同度量因素排在分析的因素之后，其同度量时期固定在基期。

根据这个原则，利润总额指数可以分解为由三个指数构成的指数体系。

$$利润总额指数 = 生产量指数 \times 单价指数 \times 利润率指数$$

$$\frac{\sum q_1 p_1 c_1}{\sum q_0 p_0 c_0} = \frac{\sum q_1 p_0 c_0}{\sum q_0 p_0 c_0} \times \frac{\sum q_1 p_1 c_0}{\sum q_1 p_0 c_0} \times \frac{\sum q_1 p_1 c_1}{\sum q_1 p_1 c_0} \qquad （5\text{-}20）$$

$$\sum q_1 p_1 c_1 - \sum q_0 p_0 c_0 = (\sum q_1 p_0 c_0 - \sum q_0 p_0 c_0) + (\sum q_1 p_1 c_0 - \sum q_1 p_0 c_0) + (\sum q_1 p_1 c_1 - \sum q_1 p_1 c_0) \qquad （5\text{-}21）$$

【例 5-7】某企业生产产品的有关资料如表 5-7 所示。要求运用指数体系，分析产品产量、产品价格、产品利润率对产品利润总额的影响。

表 5-7　　　　　　　　　某企业产品产量及原材料平均单耗和价格资料数据

产品名称	计量单位	产量		价格（元）		利润率（%）	
		基期 q_0	报告期 q_1	基期 p_0	报告期 p_1	基期 c_0	报告期 c_1
甲	台	5	6	100	90	25	24
乙	套	6	4	50	45	30	38

对该企业产品利润总额的因素分析如下。

① 计算产品产量指数：

$$\overline{K}_q = \frac{\sum q_1 p_0 c_0}{\sum q_0 p_0 c_0} = \frac{6 \times 100 \times 25 + 4 \times 50 \times 30}{5 \times 100 \times 25 + 6 \times 50 \times 30} = \frac{21\,000}{21\,500} = 97.67\%$$

$$\sum q_1 p_0 c_0 - \sum q_0 p_0 c_0 = 21\,000 - 21\,500 = -500 \text{（元）}$$

② 计算产品价格指数：

$$\overline{K}_p = \frac{\sum q_1 p_1 c_0}{\sum q_1 p_0 c_0} = \frac{6 \times 90 \times 25 + 4 \times 45 \times 30}{6 \times 100 \times 25 + 4 \times 50 \times 30} = \frac{18\,900}{21\,000} = 90\%$$

$$\sum q_1 p_1 c_0 - \sum q_1 p_0 c_0 = 18\,900 - 21\,000 = -2\,100 \text{（元）}$$

③ 计算产品利润指数：

$$\overline{K}_c = \frac{\sum q_1 p_1 c_1}{\sum q_1 p_1 c_0} = \frac{6 \times 90 \times 24 + 4 \times 45 \times 38}{6 \times 90 \times 25 + 4 \times 45 \times 30} = \frac{19\,800}{18\,900} = 104.76\%$$

$$\sum q_1 p_1 c_1 - \sum q_1 p_1 c_0 = 19\,800 - 18\,900 = 900 \text{（元）}$$

④ 计算产品利润总额指数：

$$\overline{K}_{qpc} = \frac{\sum q_1 p_1 c_1}{\sum q_0 p_0 c_0} = \frac{6 \times 90 \times 24 + 4 \times 45 \times 38}{5 \times 100 \times 25 + 6 \times 50 \times 30} = \frac{19\,800}{21\,500} = 92.09\%$$

$$\sum q_1 p_1 c_1 - \sum q_0 p_0 c_0 = 19\,800 - 21\,500 = -1\,700 \text{（元）}$$

⑤ 利用指数体系反映利润总额指数与产品产量指数、产品价格指数以及利润率指数之间的数量关系：

$$\frac{\sum q_1 p_1 c_1}{\sum q_0 p_0 c_0} = \frac{\sum q_1 p_0 c_0}{\sum q_0 p_0 c_0} \times \frac{\sum q_1 p_1 c_0}{\sum q_1 p_0 c_0} \times \frac{\sum q_1 p_1 c_1}{\sum q_1 p_1 c_0}$$

92.09%=97.67%×90%×104.76%

$$\sum q_1 p_1 c_1 - \sum q_0 p_0 c_0$$
$$= (\sum q_1 p_0 c_0 - \sum q_0 p_0 c_0) + (\sum q_1 p_1 c_0 - \sum q_1 p_0 c_0) + (\sum q_1 p_1 c_1 - \sum q_1 p_1 c_0)$$

-1 700 元=-500 元-2 100 元+900 元

计算结果表明，该企业生产的产品，报告期与基期相比较，产量下降了 2.33%，使利润总额减少 500 元；产品价格下降了 10%，使利润总额减少 2 100 元；利润率上升了 4.76%，使利润总额增加了 900 元。三者共同作用的结果，使利润总额报告期比基期下降了 7.91%，减少 1 700 元。

（二）总平均指标变动的因素分析

在统计资料分组的情况下，总平均指标的变动主要受两个因素的影响：一个是各组变量值水平，另一个是各组单位数占总体单位数的比重。据此可以编制出可变构成指数、固定结构指数和结构影响指数三个指数。这三个指数构成一个指数体系，可以对总平均指标变动进行相关的因素分析，其指数体系为：

$$可变构成指数=固定结构指数×结构影响指数$$

用公式表示为：

$$\frac{\overline{x_1}}{\overline{x_0}}=\frac{\dfrac{\sum x_1 f_1}{\sum f_1}}{\dfrac{\sum x_0 f_0}{\sum f_0}}=\frac{\dfrac{\sum x_1 f_1}{\sum f_1}}{\dfrac{\sum x_0 f_1}{\sum f_1}}\times\frac{\dfrac{\sum x_0 f_1}{\sum f_1}}{\dfrac{\sum x_0 f_0}{\sum f_0}} \tag{5-22}$$

$$\frac{\sum x_1 f_1}{\sum f_1}-\frac{\sum x_0 f_0}{\sum f_0}=\left(\frac{\sum x_1 f_1}{\sum f_1}-\frac{\sum x_0 f_1}{\sum f_1}\right)+\left(\frac{\sum x_0 f_1}{\sum f_1}-\frac{\sum x_0 f_0}{\sum f_0}\right) \tag{5-23}$$

【例 5-8】某企业 2017 年第二季度（基期）和第三季度（报告期）职工构成及工资水平资料如表 5-8 所示，对其平均工资的变动进行因素分析。

表 5-8　　　　　某企业 2017 年第二季度和第三季度职工工资水平及工人构成

工人组别	工资水平（元）		工人人数（人）		总工资水平（元）		
	基期 x_0	报告期 x_1	基期 f_0	报告期 f_1	基期 $x_0 f_0$	报告期 $x_1 f_1$	假定 $x_0 f_1$
甲	160	164	300	200	48 000	32 800	32 000
乙	140	150	500	400	70 000	60 000	56 000
丙	120	124	200	550	24 000	68 200	66 000
合计	—	—	1 000	1 150	142 000	161 000	154 000

（1）工人总平均工资指数：

$$\frac{\sum x_1 f_1}{\sum f_1}\bigg/\frac{\sum x_0 f_0}{\sum f_0}=\frac{161\,000}{1150}\bigg/\frac{142\,000}{1\,000}=\frac{140}{142}=98.59\%$$

总平均工资变动的绝对额：

$$\frac{\sum x_1 f_1}{\sum f_1}-\frac{\sum x_0 f_0}{\sum f_0}=140-142=-2\ （元）$$

（2）固定结构指数：

$$\frac{\sum x_1 f_1}{\sum f_1}\bigg/\frac{\sum x_0 f_1}{\sum f_1}=\frac{161\,000}{1150}\bigg/\frac{154\,000}{1150}=\frac{140}{133.91}=104.55\%$$

变动的绝对额：

$$\frac{\sum x_1 f_1}{\sum f_1}-\frac{\sum x_0 f_1}{\sum f_1}=140-133.91=6.09\ （元）$$

（3）结构影响指数：

$$\frac{\sum x_0 f_1}{\sum f_1}\bigg/\frac{\sum x_0 f_0}{\sum f_0}=\frac{154\,000}{1150}\bigg/\frac{142\,000}{1\,000}=\frac{133.91}{142}=94.30\%$$

变动的绝对额：

$$\frac{\sum x_0 f_1}{\sum f_1}-\frac{\sum x_0 f_0}{\sum f_0}=133.91-142=-8.09\ （元）$$

（4）利用指数体系反映总平均工资指数与固定结构指数以及结构影响指数之间的数量关系：

$$\frac{\dfrac{\sum x_1 f_1}{\sum f_1}}{\dfrac{\sum x_0 f_0}{\sum f_0}} = \frac{\dfrac{\sum x_1 f_1}{\sum f_1}}{\dfrac{\sum x_0 f_1}{\sum f_1}} \times \frac{\dfrac{\sum x_0 f_1}{\sum f_1}}{\dfrac{\sum x_0 f_0}{\sum f_0}}$$

$$98.59\% = 104.55\% \times 94.30\%$$

$$\frac{\sum x_1 f_1}{\sum f_1} - \frac{\sum x_0 f_0}{\sum f_0} = \left(\frac{\sum x_1 f_1}{\sum f_1} - \frac{\sum x_0 f_1}{\sum f_1} \right) + \left(\frac{\sum x_0 f_1}{\sum f_1} - \frac{\sum x_0 f_0}{\sum f_0} \right)$$

-2 元=6.09 元-8.09 元

计算结果表明，该企业报告期工人总平均工资比基期降低了 1.41%，这是由于各组工人工资水平增长而使总平均工资增长 4.55%和工人构成变动而使总平均工资降低 5.7%综合影响的结果。从绝对量上看，报告期工人总平均工资比基期减少了 2 元，这是由于各组工资水平增长而使总平均工资增加 6.09 元和工人构成变动而使总平均工资减少 8.09 元共同影响的结果。

任务六 | 编制常用的经济指数

指数作为一种重要的经济分析指标和方法，在实践中获得了广泛的应用。但在不同场合，往往需要运用不同的指数形式。一般而言，选择指数形式的主要标准应该是指数的经济分析意义，除此之外，有时还要考虑实际编制工作的可行性，以及对指数分析性质的某些特殊要求。现以国内外常见的主要经济指数为例，对指数方法的具体应用加以介绍。

一、居民消费价格指数

消费价格指数（Consumer Price Index，CPI）是大多数国家都编制的一种经济指数。在政府统计中，失业率和 CPI 应该是政府和老百姓都最为关注的两个重要指标。对于 CPI，不同国家赋予的名称会有所不同，我国称之为居民消费价格指数。居民消费价格指数是反映一定时期内城乡居民所购买的生活消费品价格和服务项目价格的变动情况的一种相对数。通过它可以观察消费价格的变动水平及对消费者货币支出的影响，利用它也可以反映通货膨胀程度。

我国编制居民消费价格指数涵盖全国城乡居民生活消费的食品烟酒、衣着、居住、生活用品及服务、交通和通信、教育文化和娱乐、医疗保健、其他用品和服务 8 大类、262 个基本分类的商品与服务价格。一般采用抽样调查方法抽选确定调查网点，按照"定人、定点、定时"的原则，直接派人到调查网点采集原始价格。数据来源于全国（不含港、澳、台地区）31 个省（区、市）500 个市县、8.3 万余家价格调查点，包括商场（店）、超市、农贸市场、服务网点和互联网电商等。

居民消费价格指数采用加权算术平均数指数公式编制。年度指数的计算以上年为基期，月度指数分别计算以上年同期和上月为基期的同比和环比两种指数，其计算公式为：

$$\overline{K}_P = \frac{\sum K_P W}{\sum W} = \sum K_P \times W$$

式中，K_P 代表个体指数或各层的类指数；

　　　w 代表各层比重权数。

具体计算过程是，先分别计算出各代表规格品基期和报告期的全社会综合平均价格，并计算出相应的价格指数，然后分层逐级计算小类、中类、大类和总指数。

二、社会零售物价指数

社会零售物价指数（Retail Price Index，RPI）是指反映一定时期内商品零售价格变动趋势和变动程度的相对数。社会零售物价指数分为食品、饮料烟酒、服装鞋帽、纺织品、中西药品、化妆品、书报杂志、文化体育用品、日用品、家用电器、首饰、燃料、建筑装潢材料、机电产品十四大类，国家规定304种必报商品。需要予以特别说明的是，从1994年起，国家、各省（区）和县编制的社会零售物价指数不再包括农业生产资料。零售物价的调整变动直接影响到城乡居民的生活支出和国家的财政收入，影响居民购买力和市场供需平衡，影响消费与积累的比例。因此，计算零售物价指数，可以从一个侧面对上述经济活动进行观察和分析。

社会零售物价指数也是采用加权算术平均数指数公式编制的，其计算公式为：

$$\overline{K}_p = \frac{\sum K_p w}{\sum w} = \sum K_p \times w$$

三、社会零售物价指数与居民消费价格指数的区别

社会零售物价指数和居民消费价格指数都属于价格指数，在编制的方法上也没有本质区别，但两者反映了两种不同的领域，它们的编制目的、包括范围以及权数的选择是不相同的。

从编制目的来说，社会零售物价指数属于流通领域的价格指数，通过它可以掌握零售商品的平均价格水平，为各级政府制定经济政策、研究市场流通提供科学依据。而居民消费价格指数属于消费领域的价格指数，通过它可以观察居民生活消费品及服务项目价格变动对居民生活的影响，为各级政府掌握居民消费状况、研究和制定居民消费价格政策及工资政策提供科学依据。

从包括范围来说，社会零售物价指数既包括生活消费品，又包括建筑装潢材料和机电产品等，但不包括非商品形态的服务项目；而居民消费价格指数既包括生活消费品，又包括服务项目。

从权数的选择来说，社会零售物价指数以商业部门的商品零售额为权数，权数资料来源于商业报表和典型调查；居民消费价格指数以居民家庭的实际支出为权数，权数资料来源于对城乡居民住户的抽样调查。

四、社会零售物价指数与居民消费价格指数的应用

社会零售物价指数和居民消费价格指数不仅可以测定不同范围的商品和服务价格的变动程度，还可以派生各种指数，因而具有重要的应用价值。

1. 可用于反映通货膨胀

通货膨胀的严重程度是用通货膨胀率来反映的，通货膨胀率说明了一定时期内商品价格持续上升的幅度。通货膨胀率一般以居民消费价格指数表示，即

$$通货膨胀率 = \frac{报告期居民消费价格指数 - 基期居民消费价格指数}{基期居民消费价格指数} \times 100\% \qquad （5-24）$$

如果计算结果大于100%，表明存在通货膨胀现象；若计算结果小于100%，则表明出现通货紧缩现象。

通货膨胀率除了通过居民消费价格指数计算外，还可以采用零售物价指数来计算，其计算公式为：

$$通货膨胀率 = \frac{报告期物价指数 - 基期零售物价指数}{基期零售物价指数} \times 100\% \qquad （5-25）$$

2. 可用于反映货币购买力的变动

货币购买力是指单位货币能够买到的消费品和服务的数量。居民消费价格指数上涨，货币购买力下降；反之则上升。因此，居民消费价格指数的倒数就是货币购买力指数，即

$$货币购买力指数 = \frac{1}{居民消费价格指数} \times 100\% \qquad （5-26）$$

3. 可用于反映对职工实际工资的影响

消费价格指数的提高意味着实际工资的降低，消费价格指数的下降意味着实际工资的提高。因此，利用消费价格指数可将名义工资转化为实际工资，具体的计算为：

$$职工实际工资指数 = \frac{职工平均工资指数}{居民消费价格指数} \times 100\%$$

$$= 职工平均工资指数 \times 货币购买力指数 \quad (5-27)$$

4. 可用于作为其他经济时间序列的紧缩因子

通过缩减经济序列可以消除价格变动的影响，其方法是将经济序列除以价格指数。

五、股票价格指数

在股票市场上，每时每刻都进行着许多股票交易。在同一时间里，这些股票价格各异，而且它们都随着时间在不断变动。有些股票价格上涨，有些股票价格下跌，而各种股票的涨跌幅也不尽相同。在如此千变万化的市场中，用一种股票价格的变动来描述整个股票市场的情况，显然是不行的。那么，究竟怎样来衡量整个股票市场的行情走向呢？股票价格指数是综合反映股票市场行情的一种有效方法。

股票价格指数一般也采用与基期比较的方法，即将选样股票计算期的价格总和与基期选样股票的价格总和进行比较，以反映各个时期价格水平的变动情况，简称股价指数。指数单位一般用"点"表式，"点"是衡量股票价格起落的尺度，即将基期指数作为 100，每上升或下降 1 个百分点称为 1 点。

我国常用的股票价格指数主要有上海证券综合指数、深圳综合股票指数和香港恒生指数。

（一）上海证券综合指数

上海证券综合指数简称"上证指数"或"上证综指"，上证指数是最早发布的指数，是以上海证券交易所挂牌上市的全部股票为计算范围（包括 A 股和 B 股）、以发行量为权数的加权综合股价指数，反映了上海证券交易所上市股票的价格整体水平和变动趋势。这一指数自 1991 年 7 月 15 日开始实时发布，基准日定为 1990 年 12 月 19 日，基准日指数定为 100 点。

上海证券综合指数的计算公式为：

$$\overline{K} = \frac{\sum p_1 q_1}{\sum p_0 q_0}$$

下面介绍的深圳综合股票指数和香港恒生指数同样是按照以上公式计算的。

（二）深圳综合股票指数

深圳综合股票指数指的是深圳证券交易所编制的，以深圳证券交易所挂牌上市的全部股票为计算范围，以发行量为权数的加权综合股价指数。该股票指数的计算方法基本与上证指数相同，其样本为所有在深圳证券交易所挂牌上市的股票，权数为股票的总股本。深圳综合股票指数由深圳证券交易所从 1991 年 4 月 3 日开始编制并公开发表，该指数规定 1991 年 4 月 3 日为基期，基期指数为 100 点。

（三）香港恒生指数

香港恒生指数（Hang Seng Index，HSI）是香港股市价格的重要指标，它是由香港恒生银行全资附属的恒生指数服务有限公司编制的，是以香港股票市场中的 50 家上市股票为成分股样本、以其发行量为权数的加权平均股价指数，是反映香港股市价格浮动趋势最有影响的一种股价指数。

该指数于 1969 年 11 月 24 日首次公开发布，基期为 1964 年 7 月 31 日，基期指数定为 100 点。

项目小结

项目五主要介绍了统计指数的基本概念和原理、综合指数和平均数指数的编制方法和特点、统计指数在社会经济问题中的应用，以及综合指数与平均指标对比指数的因素分析方法。

统计指数是用来分析社会经济现象数量变动的对比性指标。广义上的指数是指一切说明社会经济现象数量变动的相对数。狭义上的指数是一种特殊的相对数，即用来说明不能直接相加的复杂社会经济现象综合变动程度的相对数。

综合指数的编制特点是先综合后对比。编制综合指数必须明确指数化指标和同度量因素，指数化指标是被测定的因素，同度量因素即权数。作为同度量因素的指标固定在哪个时期上，不是固定不变的。拉斯贝尔指数将同度量因素固定在基期水平上，派氏指数将同度量因素固定在报告期水平上。通常情况下，数量指标指数按拉斯贝尔公式计算，质量指标指数按派氏公式计算。

平均数指数的编制特点是从个体指数出发，先对比后平均。平均数指数有加权算术平均数指数和加权调和平均数指数两种形式。

由三个或三个以上具有内在联系的指数构成的有一定数量对等关系的整体，称为指数体系。在总量指标指数体系中，总变动指数与各因素指数之间的数量关系表现为两个方面：一是从相对量来看，总变动指数等于各因素指数的乘积；二是从绝对量来看，总量的变动差额等于各因素指数变动差额之和。总平均指标变动的因素分析，就是利用指数因素分析方法，从数量上分析总体各部分水平与总体结构这两个因素变动对总体平均指标变动的影响。

居民消费价格指数是反映一定时期内城乡居民所购买的生活消费品价格和服务项目价格的变动情况的一种相对数。通过它可以观察消费价格的变动水平及对消费者货币支出的影响，用它也能反映通货膨胀程度。社会零售价格指数是反映城乡商品零售价格变动趋势的一种经济指数。股票价格指数一般也采用与基期比较的方法，即将选样股票计算期的价格总和与基期选样股票的价格总和进行比较，以反映各个时期价格水平的变动情况。我国常用的股票价格指数主要有上海证券综合指数、深圳综合股票指数和香港恒生指数。

应用技能训练

一、单项选择题

1. 狭义上的指数是反映（　　　）总体数量综合变动的指数。
   A. 有限　　　　　　　　B. 无限　　　　　　　　C. 复杂　　　　　　　　D. 简单

2. 根据指数所包括的范围不同，可分为（　　　）。
   A. 个体指数和总指数　　　　　　　　B. 综合指数和平均数指数
   C. 数量指数和质量指数　　　　　　　　D. 动态指数和静态指数

3. 用综合指数编制总指数的主要问题是（　　　）。
   A. 同度量因素的确定　　　　　　　　B. 同度量因素所属时期的确定
   C. 同度量因素的确定和时期的确定　　D. 权数的确定

4. 设 p 代表商品的价格，q 代表商品的销售量，$\dfrac{\sum p_1 q_1}{\sum p_0 q_1}$ 说明了（　　　）。
   A. 在报告期销售量条件下，价格综合变动的程度
   B. 在基期销售量条件下，价格综合变动的程度
   C. 在报告期价格水平下，销售量综合变动的程度
   D. 在基期价格水平下，销售量综合变动的程度

5. 编制数量指标综合指数的一般原则是采用（　　　）作为同度量因素。

    A. 基期数量指标　　　　　　　　　　　　B. 报告期数量指标

    C. 基期质量指标　　　　　　　　　　　　D. 报告期质量指标

6. 编制质量指标综合指数的一般原则是采用（　　　）作为同度量因素。

    A. 基期数量指标　　　　　　　　　　　　B. 报告期数量指标

    C. 基期质量指标　　　　　　　　　　　　D. 报告期质量指标

7. 平均数指数是计算总指数的另一种形式，其计算的基础是（　　　）。

    A. 数量指数　　　　B. 质量指数　　　　C. 综合指数　　　　D. 个体指数

8. 在物价上涨后，同样多的人民币少购买商品 2%，物价指数为（　　　）。

    A. 98.03%　　　　B. 102.04%　　　　C. 98%　　　　D. 102%

9. 某部门职工工资水平相比去年提高了 5%，职工人数增加了 2%，则该部门职工的工资总额增加了（　　　）。

    A. 7%　　　　　　B. 7.1%　　　　　C. 10%　　　　D. 11%

10. 平均指标对比指数是由两个（　　　）对比所形成的指数。

    A. 个体指数　　　　B. 平均数指数　　　　C. 总量指标　　　　D. 平均指标

11. 在 $\dfrac{\sum p_1 q_1}{\sum \dfrac{1}{K} p_1 q_1}$ 这一调和平均数指数的计算公式中，K 是（　　　）。

    A. 质量指标个体指数　　　　　　　　　　B. 权数

    C. 数量指标个体指数　　　　　　　　　　D. 同度量因素

12. 假设劳动生产率可变构成指数为 134.5%，职工人数结构影响指数为 96.3%，那么劳动生产率固定构成指数为（　　　）。

    A. 39.67%　　　　B. 139.67%　　　　C. 71.60%　　　　D. 129.52%

13. 某企业生产费用当年比前一年增长了 50%，产量比前一年增长了 25%，则单位成本比前一年增长了（　　　）。

    A. 25%　　　　　　B. 37.5%　　　　　C. 20%　　　　D. 12.5%

14. 在由三个指数所组成的指数体系中，两个因素指数的同度量因素通常（　　　）。

    A. 都固定在基期　　　　　　　　　　　　B. 都固定在报告期

    C. 一个固定在基期，一个固定在报告期　　D. 采用基期和报告期的平均

15. 某商店商品销售额报告期和基期相同，报告期商品价格比基期提高了 10%，那么报告期商品销售量比基期（　　　）。

    A. 提高了 10%　　B. 减少了 10%　　C. 提高了 5%　　D. 提高了 11%

16. 加权算术平均数指数变形为综合指数时，其特定的权数为（　　　）。

    A. $\sum p_1 q_1$　　　B. $\sum p_1 q_0$　　　C. $\sum p_0 q_1$　　　D. $\sum p_0 q_0$

17. 在掌握报告期几种产品实际生产费用和这些产品的成本个体指数资料的条件下，要计算产品成本的综合变动，应采用（　　　）。

    A. 综合指数　　　　　　　　　　　　　　B. 加权算术平均数指数

    C. 加权调和平均数指数　　　　　　　　　D. 可变构成指数

18. 为测定各组工人劳动生产率变动对全体工人总平均劳动生产率变动的影响，应编制（　　　）。

    A. 劳动生产率综合指数　　　　　　　　　B. 劳动生产率可变构成指数

    C. 劳动生产率结构影响指数　　　　　　　D. 劳动生产率固定构成指数

19. 某地区 2013 年社会商品零售额为 12 000 万元，2017 年增至 15 600 万元，这四年中物价

上涨了 4%，那么商品零售物价指数为（　　　　）。

    A. 130%   B. 104%   C. 80%   D. 125%

20. 某企业 2017 年的产量比 2016 年增加了 13.6%，生产费用增加了 12.9%，则该企业 2017 年产品成本（　　　　）。

    A. 减少了 0.62%   B. 减少了 5.15%   C. 增加了 12.9%   D. 增加了 1.75%

二、填空题

1. _____是表明社会现象复杂经济总体的数量对比关系的相对数。

2. 指数按其说明对象的范围不同，分为_____指数、_____指数和_____指数。

3. 指数按其采用的基期不同，分为_____指数和_____指数。

4. 编制数量指标综合指数时，一般选择_____为同度量因素。

5. 编制质量指标综合指数时，一般选择_____为同度量因素。

6. 利用指数体系，进行_____是统计指数的最重要作用。

7. 只有当加权算术平均数指数的权数为_____时，才与拉氏指数等价。

8. 只有当加权调和平均数指数的权数为_____时，才与派氏指数等价。

9. 总指数的计算形式有两种，一种是_____指数，一种是_____指数。

10. 综合指数的编制方法是先_____后_____。

11. 拉氏指数对于任何指数化指标的同度量因素都固定在_____，派氏指数对于任何指数化指标的同度量因素都固定在_____。

12. 若已知 $\sum p_1 q_1 =120$，$\sum p_0 q_1 =100$，$\sum p_0 q_0 =110$，则价格指数为_____，销售量指数为_____。

13. 某百货公司 2017 年与 2016 年相比，各种商品零售总额上涨了 25%，零售量上涨了 10%，那么零售价格上涨了_____。

14. 在零售物价指数中，K 表示_____，w 表示_____。

15. 平均指数的计算形式为_____指数和_____指数。

16. 物价上涨后，同样多的人民币只能购买原有商品的 80%，那么物价上涨了_____。

17. 可变构成指数既受各组_____变动的影响，也受_____的影响。

18. 编制综合指数时，应固定的因素是_____。

19. 某种产品报告期与基期比较产量增长了 26%，单位成本下降了 32%，则生产费用支出总额为基期的_____。

20. 平均指标对比指数（可变构成指数）可以分解为_____和_____的乘积。

三、判断题

1. 个体指数是反映复杂现象总体的。（　　　）

2. 只有总指数可以分为数量指标指数和质量指标指数，个体指数不能这样划分。（　　　）

3. 编制质量指标指数，按一般原则应采用报告期数量指标作为同度量因素。（　　　）

4. 综合价格指数中，指数化指标是销售量，同度量因素是价格。（　　　）

5. 在编制指数时，只要同度量因素固定在基期，就称为拉斯贝尔指数。（　　　）

6. 平均指数也是编制总指数的一种重要形式，有它的独立应用意义。（　　　）

7. 在特定的权数下，综合指数与平均数指数有变形关系。（　　　）

8. 在指数体系中，各指数间的关系是以相对数表现的乘积关系，绝对额间的关系是以绝对量表现的加减关系。（　　　）

9. 平均数指数是个体指数的平均数，所以平均数指数是个体指数。（　　　）

10. 综合指数一般用实际资料作为权数编制，平均指数只能用推算的比重权数进行加权平均。（　　　）

11. 反映现象总体数量变动的总指数都可以称为数量指标指数。 （　　）

12. 数量指标指数反映总体的总规模水平，质量指标指数反映总体的相对水平或平均水平。 （　　）

13. 定基指数和环比指数是根据对比基期的选择不同而划分的。 （　　）

14. 在编制数量指标指数时，同度量因素是与之相联系的另一数量指标。 （　　）

15. 平均指数的编制，既可以用全面资料，也可以用非全面资料，但不能用估算的资料。（　　）

16. 因素分析内容包括相对数分析和平均数分析。 （　　）

17. 在简单现象总量指标的因素分析中，相对量分析一定要用同度量因素，绝对量分析可以不用同度量因素。 （　　）

18. 在平均指标变动的因素分析中，两个因素指数可以分别称为固定构成指数和结构影响指数。 （　　）

19. 可变指数既包含各组水平变动对总体平均数的影响，又包含结构变动对总体平均数的影响。 （　　）

20. 固定构成指数的分子减分母的差额反映总体内部构成变化对平均数影响的绝对额。（　　）

四、简答题

1. 什么是指数？它有哪些性质？
2. 广义上的指数与狭义上的指数有何差异？
3. 指数的类型有哪些？
4. 什么是同度量因素？同度量因素在编制加权综合指数时有什么作用？
5. 编制综合指数时，同度量因素的选择与指数化指标有什么关系？
6. 编制数量指标综合指数的一般原理是什么？
7. 拉斯贝尔指数与派氏指数各有什么特点？
8. 综合指数与平均数指数有何区别与联系？
9. 作为综合指数变形的平均数指数应用的一般原则是什么？
10. 结构影响指数的数值越小，是否说明总体结构的变动程度越小？
11. 什么是指数体系？它有什么作用？
12. 试述平均指数体系。
13. 简述指数体系条件下因素分析的步骤。
14. 为什么在多因素指数分析中要强调各因素的排列顺序？
15. 在平均指标指数因素分析中，应编制哪几种平均指标指数？

五、计算分析题

1. 某企业生产甲、乙两种产品，资料如表 5-9 所示。

表 5-9　　　　　　　　　　某企业甲、乙两种产品的资料

商品名称	计量单位	产量		单位成本（元）	
		基期	报告期	基期	报告期
甲	台	2 000	2 200	12.0	12.5
乙	吨	5 000	6 000	6.2	6.0

要求：

（1）计算产量与单位成本个体指数。

（2）计算两种产品产量总指数以及由于产量增加而增加的生产费用。

（3）计算两种产品单位成本总指数以及由于成本降低而节约的生产费用。

2. 某商场销售的三种商品的资料如表 5-10 所示。

表 5-10　　　　　　　　　　　　某商场销售的三种商品的资料

产品名称	计量单位	销售量		单价（元）	
		基期	报告期	基期	报告期
甲	千克	100	115	100	100
乙	台	200	220	50	55
丙	件	300	315	20	25

要求：

（1）计算三种商品的销售额总指数。

（2）分析销售量和价格变动对销售额影响的绝对值和相对值。

3. 试根据表 5-11 所示的某企业甲、乙、丙三种商品的资料分别用拉氏指数和派氏指数计算销售量指数及价格指数。

表 5-11　　　　　　　　　　　　某企业甲、乙、丙三种商品的资料

商品名称	计量单位	销售量		单价（元）	
		基期	报告期	基期	报告期
甲	千克	400	600	0.25	0.2
乙	台	500	600	0.4	0.36
丙	件	200	180	0.5	0.6

4. 某公司三种产品的有关资料如表 5-12 所示，三种产品产量平均增长了多少？产量增长对产值有什么影响？

表 5-12　　　　　　　　　　　某公司三种产品的有关资料

产品名称	个体产量指数	基期产值（万元）	报告期产值（万元）
甲	1.25	100	120
乙	1.10	100	115
丙	1.50	60	85

5. 某企业 2017 年第二季度（基期）和第三季度（报告期）相关生产资料如表 5-13 所示。

表 5-13　　　某企业 2017 年第二季度（基期）和第三季度（报告期）相关生产资料

商品名称	计量单位	产量		价格（元）	
		基期	报告期	基期	报告期
甲	吨	200	220	75.0	71.5
乙	千克	500	500	2.5	2.0
丙	把	850	850	1.4	1.2

根据资料，对该企业 2017 年第三季度的产值变动进行因素分析。

6. 某工厂生产三种产品的相关资料如表 5-14 所示。

表 5-14　　　　　　　　　　　某工厂生产三种产品的相关资料

产品				原材料					
名称	单位	产量		名称	单位	单耗		购进价（元）	
		基期	报告期			基期	报告期	基期	报告期
（A）	（B）	q_0	q_1	（C）	（D）	m_0	m_1	p_0	p_1

产品				原材料					
名称	单位	产量		名称	单位	单耗		购进价（元）	
		基期	报告期			基期	报告期	基期	报告期
甲	件	100	120	铸铁	千克	8	7	18	22
乙	件	25	30	生铁	千克	10	3	15	40
丙	件	60	65	钢材	千克	3	5	40	45

根据资料，对该企业生产三种产品的总费用进行因素分析。

7. 某城市三个市场上同一种商品的销售资料如表 5-15 所示。

表 5-15　　　　　　　某城市三个市场上同一种商品的销售资料

市场	销售价格（元/千克）		销售量（千克）	
	基期	报告期	基期	报告期
A 市场	2.50	3.00	740	560
B 市场	2.40	2.80	670	710
C 市场	2.20	2.40	550	820
合计	—	—	1 960	2 090

要求：

（1）分别编制该商品总平均价格的可变构成指数、固定构成指数和结构影响指数。

（2）建立指数体系，从相对数的角度进行总平均价格变动的因素分析。

8. 已知某地区 2016 年的农副产品收购总额为 360 亿元，2017 年比上年的收购总额增长 12%，农副产品收购价格总指数为 105%。请考虑，2017 年比 2016 年：

（1）农民因销售农副产品共增加多少收入？

（2）农副产品收购量增加了百分之几？农民因此增加了多少收入？

（3）由于农副产品收购价格提高 5%，农民又增加了多少收入？

（4）验证以上三方面的分析结论能否保持协调一致。

知识拓展

百度指数

百度指数（Baidu Index）是以百度海量网民行为数据为基础的数据分析平台，是当前互联网乃至整个数据时代最重要的统计分析平台之一，自发布之日起便成为许多企业进行营销决策的重要依据。

"世界很复杂，百度更懂你"，百度指数能够告诉用户：某个关键词在百度的搜索规模有多大，一段时间内的涨跌态势以及相关的新闻舆论变化情况，关注这些词的网民是什么样的，分布在哪里，同时还搜了哪些相关的词，这些都可以帮助用户优化数字营销活动方案。

百度指数的主要功能模块有：基于单个词的趋势研究（包含整体趋势、PC 趋势还有移动趋势）、需求图谱、舆情管家、人群画像；基于行业的整体趋势、地域分布、人群属性、搜索时间特征。

百度指数的理想是"让每个人都成为数据科学家"。对个人而言，大到置业时机、报考学校、入职企业发展趋势，小到约会、旅游目的地的选择，百度指数都可以助其实现"智赢人生"；对于企业而言，竞品追踪、受众分析、传播效果，均能以科学图标全景呈现，"智胜市场"变得轻松简单。大数据驱动每个人的发展，而百度倡导数据决策的生活方式，正是为了让更多人意识到数据的价值。

项目六
抽样估计

学习目标

—— 1. 掌握抽样估计的基本概念
—— 2. 掌握抽样的组织形式
—— 3. 熟练掌握抽样平均误差的计算方法
—— 4. 掌握评价估计量的优良标准
—— 5. 熟练掌握总体参数的区间估计方法
—— 6. 熟练掌握纯随机抽样形式下样本容量的确定方法

项目引入

　　为了解某乡镇居民的年耐用品消费支出情况，2017 年该乡镇进行了居民家庭调查。该乡镇共有 30 000 户家庭，如果进行全面调查要花费大量的人力、物力、财力，要花费较长时间才能得到调查结果。因此，调查的组织者决定采用抽样估计的方法，根据样本家庭平均每户年耐用品消费额来估计整个乡镇所有家庭平均每户年耐用品的消费额。调查人员从 30 000 户家庭中随机抽取了 300 户家庭，调查每户家庭年耐用品消费支出情况，得到的数据如表 6-1 所示。

表 6-1　　　　　　2017 年某乡镇居民家庭年耐用品消费支出调查资料

户年耐用品消费支出（元）	调查户数（户）
400 以下	40
400～600	80
600～800	120
800～1 000	50
1 000 以上	10
合计	300

　　调查的组织者希望能按 99.73%的把握程度估计本乡镇全部家庭年耐用品平均消费额的可能范围以及本乡镇全部家庭中年耐用品消费额在 600 元以下的家庭所占比重；调查的组织者还希望知道，其他条件不变，如果误差范围分别控制在 50 元及 5%以内，应该抽取多少个样本单位。

 项目分析

根据表 6-1 所示的资料，调查者可以很快计算出随机抽取的 300 户家庭平均每户年耐用品的消费额，但调查的组织者需要的是整个乡镇所有家庭平均每户年耐用品的消费额情况。因此，调查人员必须根据由表 6-1 中数据计算出的 300 户家庭年耐用品的平均消费额来估计整个乡镇所有家庭年耐用品的平均消费额落在哪一个区间。为了完成此任务，调查的实施者首先应该根据本次家庭调查的具体情况确定抽样的组织形式，决定是采用简单随机抽样还是类型抽样，或者采用等距抽样，抑或是采用整群抽样。在确定抽样的组织形式后，接下来要确定是采用重复抽样还是不重复抽样。

抽样的组织形式和抽样方法确定后，调查的实施者应做好以下工作。

（1）计算随机抽取的 300 户家庭平均每户年耐用品的消费额，作为总体估算的基础；

（2）计算抽样平均误差，并由此判断估计准确性的高低情况；

（3）根据随机抽取的 300 户家庭平均每户年耐用品的消费额以及抽样平均误差，按 99.73% 的把握程度估计该乡镇全部家庭年耐用品平均消费额的可能范围区间以及年耐用品消费额在 600 元以下的家庭所占比重区间；

（4）其他条件不变，将误差范围分别控制在 50 元与 5% 以内，计算应抽取多少个家庭作为样本单位。

任务一 | 抽样估计概述

一、抽样估计的特点及作用

（一）抽样估计的概念

抽样估计是遵循随机原则，从总体中抽取一部分单位组成样本进行调查，并根据样本指标，对相应的总体指标做出具有一定可靠程度的估计和判断。例如，从一定面积的小麦中，通过随机抽样，抽取若干地块实割实测，计算平均亩产，以此来推断全部面积的小麦产量。再如，对一批产品进行质量检查时，从全部产品中随机抽取部分产品进行检测并计算合格率，以此来推断全部产品的合格率等。

（二）抽样估计的特点

1. 遵守随机原则

随机原则又称同等可能性原则，即在总体中抽取样本时，每一个单位被抽中的机会都相等，被抽中与不被抽中纯属偶然，不受人的主观因素影响。按照随机原则抽取样本单位，能保证被抽取的样本单位分布特征与总体分布特征基本一致，具有充分的代表性，因而可以根据样本的指标数值比较准确地推断出总体的指标数值。

2. 以部分推断总体

抽样调查是一种非全面调查，但调查的目的并不是为了了解部分单位的情况，而是在于认识总体的数量特征。由于只对抽取的样本单位进行调查，所以，调查单位数目和调查工作量较少，能够节省人力、费用和时间。

3. 抽样估计的误差可以事先计算并加以控制

以样本指标推断总体指标会产生抽样误差，但各个可能样本的抽样平均误差可以用统计方法计算出来，并且可以采取必要的组织措施来控制这个误差范围，保证抽样估计的结果达到一定的可靠程度。

（三）抽样估计的作用

（1）有些现象是无法进行全面调查的，为了测算全面资料，必须采用抽样估计的方法。例如，对无限总体不能采用全面调查。另外，有些产品的质量检查具有破坏性，如电视机使用寿命检验、罐头的防腐期限试验、轮胎的行驶里程试验等，这些调查所使用的测试手段对产品具有破坏性，不可能进行全面调查，也只能采用抽样估计的方法。

（2）从理论上讲，有些现象虽然可以进行全面调查，但实际上没有必要或很难办到，这时也可以采用抽样估计的方法。例如，要了解全国城乡人民的家庭生活状况，从理论上讲可以挨门逐户进行全面调查，但是调查范围太大，调查单位太多，实际上难以办到，也没有必要。采用抽样估计的方法则可以节约时间、人力、物力和财力，既能提高调查结果的时效性，又能达到和全面调查同样的目的和效果。

（3）抽样调查的结果可以对全面调查的结果进行检查和修正。全面调查涉及面宽，工作量大，参加人员多，调查结果容易出现差错。与全面调查相比，抽样调查只需要调查部分单位，产生的登记性误差较小。当将抽样误差控制在一个很小的范围时，可以使抽样调查的总误差小于全面调查的误差。因此，在全面调查之后进行抽样复查，根据抽查结果计算差错率，并以此为依据来检查和修正全面调查的结果，可以提高全面调查的质量，如人口普查。

（4）抽样调查可以用于工业生产过程的质量控制。在工业产品成批或大量连续生产过程中，利用抽样调查可以检验生产过程是否正常，并能及时提供相关信息进行质量控制，从而保证产品质量的稳定。

总之，抽样估计不仅广泛应用于自然科学领域，而且越来越多地应用于社会经济现象数量方面的研究中。随着抽样理论的发展、抽样技术的进步和完善、广大统计工作者业务水平的提高，抽样估计在社会经济统计中的应用将会越来越普及。

二、抽样估计的几个基本概念

（一）全及总体与样本

1. 全及总体

全及总体是指根据研究目的确定的所要研究事物的全体，简称总体。全及总体单位的总数称为总体容量，一般用 N 表示。例如，项目六开篇案例中某乡镇 30 000 户家庭构成全及总体，$N = 30\ 000$；又如，要研究某城市职工的生活水平，则该城市全部职工就构成全及总体；再如，要研究某乡粮食亩产水平，则该乡的全部粮食播种面积即为全及总体。

对无限总体的认识只能采用抽样估计方法。而作为有限总体，总体单位数 N 即使有限，但往往也总是很大，大到几万、几十万、几百万、几千万、几个亿等，如人口总体等。因此，对于有限总体的认识，理论上虽然可以应用全面调查来搜集资料，但实际上往往由于不可能或不经济而借助抽样估计的方法以求得对有限总体的认识。

2. 样本

从全及总体中抽取的部分总体单位所构成的整体，称为该全及总体的一个样本。样本所包含的总体单位个数称为样本容量，一般用 n 表示。样本按照样本单位数的多少分为大样本和小样本。一般地说，$n \geqslant 30$ 为大样本，$n < 30$ 为小样本。例如，项目六开篇案例中随机抽取的 300 户家庭，就是一个样本，样本容量 $n = 300$。又如，某城市有 20 万个住户，要采用抽样估计的方法研究该城市住户的家庭收支情况，则该城市全部住户构成全及总体，$N = 20$ 万；如果从全部住户中随机抽取千分之五即 1 000 户进行调查，则被抽中的 1 000 户构成抽样总体即样本，样本容量 $n = 1\ 000$。

应当注意的是，作为抽样估计对象的全及总体是唯一确定的，但作为观察对象的样本就不是唯一的。从一个全及总体中可以抽取很多样本，每次抽到哪个样本是不确定的。明白这一点对理解抽样估计是很重要的。

（二）全及指标和抽样指标

1. 全及指标

在抽样估计中，用来反映总体数量特征的指标称为全及指标，也叫总体参数。我们所要估计的总体参数通常有总体平均数 $\overline{X}$、总体比例（也叫总体成数）P、总体数量标志标准差 σ 及方差 σ^2、总体是非标志标准差 σ_p 及方差 σ_p^2 等，它们都是反映总体分布特征的重要指标。总体参数的计算方法是明确的，但具体数值事先是未知的，需要用样本统计量来估计它。由于全及总体是唯一确定的，根据全及总体计算的全及指标也是唯一确定的。

2. 抽样指标

抽样指标又称样本指标，是根据样本资料计算的，用以估计相应总体指标的综合指标。抽样指标也可称为样本统计量或估计量，常见的样本统计量有样本平均数 $\overline{x}$、样本比例（也叫样本成数）$\hat{p}$、样本数量标志标准差 s 及方差 s^2、样本是非标志标准差 s_p 及方差 s_p^2 等。样本统计量是随样本不同而不同的随机变量。例如，在项目六开篇案例中调查 300 户家庭得到的平均每户年耐用品消费支出就是样本平均数。

（三）样本可能数目和抽样方法

1. 样本可能数目

样本可能数目又称样本个数。样本个数不同于样本容量，它是指从总体 N 个单位中随机抽取 n 个单位构成样本的所有可能的配合数目。样本个数与抽样方法有紧密联系，抽样方法不同，抽取的样本个数也不相同。

按照随机原则，从总体中抽取的样本个数的具体数目取决于两个因素：一是抽样方法，二是是否考虑样本中样本单位的排列顺序。考虑排列顺序即为排列问题，不考虑排列顺序即为组合问题。相应的，从理论上说，样本的可能数目有如下四种情况。

（1）考虑顺序且为重复抽样条件下的样本可能数目为 N^n；

（2）考虑顺序且为不重复抽样条件下的样本可能数目为 A_N^n；

（3）不考虑顺序且为重复抽样条件下的样本可能数目为 C_{N+n-1}^n；

（4）不考虑顺序且为不重复抽样条件下的样本可能数目为 C_N^n。

2. 抽样方法

抽样方法按抽取样本的方式不同分为重复抽样和不重复抽样。

（1）重复抽样

重复抽样也称为回置抽样、放回抽样，是从全及总体中抽取样本时，随机抽取一个样本单位，记录该单位有关标志表现以后，把它放回全及总体中去，再从全及总体中随机抽取第二个单位，记录它有关标志表现以后，也把它放回全及总体中去，照此下去直到抽选出 n 个样本单位。

可见，重复抽样时，全及总体单位数在抽选过程中始终没有减少，同一单位有多次被抽中的机会，每个单位中选的机会在每次都一样。

（2）不重复抽样

不重复抽样也称为不回置抽样、不放回抽样，是从全及总体中抽取第一个样本单位，记录该单位有关标志表现后，不再将这个样本单位放回全及总体中参加下一次抽选，然后，从总体 $N-1$ 个单位中随机抽选第二个样本单位，记录该单位有关标志表现以后，也不再将该单位放回全及总体中去，再从全及总体 $N-2$ 个单位中抽选第三个样本单位，照此下去直到抽选出 n 个样本单位。

可见，不重复抽样时，总体单位数在抽选过程中是逐渐减少的，同一单位只有一次被抽中的机会，每个单位中选的机会在各次都不相同。

两种抽样方法会产生三个差别：①抽取的样本可能数目不同；②抽样误差的计算公式不同；③抽样误差的大小不同。

三、抽样的组织形式

基本的抽样组织形式有简单随机抽样、等距抽样、类型抽样、整群抽样和多阶段抽样等。

（一）简单随机抽样

简单随机抽样，又称为纯随机抽样，是对总体不进行任何分组、排队，完全按照随机原则直接从总体 N 个单位中抽取 n 个单位作为样本，使每个总体单位都有同等的机会被抽中。简单随机抽样是抽样调查中最基本的也是最单纯的组织形式，适用于均匀总体。例如，项目六开篇案例中，从 30 000 户居民中随机抽取 300 户居民进行调查，运用的便是简单随机抽样。

采用简单随机抽样的具体方法有以下两种。

1. 抽签法

简单随机抽样最原始的抽样方法就是抽签摸球。具体做法是将全及总体每个单位都用一个签或球来代表，然后把它们搅均匀，从中随机摸取，抽中者即为样本单位，直到抽满所需的样本容量 n 为止。显然，这种方法一般适用于总体单位比较少的情况。如果总体单位数目很大，手续比较麻烦，则不宜采用。

2. 随机数表法

随机数表法是利用随机数表来抽取样本单位。随机数表是由计算机或其他随机方法制成的，即 0，1，2，…，9 这 10 个数字出现的概率是相同的，但排列的先后顺序则是随机的。在使用随机数表抽取样本之前，首先应将各个总体单位编上号码，然后在随机数表中任意地取数，凡是抽中的数字与相应的总体单位号码相一致时，该单位即为抽中的单位，若抽中的数字无相应的总体单位号码，则该数字被放弃，再重新抽取下一个数，直到抽满预定的样本容量 n 为止。

虽然简单随机抽样从理论上说最符合随机原则，是其他抽样形式的基础，但是它在统计实践中受到很大的限制：首先，当总体容量很大时，编号工作就很困难，对于连续生产的企业产品进行编号也不可能。其次，当总体各单位标志值之间差异很大时，采用这种抽样方式并不能保证样本具有代表性。

（二）等距抽样

等距抽样，又称为机械抽样或系统抽样，是事先将总体各单位按某一标志排队，然后依固定顺序和间隔抽选调查单位的一种抽样组织形式。例如，职工按姓氏笔画顺序排队，然后按此顺序等间隔地抽取样本单位进行调查。等距抽样要计算抽取间隔，若以 d 代表抽样间隔，N 代表总体单位数，n 代表样本容量，则

$$d = N / n \tag{6-1}$$

例如，从 10 000 名职工中抽取 2% 即 200 名进行调查，职工可先按姓氏笔画排队列表，然后按排队顺序分成 200 组（组数等于样本容量），每组 50 人（50 也是抽取间隔）。假设第一组随机抽取第 5 号职工，那么第一组样本单位的顺序号是 5，第二个样本单位的顺序号是 55，第三个样本单位的顺序号是 105，其余类推，最后一个样本单位的顺序号是 9 955。

等距抽样的排队标志，可以与调查内容有关，也可以与调查内容无关。所以，等距抽样可以分为按无关标志排队的等距抽样和按有关标志排队的等距抽样，按有关标志排队的等距抽样抽取的样本代表性较高。

等距抽样的抽样方法为不重复抽样。

等距抽样的优点是抽样形式简单，容易实施。

（三）类型抽样

类型抽样又称为分层抽样。类型抽样实质上是统计分组法与简单随机抽样相结合的产物，它首先把全及总体各单位按某一标志分成若干个类型组，使各组组内标志值比较接近，然后在各个类型组内按随机原则进行纯随机抽样。其特点是，对于组内总体单位来说是非全面调查，而对于各个组来说是全面调查。

例如，研究农作物产量时，由于不同类型的耕地粮食产量有明显的差别，可先将耕地分为平原、丘陵、山地三个组，再在各类型组内按纯随机抽样方法抽取样本单位；又如，研究职工的工资水平时，由于各行业之间职工的工资水平有明显的差别，可先将职工按行业分组，再在各类型组内按纯随机抽样方法抽取样本单位。

类型抽样的优点：（1）提高了样本的代表性。因为样本单位是从各个类型组中抽取的，所以样本中有各种标志值水平的单位。（2）降低了影响抽样平均误差的总体方差。在总体分组的情况下，总体方差由两部分组成：一部分是组间方差，即各类型组之间的标志值差异程度；另一部分是组内方差，即各组组内各单位标志值之间的差异程度。在类型抽样的情况下，由于组内总体单位是非全面调查，组间是全面调查，因此，组间方差是可以不考虑的，影响抽样误差的总体方差是组内方差。

提高类型抽样的准确性的关键是如何进行统计分组。类型抽样统计分组的原则是从客观经济现象出发在定性分析的基础上，尽量缩小组内标志值的变异，增加组间标志值的变异，这种做法可以缩小组内方差、增大组间方差，从而降低抽样误差。

（四）整群抽样

整群抽样是先将全及总体各单位划分成若干群（组），然后以群（组）为单位从总体中随机抽取一些群（组），对中选群（组）的所有单位进行全面调查的抽样组织形式。整群抽样的特点是：群内是全面调查，群间是抽样调查。例如，对一城市居民进行生活水平调查，如果不是从城市全部住户中直接抽选住户进行调查，而是从城市全部居民委员会中随机抽选若干居委会，对被抽中的居委会所有住户都进行调查，这就是整群抽样。该城市的每一居委会就是一群。再如，对连续生产的企业，每小时都抽选最后 10 分钟生产的全部产品进行调查，那么，每小时最后 10 分钟生产的全部产品就是一群。如果一天 24 小时生产的全部产品构成全及总体，则全及总体有 144 群，样本有 24 群。

整群抽样的优点是节约和方便。例如，整群抽样不需要编制总体单位名单，只需要编制总体群的名单，工作量少多了。在社会经济调查中，总体单位通常总是以某种社会经济组织形式结合为群体，所以利用这些群体作为整群抽样的"群"会给调查的组织工作和搜集资料工作提供方便。例如，以居委会和街道为单位组织城市住户调查是非常方便的。

由于整群抽样在群内是全面调查，在群间是抽样调查，影响抽样误差的总体方差是群间方差，故整群抽样对抽样误差的影响可以分两种情况：如果总体群内方差小，群间方差大，则样本的代表性降低，抽样误差增大；如果总体群内方差大，群间方差小，则样本的代表性提高，抽样误差减小。因此，为了减小抽样平均误差，在分群的时候，要注意增大群内方差，降低群间方差。

整群抽样和类型抽样都是统计分组和简单随机抽样结合的产物，但它们还是有本质区别的，主要表现在三个方面：其一，分群（组）原则不同。对于类型抽样，组间差异应尽可能大，组内差异应尽可能小；而对于整群抽样则相反。其二，抽样单位不同。类型抽样的抽样单位是基本单位（即总体单位），而整群抽样的抽样单位是群。其三，调查方式不同。对于类型抽样，在组内是抽样调查，在组间是全面调查；而对于整群抽样则相反。

（五）多阶段抽样

当总体容量很大时，抽样调查直接抽取总体单位，在技术上有很大困难，这时，将总体分成若干阶段，在每一阶段中实行随机抽样则会简单得多。多阶段抽样，顾名思义就是在抽样调查抽选样本时并不是一次直接从总体中抽取，而是分两个或两个以上的阶段来进行。

多阶段抽样的作用如下。

（1）当抽样调查的面很广，没有一个包括所有总体单位的抽样框，或者总体范围太大而无法直接抽取样本时，需要采用多阶段抽样。例如，全国农产量调查和城市居民的住户调查，样本单位遍布全国各地，显然不可能直接一次抽到所需要的样本，只能分成几个阶段来逐级抽取。

（2）可以相对地节约人力和物力。从一个比较大的总体容量中抽取一个随机样本，势必使抽到的样本单位比较分散，若要派人调查，人力和物力的支出比较大。例如，一个县要确定一些农户作为样本，采用一次随机抽样的样本很可能分布在全县各个乡，调查的往返路费就比较高。如果分阶段进行，先抽 n 个乡，然后在抽中的乡中再抽若干户，这样可以使样本相对比较集中，因而可以节省人力和物力。

（3）可以利用现成的行政区域、组织系统作为划分各阶段的依据，为抽样调查提供方便。

根据我国政治、经济、管理的特点，各级党政领导都需要查看统计数字，而全国抽样调查的数字往往不能满足各级领导的需要。如果各级根据需要再适当地补充样本单位，把多阶段抽样和各地的需要结合起来，就可以解决这一矛盾。

以某省粮食产量调查为例，可以按行政区域划分层次，以省为总体，步骤如下。

① 从全省所有县级单位中，抽取部分县作为第一阶段抽取的样本；

② 从被抽中县的所有乡或村中，抽取部分乡或村作为第二阶段抽取的样本；

③ 从被抽中乡或村的所有农户中，抽取部分农户作为第三阶段抽取的样本；

④ 从被抽中农户的所有播种面积中抽取部分地块，进行实割实测的调查，作为最基层阶段的样本，计算其样本平均亩产量，并推算总产量。

多阶段抽样所划分的抽样阶段数不宜过多，一般以划分两三个阶段，至多四个阶段为宜。

四、抽样估计的理论依据

抽样估计是建立在概率论的大数定律基础上的。大数定律为抽样估计提供了数学依据。

（一）大数定律

在随机事件的大量重复出现中，往往呈现出几乎必然的规律，这个规律就是大数定律，即大数定律是阐明大量随机现象平均结果的稳定性的一系列定理的总称。它说明如果被研究的总体是由大量的相互独立的随机因素所构成的，而且每个因素对总体的影响都相对较小，那么将这些大量因素加以平均，因素的个别影响将相互抵消，而呈现出共同作用的影响，使总体具有稳定的性质。例如，观察个别或少数家庭的婴儿出生情况，发现有的生男，有的生女，没有一定的规律性，但是通过大量的观察就会发现，男婴和女婴占婴儿总数的比重均趋于 50%。

大数定律有若干个表现形式，这里仅介绍其中常用的两个重要定律。

1. 切比雪夫大数定律

设 $x_1, x_2, \cdots, x_n$ 是一列两两相互独立的随机变量，服从同一分布，且存在有限的数学期望 $\overline{X}$ 和方差 σ^2，则对任意小的正数 ε，有：

$$\lim_{n \to +\infty} P\left\{ \left| \frac{\sum_{i=1}^{n} x_i}{n} - \overline{X} \right| < \varepsilon \right\} = 1 \qquad (6-2)$$

该定律的含义是：当 n 很大时，服从同一分布的随机变量 $x_1, x_2, \cdots, x_n$ 的算术平均数 $\dfrac{\sum_{i=1}^{n} x_i}{n}$ 将依概率接近于这些随机变量的数学期望。

将该定律应用于抽样调查，便有如下结论：随着样本容量 n 的增加，样本平均数将接近于总体平均数，从而为统计推断中依据样本平均数估计总体平均数提供了理论依据。

2．伯努利大数定律

设 m 是 n 次独立试验中事件 A 发生的次数，且事件 A 在每次试验中发生的概率为 p，则对任意正数 ε，有：

$$\lim_{n \to +\infty} P\left\{ \left| \frac{m}{n} - p \right| < \varepsilon \right\} = 1 \qquad (6\text{-}3)$$

该定律是切比雪夫大数定律的特例，其含义是当 n 足够大时，事件 A 出现的频率将几乎接近于其发生的概率，即频率具有稳定性。该定律提供了用频率代替概率的理论依据。

在抽样调查中，用样本成数估计总体成数，其理论依据即在于此。

（二）中心极限定理

设 $x_1, x_2, \cdots, x_n$ 组成具有期望值为 $\overline{X}$ 和方差为 σ^2 的任意样本总体，$\overline{x}$ 是样本平均数，随着 n 的不断增大，$\overline{x}$ 不断趋于正态分布，其分布形式可表示为 $\overline{x} \sim N\left(\overline{X}, \dfrac{\sigma^2}{n} \right)$，这就是中心极限定理。

大数定律与中心极限定理都是讨论样本均值的性质，两者本质上的区别在于，大数定律定义的是随着样本容量 n 的不断增大，样本均值几乎必然等于均值；而中心极限定理则表明在样本容量 n 充分大的条件下，不论总体的变量是否服从正态分布，其样本平均数 $\overline{x}$ 趋向于以总体平均数为 $\overline{X}$、方差为 σ^2/n 的正态分布。对于成数指标，设总体成数是 P，样本成数是 $\hat{p}$，则当样本容量充分大时，其样本成数 $\hat{p}$ 近似服从正态分布。

任务二 | 计算抽样平均误差

一、抽样误差与抽样平均误差的概念

抽样估计的目的是根据样本指标去估计总体指标。但样本毕竟只是总体的一部分，只含有总体的部分信息，因而用样本指标去估计总体指标必然会产生一定的误差。误差的大小与估计准确性的高低成反比，即误差越大，估计的准确性越低；误差越小，估计的准确性越高。

统计调查的误差可以分为两大类：登记性误差和代表性误差。登记性误差是由于观察、测量、登记、计算等方面的原因造成的，其中既有客观原因，如衡器不准，也有主观原因，如故意虚报、瞒报等，其大小与调查的单位数成正比，即调查单位越多，登记性误差越大；代表性误差是由于按照随机原则从总体中抽取一部分单位进行调查并据此估计总体时，样本的结构不能完全代表总体的结构所产生的误差，其大小与调查单位数成反比，即调查单位越多，代表性误差越小。登记性误差既存在于全面调查之中，又存在于非全面调查之中；代表性误差只存在于非全面调查之中。

抽样调查既存在登记性误差，又存在代表性误差。

代表性误差又可分为系统性误差和抽样误差。系统性误差是指由于破坏了或没有完全遵守随机原则所产生的代表性误差，而抽样误差则是即使完全遵守了随机原则仍然存在的代表性误差。由于在抽样调查理论中总是假定完全遵守随机原则，因而系统性误差为零。因此，抽样误差即指抽样调查的代表性误差，其可控性强，可以将其控制在一定的范围内，但不可以消灭。

抽样误差具有双重的含义：实际抽样误差和抽样平均误差。

实际抽样误差是指某一次抽样结果所得到的样本指标与总体指标的绝对离差，如样本平均数

$\bar{x}$ 与总体平均数 $\bar{X}$ 的绝对离差 $|\bar{x}-\bar{X}|$、样本成数 $\hat{p}$ 与总体成数 P 的绝对离差 $|\hat{p}-P|$ 等。实际抽样误差是随机变量。例如，某地区全部小麦平均亩产为 400 千克，而抽样调查得到的样本平均亩产量为 391 千克，则这一次的抽样误差为 9 千克。但是，由于总体指标是未知的待估参数，所以，实际抽样误差是无法计算的误差。

抽样平均误差是指所有可能的样本指标与总体指标之间的平均误差，用所有可能出现的样本指标的标准差表示。抽样平均误差是确定性变量。通俗地说，抽样平均误差是指从总体中任意抽取一个样本所得的样本指标与总体指标的平均离差。抽样平均误差能够说明样本指标代表性的高低。抽样平均误差大，说明样本指标对总体指标的代表性低；反之则高。

在抽样理论和实践中，所谓抽样误差，一般都是指抽样平均误差。

二、抽样平均误差的计算

抽样平均误差的计算公式有以下两种。

（一）计算抽样平均误差的理论公式

抽样平均误差是指所有可能出现的样本指标与总体指标之间的平均误差。不同样本的实际抽样误差不同，抽样平均误差就是所有实际抽样误差的平均数。设样本的可能数目为 M，$\bar{x}_i$ 为第 i 个样本的样本平均数，用 $\bar{x}_i$ 估计总体平均数 $\bar{X}$ 所产生的误差，$\bar{x}_i-\bar{X}$ 称为实际抽样误差。但由于实际抽样误差有正离差与负离差，正负离差会抵消，因此，不能将抽样平均误差定义为实际抽样误差的算术平均数。使实际抽样误差不能相互抵消的方法有两种：一是取绝对值，二是平方。由于取绝对值不便于数学处理，只能采用平方的方法。但平方之后，实际抽样误差被"放大"了，因此，最后有必要将这些平方后的实际抽样误差的平均数进行缩小，即开平方。于是，便得到以下计算抽样平均误差的理论公式。

$$\mu_{\bar{x}}=\sqrt{\frac{\sum(\bar{x}_i-\bar{X})^2}{M}} \tag{6-4}$$

式中，$\mu_{\bar{x}}$ 为抽样平均数的抽样平均误差。

如果以样本成数估计总体成数，同理可得：

$$\mu_p=\sqrt{\frac{\sum(\hat{p}_i-P)^2}{M}} \tag{6-5}$$

式中，μ_p 为抽样成数的抽样平均误差；$\hat{p}_i$ 为第 i 个样本的成数；P 为总体成数。

公式（6-4）和公式（6-5）是计算抽样平均误差的理论公式，适用于所有的抽样组织形式。但运用这些公式计算抽样平均误差有两个条件：一是必须从总体中抽出所有的可能样本，二是必须有总体指标。然而，在抽样调查实践中，往往只从总体中抽取一个样本，根据一个样本的资料无法利用这些公式计算抽样平均误差。而且，总体指标是未知的，需根据样本指标去估计总体指标。因此，这些公式只具有理论意义。

（二）计算抽样平均误差的实际应用公式

概率论研究证明，所有可能出现的样本平均数的标准差与总体平均数的标准差之间的关系为：

$$\sigma_{\bar{x}}=\frac{\sigma}{\sqrt{n}}$$

则

$$\mu_{\bar{x}}=\sigma_{\bar{x}}=\frac{\sigma}{\sqrt{n}}=\sqrt{\frac{\sigma^2}{n}} \tag{6-6}$$

1．简单随机抽样组织形式下抽样平均误差的计算

（1）样本平均数抽样平均误差的计算

重复抽样：
$$\mu_{\bar{x}} = \sqrt{\frac{\sigma^2}{n}} \qquad\qquad (6\text{-}7)$$

不重复抽样：
$$\mu_{\bar{x}} = \sqrt{\frac{\sigma^2}{n} \times \frac{N-n}{N-1}} \approx \sqrt{\frac{\sigma^2}{n}\left(1-\frac{n}{N}\right)} \qquad\qquad (6\text{-}8)$$

公式（6-8）中，$\dfrac{N-n}{N-1}$ 称为校正因子。由于校正因子总是小于 1，所以不重复抽样的抽样平均误差总比重复抽样的抽样平均误差小。在 N 很大时，校正因子接近于 1，因此，按不重复抽样方法抽取样本，也可按重复抽样的公式计算抽样平均误差。

总体方差 σ^2 在实际抽样中是未知的，由于在社会经济统计中一般采用的是大样本，因此，在应用上述公式计算抽样平均误差时，通常采用以下方法取得总体方差近似的估计值：①用历史数据代替。如有若干个总体方差，取方差的最大值。②用样本方差代替。概率论的研究已经证明，样本的方差可以相当地接近总体的方差。

【例 6-1】根据项目六开篇案例资料，计算某乡镇从 30 000 户家庭中随机抽取的 300 户家庭 2017 年平均每户年耐用品消费额的抽样平均误差。

表 6-2　　　　　　　　2017 年某乡镇居民家庭年耐用品消费支出调查资料

户年耐用品消费额（元）	调查户数（户）f	组中值（元）x	xf（元）	$(x-\bar{x})^2 f$
400 以下	40	300	12 000	4 624 000
400～600	80	500	40 000	1 568 000
600～800	120	700	84 000	432 000
800～1 000	50	900	45 000	3 380 000
1 000 以上	10	1 100	11 000	2 116 000
合计	300	—	192 000	12 120 000

根据题意：$N = 30\,000$ 户　　$n = 300$ 户

$$\bar{x} = \frac{\sum xf}{\sum f} = \frac{192\,000}{300} = 640 \text{（元）}$$

$$s = \sqrt{\frac{\sum (x-\bar{x})^2 f}{\sum f}} = \sqrt{\frac{12\,120\,000}{300}} \approx 201 \text{（元）}$$

重复抽样时：

$$\mu_{\bar{x}} = \sqrt{\frac{\sigma^2}{n}} = \frac{\sigma}{\sqrt{n}} \approx \frac{s}{\sqrt{n}} = \frac{201}{\sqrt{300}} \approx 11.60 \text{（元）}$$

不重复抽样时：

$$\mu_{\bar{x}} = \sqrt{\frac{\sigma^2}{n}\left(1-\frac{n}{N}\right)} \approx \sqrt{\frac{s^2}{n}\left(1-\frac{n}{N}\right)} = \sqrt{\frac{40\,401}{300} \times \left(1-\frac{300}{30\,000}\right)} \approx 11.55 \text{（元）}$$

【例 6-2】某地区有 40 000 户居民，从这 40 000 户中随机抽取 400 户进行调查，得知这 400 户居民除食品以外的消费支出平均每月为 850 元，标准差为 200 元，计算该地区居民除食品以外的消费支出的抽样平均误差。

根据题意：$N = 40\,000$ 户　　$n = 400$ 户　　$\bar{x} = 850$ 元　　$s = 200$ 元

重复抽样时：

$$\mu_{\bar{x}} = \sqrt{\frac{\sigma^2}{n}} = \frac{\sigma}{\sqrt{n}} \approx \frac{s}{\sqrt{n}} = \frac{200}{\sqrt{400}} = 10 \text{（元）}$$

不重复抽样时：

$$\mu_{\bar{x}} = \sqrt{\frac{\sigma^2}{n}(1-\frac{n}{N})} \approx \sqrt{\frac{s^2}{n}(1-\frac{n}{N})} = \sqrt{\frac{200^2}{400} \times (1-\frac{400}{40\,000})} \approx 9.95 \text{（元）}$$

（2）样本成数抽样平均误差的计算

重复抽样：
$$\mu_p = \sqrt{\frac{P(1-P)}{n}} \tag{6-9}$$

不重复抽样：
$$\mu_p = \sqrt{\frac{P(1-P)}{n} \times \frac{N-n}{N-1}} \approx \sqrt{\frac{P(1-P)}{n}(1-\frac{n}{N})} \tag{6-10}$$

同样，总体成数方差 $P(1-P)$ 在实际抽样中也是未知的，对大样本而言，也可采用以下方法取得近似的估计值：①用历史数据代替。如有若干个总体成数方差，取方差的最大值。②用样本成数方差代替总体成数方差。③用样本成数 $\hat{p}$ 代替总体成数 P。④有若干个 P 值时，取最接近 0.5 的 P 值；没有 P 值时，取 $P=0.5$，因为 $P=0.5$ 时，成数的方差最大。

【例6-3】根据项目六开篇案例资料，计算某乡镇随机抽取的 300 户家庭中年耐用品消费额在 600 元以下家庭所占比重的抽样平均误差。

根据题意：$\hat{p} = \frac{120}{300} = 0.4$ $N = 30\,000$ 户 $n = 300$ 户

重复抽样时：

$$\mu_p = \sqrt{\frac{P(1-P)}{n}} \approx \sqrt{\frac{\hat{p}(1-\hat{p})}{n}} = \sqrt{\frac{0.4 \times 0.6}{300}} = 0.028\,3$$

不重复抽样时：

$$\mu_p = \sqrt{\frac{P(1-P)}{n} \times \frac{N-n}{N-1}} \approx \sqrt{\frac{P(1-P)}{n}\left(1-\frac{n}{N}\right)}$$

$$\approx \sqrt{\frac{\hat{p}\left(1-\hat{p}\right)}{n}\left(1-\frac{n}{N}\right)} = \sqrt{\frac{0.4 \times 0.6}{300} \times \left(1-\frac{300}{30\,000}\right)} = 0.028\,1$$

【例6-4】对某企业产品的合格率进行检测，从 5\,000 个成品中随机抽取 200 个进行检测，测得合格品为 196 件，计算产品合格率的抽样平均误差。

根据题意：$\hat{p} = \frac{196}{200} = 0.98$ $n = 200$ 个 $N = 5\,000$ 个

重复抽样时：

$$\mu_p = \sqrt{\frac{P(1-P)}{n}} \approx \sqrt{\frac{\hat{p}(1-\hat{p})}{n}} = \sqrt{\frac{0.98 \times 0.02}{200}} = 0.01$$

不重复抽样时：

$$\mu_p = \sqrt{\frac{P(1-P)}{n} \times \frac{N-n}{N-1}} \approx \sqrt{\frac{P(1-P)}{n}\left(1-\frac{n}{N}\right)}$$

$$\approx \sqrt{\frac{\hat{p}\left(1-\hat{p}\right)}{n}\left(1-\frac{n}{N}\right)} = \sqrt{\frac{0.98 \times 0.02}{200} \times \left(1-\frac{200}{5\,000}\right)} = 0.009\,7$$

2. 类型抽样组织形式下抽样平均误差的计算

在总体分组的情况下，总体方差由两部分组成：一部分是组间方差，反映各类型组之间标志值的差异程度；另一部分是组内方差，反映各组组内各单位标志值之间的差异程度。类型抽样的特点是：对于组内总体单位来说是非全面调查，而对于各个类型组来说是全面调查。由于对各类型组来说是全面调查，因此，在计算抽样平均误差时不需要考虑组间方差，影响类型抽样的抽样平均误差的是组内方差。故类型比例（等比例）抽样的抽样平均误差的计算，用各类型组的平均组内方差代替简单随机抽样的抽样平均误差计算公式中的总体方差即可。其计算公式如下。

（1）样本平均数抽样平均误差的计算

重复抽样：

$$\mu_{\bar{x}} = \sqrt{\frac{\overline{\sigma_i^2}}{n}} \approx \sqrt{\frac{\overline{s_i^2}}{n}} \qquad （6\text{-}11）$$

式中，$\overline{\sigma_i^2} = \dfrac{\sum \sigma_i^2 N_i}{N} = \dfrac{\sum \sigma_i^2 n_i}{n}$ 为总体平均组内方差；

$\overline{S_i^2} = \dfrac{\sum S_i^2 n_i}{n}$ 为样本平均组内方差。

不重复抽样：

$$\mu_{\bar{x}} = \sqrt{\frac{\overline{\sigma_i^2}}{n}\left(1 - \frac{n}{N}\right)} \qquad （6\text{-}12）$$

【例6-5】某地区想了解城乡居民每年花费在娱乐上的费用情况，采用类型等比例重复抽样进行调查，样本资料如表6-3所示，计算该地区各类家庭平均每户家庭每年花费在娱乐上的费用的抽样平均误差。

表6-3　　　　　　　　某地区城乡居民家庭每年花费在娱乐上的费用情况

	抽样家庭数 n_i	平均娱乐费用（元）$\bar{x}$	组内方差 s_i^2
农民家庭	20	75	150
工人家庭	30	150	300
教师家庭	15	500	1 000
其他家庭	5	900	1 200
合计	70	—	—

计算平均组内方差：

$$\overline{s_i^2} = \frac{\sum s_i^2 n_i}{n} = \frac{150 \times 20 + 300 \times 30 + 1\,000 \times 15 + 1\,200 \times 5}{70} = 471.43$$

计算抽样平均误差：

$$\mu_{\bar{x}} = \sqrt{\frac{\overline{s_i^2}}{n}} = \sqrt{\frac{471.43}{70}} = 2.595 \text{（元）}$$

（2）样本成数抽样平均误差的计算

重复抽样：

$$\mu_p = \sqrt{\frac{\overline{P_i(1-P_i)}}{n}} \qquad （6\text{-}13）$$

式中，$\overline{P_i(1-P_i)}$ 为总体平均组内方差。

$$\overline{P_i(1-P_i)} = \frac{\sum P_i(1-P_i)n_i}{n} \qquad (6\text{-}14)$$

在没有总体平均组内方差时，可用样本的平均组内方差代替。

不重复抽样：

$$\mu_p = \sqrt{\frac{\overline{P_i(1-P_i)}}{n}\left(1-\frac{n}{N}\right)} \qquad (6\text{-}15)$$

【例 6-6】某乡有农户 4 000 户，现抽取 200 户进行月平均收入的抽样调查，并设定每户月收入 1 200 元及以上的为高收入户，详细资料如表 6-4 所示，试计算样本成数的抽样平均误差。

表 6-4　　　　　　　类型比例抽样样本成数抽样平均误差计算表

类型组	抽样户数 n_i	高收入		$1-\hat{p}_i$	$\hat{p}_i(1-\hat{p}_i)$
		户数	比重 $\hat{p}_i$		
种粮食作物为主	125	25	0.20	0.80	0.16
种经济作物为主	75	60	0.80	0.20	0.16
合计	200	85	0.425	—	—

根据题意，各组抽样成数的平均数为：

$$\hat{p} = \frac{85}{200} = 0.425$$

平均组内方差：

$$\overline{\hat{P}_i(1-\hat{P}_i)} = \frac{\sum \hat{P}_i(1-\hat{P}_i)n_i}{n} = \frac{0.16 \times 125 + 0.16 \times 75}{125 + 75} = 0.16$$

重复抽样时：

$$\mu_p = \sqrt{\frac{\overline{\hat{p}_i(1-\hat{p}_i)}}{n}} = \sqrt{\frac{0.16}{200}} = 0.028\,3$$

不重复抽样时：

$$\mu_p = \sqrt{\frac{\overline{\hat{p}_i(1-\hat{p}_i)}}{n}\left(1-\frac{n}{N}\right)} = \sqrt{\frac{0.16}{200} \times \left(1-\frac{200}{4\,000}\right)} = 0.027\,6$$

由方差加法定理可知，总体方差等于组间方差加上平均组内方差。在简单随机抽样中，影响抽样平均误差的方差是总体方差；而在类型抽样中，影响抽样平均误差的方差则是平均组内方差。因此，在其他条件相同的情况下，类型抽样的抽样平均误差小于简单随机抽样的抽样平均误差。与简单随机抽样相比，类型抽样保证了样本在总体中较均匀地分布，从而提高了样本的代表性，降低了抽样平均误差。

3. 等距抽样组织形式下抽样平均误差的计算

等距抽样可以分为按无关标志排队的等距抽样和按有关标志排队的等距抽样，等距抽样的抽样方法为不重复抽样。

由于按无关标志排队的等距抽样的抽样过程近似于简单随机抽样，所以，按无关标志排队的等距抽样的抽样平均误差按简单随机不重复抽样的抽样平均误差公式计算；而按有关标志排队的等距抽样具有类型抽样的性质，一个抽样距离为一个组，一个组抽取一个样本单位，对于所有的组来说是全面调查，组内是抽样调查。从理论上讲，应采用类型抽样的抽样平均误差公式计算，但因为每组只抽取一个样本单位，无法计算组内方差，所以，按有关标志排队的等距抽样的抽样平均误差，在实际工作中还是按简单随机不重复抽样的抽样平均误差公式计算。

4. 整群抽样组织形式下抽样平均误差的计算

整群抽样的特点是：群内是全面调查，群间是抽样调查。由于对中选的群来说是全面调查，因此，在计算抽样平均误差时不需要考虑群内方差，影响抽样平均误差大小的是群间方差。故整群抽样的抽样平均误差的计算，用群间方差代替简单随机抽样的抽样平均误差计算公式中的总体方差即可。

（1）样本平均数抽样平均误差的计算

$$\mu_{\bar{x}} = \sqrt{\frac{\delta_{\bar{x}}^2}{r} \times \frac{R-r}{R-1}} \qquad (6\text{-}16)$$

式中，$\delta_{\bar{x}}^2$ 为样本平均数的群间方差；

   R 为总体群数；

   r 为样本群数。

（2）样本成数抽样平均误差的计算

$$\mu_p = \sqrt{\frac{\delta_p^2}{r} \times \frac{R-r}{R-1}} \qquad (6\text{-}17)$$

式中，δ_p^2 为样本成数的群间方差。

【例6-7】某乡播种某种农作物 3 000 亩（1 亩≈666.67 平方米），分布在 60 块地段上，每块地段 50 亩。现抽取 5 块地，全面调查收获与受灾损失情况，资料如表 6-5 所示（1 斤=0.5 千克）。现要求计算该乡这种农作物的平均亩产及受灾面积占总面积比重的抽样平均误差。

表 6-5　　　　　　　　　　　　某乡某种农作物收获与受灾损失情况

样本群编号	样本群平均亩产（10^2 斤）	样本群受灾损失面积（%）
1	8.25	2.0
2	9.50	1.6
3	8.50	2.4
4	9.00	1.9
5	8.75	2.1

根据题意：R=3 000÷50=60（群）　　$r=5$（群）

（1）计算平均亩产的抽样平均误差：

$$\bar{x} = \frac{\sum \bar{x}_i}{r} = \frac{8.25 + 9.50 + 8.50 + 9.00 + 8.75}{5} = 8.8 \text{（百斤）}$$

$$\delta_{\bar{x}}^2 = \frac{\sum(\bar{x}_i - \bar{x})^2}{r} = \frac{(8.25 - 8.8)^2 + \cdots + (8.75 - 8.8)^2}{5} = 0.185$$

$$\mu_{\bar{x}} = \sqrt{\frac{\delta_{\bar{x}}^2}{r} \times \frac{R-r}{R-1}} = \sqrt{\frac{0.185}{5} \times \frac{60-5}{60-1}} = 0.186 \text{（百斤）}$$

（2）计算受灾面积占总面积比重的抽样平均误差：

$$\hat{P} = \frac{\sum \hat{P}_i}{r} = \frac{2.0\% + 1.6\% + 2.4\% + 1.9\% + 2.1\%}{5} = 2\%$$

$$\delta_p^2 = \frac{\sum(\hat{P}_i - \hat{P})^2}{r} = \frac{(2.0\% - 2\%)^2 + \cdots + (2.1\% - 2\%)^2}{5} = 0.000\,68\%$$

$$\mu_p = \sqrt{\frac{\delta_p^2}{r}(1 - \frac{r}{R})} = \sqrt{\frac{0.000\,68\%}{5} \times (1 - \frac{5}{60})} = 0.112\%$$

三、影响抽样平均误差的因素

为了计算和控制抽样平均误差，需要分析影响抽样平均误差的因素。抽样平均误差的大小主要受以下四个因素的影响。

1. 抽样单位的数目

在其他条件不变的情况下，抽样单位的数目越多，抽样平均误差越小；抽样单位数目越少，抽样平均误差越大。这是因为随着样本数目的增多，样本结构会越接近总体的结构，抽样调查也就越接近全面调查。当样本扩大到总体时，则为全面调查，也就不存在抽样平均误差了。

2. 总体被研究标志的变异程度

在其他条件不变的情况下，总体被研究标志的变异程度越小，抽样平均误差越小。总体被研究标志的变异程度越大，抽样平均误差越大。抽样平均误差和总体标志的变异程度成正比变化。这是因为总体的变异程度小，表示总体各单位标志值之间的差异小，则样本指标与总体指标之间的差异也可能小；如果总体各单位标志值相等，则标志变动度为零，样本指标等于总体指标，此时不存在抽样平均误差。

3. 抽样方法的选择

按重复抽样或不重复抽样的方法抽取样本，计算出的抽样平均误差的大小是不同的，采用不重复抽样比采用重复抽样的抽样平均误差小。

4. 抽样组织形式

采用不同的组织形式，可计算出不同的抽样平均误差。类型抽样、按有关标志排队的等距抽样的抽样平均误差相对要小，这是因为不同的抽样组织形式所抽取的样本对于总体的代表性不同。

任务三 | 总体参数估计

总体参数估计就是以估计量去估计总体参数。

一、估计量与估计值

通常把要估计的总体指标称为待估参数，用 θ 表示；作为估计依据的样本指标称为统计量或估计量，用 $\hat{\theta}$ 表示；作为估计量的具体观察值则称为估计值。

例如，根据项目六开篇案例中的资料，某乡镇从 30 000 户家庭中随机抽取 300 户家庭进行调查，以了解 2017 年平均每户年耐用品的消费情况。根据样本资料计算出 2017 年平均每户年耐用品的消费水平 $\bar{x} = 640$ 元，则平均每户年耐用品的消费水平 $\bar{x}$ 为估计量，640 元是平均每户年耐用品消费水平的估计值。

二、估计量的优良标准

对于同一个待估参数，可以采用不同的估计量。例如，对于未知的总体平均数，可以用样本平均数去估计，也可以用样本中位数去估计。这就有了如何选择一个较好的估计量，使它对于被估参数有良好的代表性的问题。一般来说，评价一个估计量是否优良的标准有无偏性、一致性、有效性。

1. 无偏性

估计量是随机变量，根据不同的样本就会得到不同的估计值。我们总是希望估计值与总体参数真值尽可能地接近，估计值在总体参数真值左右徘徊，最好它的数学期望等于未知参数的真值，即 $E(\hat{\theta}) = \theta$，则 $\hat{\theta}$ 为 θ 的无偏估计量。通俗地说，在以抽样指标估计全及指标时，要求抽样指标值的平均数等于被估计的全及指标本身。也就是说，虽然每一次的抽样指标（如 $\bar{x}$、$\hat{p}$ 等）与未知的全及指标（如 $\bar{X}$、P 等）的离差可能不相同，但是从所有可能出现的样本来看，各个抽样指标的平均数应等于总体平均数，即抽样指标的平均数与总体平均数是没有偏差的。

2. 一致性

当样本容量 n 充分大时，若样本指标充分地靠近被估计的全及指标，则该样本指标是被估计的全及指标的一致估计量。根据中心极限定理，样本平均数是总体平均数的一致估计量，样本方差是总体方差的一致估计量。

3. 有效性

一般来说，一个参数往往有多个无偏估计量。估计量的无偏性只保证了估计量的取值在总体参数真值周围波动，但是波动的幅度有多大呢？我们自然希望估计量波动的幅度越小越好，幅度越小，则估计量取值与总体参数真值有较大偏差的可能性越小，而衡量随机变量波动幅度的量就是方差。如果一个样本估计量的方差比其他估计量的方差小，则称该样本估计量是被估计的全及指标的有效估计量。

例如，样本平均数 $\bar{x}$ 与样本中位数 M_e 都是总体平均数的无偏估计量，但样本平均数的方差 $\sigma^2_{\bar{x}} = \dfrac{\sigma^2}{n}$，样本中位数的方差 $\sigma^2_{M_e} = \dfrac{1.57\sigma^2}{n}$，由于样本平均数的方差小于样本中位数的方差，所以，样本平均数是比样本中位数更有效的估计量。

三、点估计与区间估计

总体参数估计有两种方法：点估计和区间估计。

（一）点估计

点估计又称定值估计，是用实际样本指标数值代替总体指标数值，即总体平均数的点估计值就是样本平均数，总体成数的点估计值就是样本成数。点估计不考虑是否有抽样误差。例如，对一批某种型号的电子元件 10 000 只进行耐用时间检查，随机抽取 100 只，测试的平均耐用时间为 1 055 小时，合格率为 91%，则可以推断这 10 000 只电子元件的平均耐用时间为 1 055 小时，全部电子元件的合格率也是 91%。

点估计的特点是计算简单，但不能表明估计的准确程度和可靠程度。

（二）区间估计

1. 区间估计的概念

区间估计是根据样本指标和抽样平均误差，确定用多大的概率保证程度来估计总体指标的可能区间。

区间估计的含义公式为：

$$P\left\{\hat{\theta}_1 < \theta < \hat{\theta}_2\right\} = 1-\alpha \tag{6-18}$$

公式（6-18）中，α 为显著性水平，说明 θ 落在 $(\hat{\theta}_1, \hat{\theta}_2)$ 以外的概率；$1-\alpha$ 称为置信概率，也称作置信水平、置信度或置信系数，说明抽样估计的可靠程度。区间估计含义公式的意义是：有 $1-\alpha$ 的把握断定 θ 的真值落在区间 $(\hat{\theta}_1, \hat{\theta}_2)$ 内。

2. 区间估计的方法

（1）总体平均数的区间估计

总体平均数是个未知参数；样本平均数则是在总体平均数左右两侧出现的随机变量，它与总体平均数之间可能产生正离差或负离差。若以 $\Delta_{\bar{x}}$ 表示样本平均数与总体平均数之间误差的可能范

围，则

$$\varDelta_{\bar{x}}=\left|\bar{x}-\bar{X}\right| \tag{6-19}$$

公式（6-19）表明，样本平均数 $\bar{x}$ 以总体平均数为中心，在 $\bar{X}\pm\varDelta_{\bar{x}}$ 之间变动。将该公式进行等价交换，可写成：

$$\bar{X}-\varDelta_{\bar{x}}\leqslant\bar{x}\leqslant\bar{X}+\varDelta_{\bar{x}} \tag{6-20}$$

公式（6-20）表明样本平均数落在总体平均数的上限值和下限值的范围。但这不符合抽样估计的要求，因为总体平均数是未知的，要求以样本指标去估计总体指标。那么，将该公式再进行等价变换，可写成：

$$\bar{x}-\varDelta_{\bar{x}}\leqslant\bar{X}\leqslant\bar{x}+\varDelta_{\bar{x}} \tag{6-21}$$

公式（6-21）就是总体平均数的区间估计公式，即我们可以有 $F(t)$ 的把握程度认为总体平均数落在（$\bar{x}-\varDelta_{\bar{x}}$，$\bar{x}+\varDelta_{\bar{x}}$）范围内。（$\bar{x}-\varDelta_{\bar{x}}$，$\bar{x}+\varDelta_{\bar{x}}$）为置信区间。

基于概率估计的要求，抽样极限误差 $\varDelta_{\bar{x}}$ 通常需要以抽样平均误差 $\mu_{\bar{x}}$ 作为标准单位来衡量，即以 $\varDelta_{\bar{x}}$ 除以 $\mu_{\bar{x}}$，得出相对数 t，表示误差范围为抽样平均误差的 t 倍。t 是测量估计可靠程度的一个参数，也称为概率度，用公式表示为：

$$t=\frac{\varDelta_{\bar{x}}}{\mu_{\bar{x}}}$$

则

$$\varDelta_{\bar{x}}=t\mu_{\bar{x}} \tag{6-22}$$

公式（6-22）中，t 为概率度，是扩大或缩小抽样误差范围的倍数，它决定了估计的可靠程度；$\varDelta_{\bar{x}}$ 为抽样极限误差，也可称为允许误差，表明样本平均数与总体平均数的最大误差范围；$\mu_{\bar{x}}$ 为抽样平均误差，反映抽样估计的准确程度。

抽样极限误差同时包括两个内容：可靠程度 t 和准确程度 $-1\leqslant r\leqslant1$。r 一定时，t 越大，抽样极限误差越大，总体指标落在允许误差范围内的概率越大，抽样推断的可靠程度则越大；反之，抽样推断的可靠程度则越小。而 r 大时，说明样本的代表性小，抽样的准确性高；反之，说明样本的代表性小，抽样的准确性高。

$F(t)$ 的大小由概率度 t 决定。

常用的显著性水平值及其相应的概率度 t 值如表6-6所示。

表6-6　　　　　　　　　　　常用置信水平的 t 值

置信水平	显著性水平 α	概率度 t 值
90.00%	0.100 0	1.645
95.00%	0.050 0	1.960
95.45%	0.045 5	2.000
99.73%	0.002 7	3.000

【例6-8】某地区有 40 000 户居民，从这 40 000 户中随机抽取 400 户进行调查，得知这 400 户居民除食品以外的消费支出平均每月为 850 元，抽样平均误差为 10 元，试以 95%的概率保证程度，估计该地区平均每户居民除食品以外的月消费支出额。

根据题意：$N=40\,000$ 户　$n=400$ 户　$\bar{x}=850$ 元 $\mu_{\bar{x}}=10$ 元　$t=1.96$

则 $\varDelta_{\bar{x}}=t\mu_{\bar{x}}=1.96\times10=19.6$（元）

下限 $\bar{x}-\varDelta_{\bar{x}}=850-19.6=830.4$（元）

上限 $=\bar{x}+\varDelta_{\bar{x}}=850+19.6=869.6$（元）

即有95%的概率保证程度,估计该地区平均每户居民除食品以外的月消费支出额在830.4元～869.6元。

（2）总体成数的区间估计

总体成数的估计方法与总体平均数的估计方法类似，成数的允许误差范围 Δ_p 为：

$$\Delta_p = \left| \hat{p} - P \right|$$

总体成数的区间估计公式为：

$$\hat{p} - \Delta_p \leqslant P \leqslant \hat{p} + \Delta_p \tag{6-23}$$

式中， $\Delta_p = t\mu_p$ 为抽样成数的抽样极限误差。

【例6-9】为了研究新式时装的销路，某市在市场上随机对900名成年人进行了调查，结果有540名喜欢该新式时装，要求以90%的概率保证程度，估计该市成年人喜欢该新式时装的比率。

根据题意： $F(t) = 90\%$　　查表得 $t = 1.645$　　$\hat{p} = \dfrac{540}{900} = 0.6$

$$\mu_p = \sqrt{\frac{P(1-P)}{n}} \approx \sqrt{\frac{\hat{p}\left(1-\hat{p}\right)}{n}} \approx \sqrt{\frac{0.6 \times (1-0.6)}{900}} = 0.016\,3$$

$$\Delta_p = t\mu_p = 1.645 \times 0.016\,3 = 0.026\,8$$

下限 $= (\hat{p} - \Delta_p) \times 100\% = (0.6 - 0.026\,8) \times 100\% = 57.32\%$

上限 $= \hat{p} + \Delta_p = (0.6 + 0.026\,8) \times 100\% = 62.68\%$

即有90%的概率保证程度，估计该市成年人喜欢该新式时装的比率在57.32%～62.68%。

【例6-10】根据项目六开篇案例资料，试以99.73%的把握程度估计该乡镇全部家庭年耐用品平均消费额的可能范围；估计该乡镇全部家庭中年耐用品消费额在600元以下的家庭所占比重。

根据题意及例6-1、例6-3的计算结果得知： $N = 30\,000$ 户　　$n = 300$ 户

$\bar{x} = 640$ 元　　$s = 201$ 元　　$\hat{p} = 0.4$　　$t = 3$

$$\mu_{\bar{x}} = \sqrt{\frac{\sigma^2}{n}} = \frac{\sigma}{\sqrt{n}} \approx \frac{s}{\sqrt{n}} = \frac{201}{\sqrt{300}} = 11.60 \text{（元）}$$

则 $\Delta_{\bar{x}} = t\mu_{\bar{x}} = 3 \times 11.60 = 34.8$（元）

下限 $= \bar{x} + \Delta_{\bar{x}} = 640 - 34.8 = 605.2$（元）

上限 $= \bar{x} + \Delta_{\bar{x}} = 640 + 34.8 = 674.8$（元）

$$\mu_p = \sqrt{\frac{P(1-P)}{n}} \approx \sqrt{\frac{\hat{p}\left(1-\hat{p}\right)}{n}} = \sqrt{\frac{0.4 \times (1-0.4)}{300}} = 0.028\,3$$

则 $\Delta_p = 3 \times 0.028\,3 = 0.084\,9$

下限 $= (\hat{p} - \Delta_p) \times 100\% = (0.4 - 0.0849) \times 100\% - 8.49\% = 31.51\%$

上限 $= (\hat{p} + \Delta_p) \times 100\% = (0.4 + 0.084\,9) \times 100\% = 48.49\%$

即有99.73%的概率保证程度，估计该乡镇全部家庭年耐用品平均消费额在605.2元～674.8元，且消费额在600元以下的家庭所占比重在31.51%～48.49%。

任务四 | 确定样本容量

　　抽样估计的目的是利用样本指标去估计总体指标。抽样估计的基础是样本，而样本的取得是按随机原则从全及总体中抽取一部分单位来组成的集合体。在遵从随机原则的条件下，样本容量究竟应为多大才合适呢？这是抽样估计中的一个至关重要的问题。首先，抽样单位数目太多会增加抽样组织的困难，造成人力、物力及财力的浪费；抽样单位数目太少又会使抽样误差增大，不能有效地反映总体情况，直接影响到抽样估计结果的准确性。其次，抽样估计的一个重要方面则是要求估计的结果能满足在一定可靠性的条件下，保证抽样误差不超过事先规定的范围。而估计的可靠性要求，主要是根据研究问题的性质和对抽样结果的用途不同来确定的。当可靠性要求已确定时，抽样误差的控制尤为重要，抽样单位数目是影响抽样误差大小的重要因素。在其他条件相同时，可以用增加或减少抽样单位数目的方法来控制抽样误差的大小，以达到用最合适的抽样单位数满足抽样估计任务的要求。

一、根据规定的允许误差确定样本容量

（一）简单随机抽样组织形式下样本容量的确定

1. 估计总体平均数时样本容量的确定

（1）重复抽样方法

$\Delta_{\bar{x}} = t u_{\bar{x}} = t\sqrt{\dfrac{\sigma^2}{n}}$ 两边平方，整理后得：

$$n = \frac{t^2\sigma^2}{\Delta^2_{\bar{x}}} \tag{6-24}$$

　　由公式（6-24）得知，样本容量与概率度及总体方差成正比，与抽样极限误差成反比。在实际应用中，如果总体的方差未知，可以用样本的方差来代替总体的方差。

　　【例 6-11】 根据项目六开篇案例给定的资料，若估计的可靠程度为 99.73%，误差范围控制在 50 元以内，采用重复抽样的方法，应该抽取多少个样本单位？

　　根据题意及例 6-1 的计算结果得知：$F(t) = 99.73\%$　　$t = 3$　$\Delta_{\bar{x}} = 50$ 元　$s = 201$ 元

$$n = \frac{t^2\sigma^2}{\Delta^2_{\bar{x}}} \approx \frac{t^2 s^2}{\Delta^2_{\bar{x}}} = \frac{3^2 \times 201^2}{50^2} = 145 \text{（户）}$$

　　即采用重复抽样的方法，应至少抽取 145 户。

（2）不重复抽样方法

$\Delta_{\bar{x}} = t\sqrt{\dfrac{\sigma^2}{n}(1 - \dfrac{n}{N})}$ 两边平方，整理后得：

$$n = \frac{t^2\sigma^2 N}{\Delta^2_{\bar{x}} N + t^2\sigma^2} \tag{6-25}$$

　　【例 6-12】 根据项目六开篇案例给定的资料，若估计的可靠程度为 99.73%，误差范围控制在 50 元以内，采用不重复抽样的方法，应该抽取多少个样本单位？

　　根据题意及例 6-1 的计算结果得知：$N = 30\,000$ 户　　$F(t) = 99.73\%$　　$t = 3$　　$\Delta_{\bar{x}} = 50$ 元　$s = 201$ 元

$$n = \frac{t^2\sigma^2 N}{\Delta^2_{\bar{x}} N + t^2\sigma^2} \approx \frac{t^2 s^2 N}{\Delta^2_{\bar{x}} N + t^2 s^2} = \frac{3^2 \times 201^2 \times 30\,000}{50^2 \times 30\,000 + 3^2 \times 201^2} = 145 \text{（户）}$$

　　即采用不重复抽样的方法，应至少抽取 145 户。

【例6-13】某食品厂要检验本月生产的10 000袋某产品的质量，根据以往的资料，这种产品每袋质量的标准差为25克。如果要求在95.45%的置信度下，平均每袋质量的误差不超过5克，应抽查多少袋产品？

根据题意：$N=10\ 000$袋　$\sigma=25$克　$\Delta_{\bar{x}}=5$克　$1-\alpha=95.45\%$　$t=2$

重复抽样条件下：

$$n=\frac{t^2\sigma^2}{\Delta_{\bar{x}}^2}=\frac{2^2\times25^2}{5^2}=100\ （袋）$$

不重复抽样条件下：

$$n=\frac{t^2\sigma^2 N}{\Delta_{\bar{x}}^2 N+t^2\sigma^2}=\frac{2^2\times25^2\times10\ 000}{5^2\times10\ 000+2^2\times25^2}=99\ （袋）$$

即根据所给定的条件，重复抽样条件下应抽查100袋，不重复抽样条件下应抽查99袋。

【例6-14】某药厂为检查某瓶装药片数量，随机抽取了100瓶药，结果平均每瓶的药片数量为101.5片，标准差为3片。试以99.73%的概率保证程度，推断成品库该种药平均每瓶药片数量的区间。如果允许误差减少到原来的一半，其他条件不变，则需抽取多少瓶？

根据题意：$\bar{x}=101.5$片　$n=100$瓶　$s=3$片　$t=3$
则

$$\mu_{\bar{x}}=\frac{\sigma}{\sqrt{n}}\approx\frac{s}{\sqrt{n}}=0.3（片）$$

$$\Delta_{\bar{x}}=t\mu_{\bar{x}}=3\times0.3=0.9（片）$$

$$(\bar{x}\pm\Delta_{\bar{x}})=(100.6，102.4)$$

$$\Delta_{\bar{x}}'=\frac{1}{2}\Delta_{\bar{x}}=0.45（片）$$

$$n=\frac{t\sigma^2}{\Delta_{\bar{x}}'^2}\approx\frac{3^2\times3^2}{0.45^2}=400（瓶）$$

即有99.73%的把握程度，估计成品库该种药平均每瓶的数量在100.6片～102.4片；若允许误差减少到原来的一半，其他条件不变，需要抽取400瓶。

2. 估计总体成数时样本容量的确定

（1）重复抽样方法

$\Delta_p=t\sqrt{\dfrac{P(1-P)}{n}}$ 两边平方，整理后得：

$$n=\frac{t^2 P(1-P)}{\Delta_p^2} \tag{6-26}$$

【例6-15】根据项目六开篇案例给定的资料，若估计的可靠程度为99.73%，误差范围控制在5%以内，采用重复抽样的方法，应该抽取多少个样本单位？

根据题意及例6-3的计算结果得知：$F(t)=99.73\%$　$t=3$　$\Delta_p=5\%$　$\hat{p}=0.4$

$$n=\frac{t^2 P(1-P)}{\Delta_p^2}\approx\frac{t^2\hat{p}\left(1-\hat{p}\right)}{\Delta_p^2}=\frac{3^2\times0.4(1-0.4)}{0.05^2}=864\ （户）$$

即至少需要抽取864户进行调查。

【例6-16】某冷库对一批鸡蛋的变质率进行抽样调查。据以往三次调查的结果，其变质率分别为27%、25%、24%。现在允许误差不超过5%，估计的概率保证程度为95%，至少要抽取多少鸡蛋进行调查?

根据题意: $t=1.96$ $\Delta_p=5\%$ $P_1=27\%$ $P_2=25\%$ $P_3=24\%$

由于 $P=0.5$ 时,成数的方差最大,故取最接近 0.5 的 P 值即 27%。

$$n=\frac{t^2P(1-P)}{\Delta_p^2}=\frac{1.96^2\times0.27(1-0.27)}{0.05^2}=302.87\approx303\ (枚)$$

即至少需要抽取 303 枚鸡蛋进行调查。

(2)不重复抽样方法

$$\Delta_p=t\sqrt{\frac{P(1-P)}{n}(1-\frac{n}{N})} \qquad 两边平方,整理后得:$$

$$n=\frac{t^2P(1-P)N}{\Delta_p^2N+t^2P(1-P)} \tag{6-27}$$

【例 6-17】根据项目六开篇案例给定的资料,若估计的可靠程度为 99.73%,误差范围控制在 5% 以内,采用不重复抽样的方法,应该抽取多少个样本单位?

根据题意及例 6-3 的计算结果得知: $N=30\ 000\ 户$ $F(t)=99.73\%$ $t=3$ $\Delta_p=5\%$ $\hat{p}=0.4$

$$n=\frac{t^2P(1-P)N}{\Delta_p^2N+t^2P(1-P)}=\frac{t^2\hat{p}(1-\hat{p})N}{\Delta_p^2N+t^2\hat{p}(1-\hat{p})}$$

$$=\frac{3^2\times0.4\times(1-0.4)\times30\ 000}{0.05^2\times30\ 000+3^2\times0.4\times(1-0.4)}\approx839.81\approx840\ (户)$$

即至少需要抽取 840 户进行调查。

【例 6-18】为了检查某企业生产的 10 000 个显像管的合格率,需要确定样本的容量。根据以往经验,合格率为 90%。如果要求估计的允许误差不超过 0.027 5,置信水平为 95.45%。求应该取多少个显像管。

根据题意: $N=10\ 000\ 个$ $P=0.9$ $t=2$ $\Delta_p=0.027\ 5$

重复抽样条件下:
$$n=\frac{t^2P(1-P)}{\Delta_p^2}=\frac{2^2\times0.9\times(1-0.9)}{0.027\ 5^2}=476.03\approx477\ (个)$$

不重复抽样条件下:
$$n=\frac{t^2P(1-P)N}{\Delta_p^2N+t^2P(1-P)}=\frac{2^2\times0.9\times(1-0.9)\times10\ 000}{0.027\ 5^2\times10\ 000+2^2\times0.9\times(1-0.9)}=454.4\approx455\ (个)$$

即重复抽样条件下应该抽取 477 个显像管进行检验,不重复抽样条件下应该抽取 455 个显像管进行检验。

可见,在相同条件下,重复抽样需要的样本容量更大。

(二)类型抽样组织形式下样本容量的确定

1. 估计总体平均数时样本容量的确定

(1)重复抽样方法

用 $\overline{\sigma_i^2}$ 替代公式(6-24)中的 σ^2

则
$$n=\frac{t^2\overline{\sigma_i^2}}{\Delta_x^2} \tag{6-28}$$

（2）不重复抽样方法

用 $\overline{\sigma_i^2}$ 替代公式（6-25）中的 σ^2

则
$$n = \frac{Nt^2\overline{\sigma_i^2}}{N\Delta_{\bar{x}}^2 + t^2\overline{\sigma_i^2}}$$
（6-29）

2. 估计总体成数时样本容量的确定

（1）重复抽样

用 $\overline{P(1-P)}$ 替代公式（6-26）中的 $P(1-P)$

则
$$n = \frac{t^2\overline{P(1-P)}}{\Delta_p^2}$$
（6-30）

（2）不重复抽样方法

用 $\overline{P(1-P)}$ 替代公式（6-27）中的 $P(1-P)$

则
$$n = \frac{Nt^2\overline{P(1-P)}}{N\Delta_p^2 + t^2\overline{P(1-P)}}$$
（6-31）

（三）整群抽样组织形式下样本容量的确定

1. 估计总体平均数时 r 的确定

用 R 替代公式（6-25）中的 N ，用 $\delta_{\bar{x}}^2$ 替代公式（6-25）中的 σ^2

则
$$r = \frac{Rt^2\delta_{\bar{x}}^2}{R\Delta_{\bar{x}}^2 + t^2\delta_{\bar{x}}^2}$$
（6-32）

2. 估计总体成数时 r 的确定

用 R 替代公式（6-27）中的 N ，用 δ_p^2 替代公式（6-27）中的 $P(1-P)$

则
$$r = \frac{Rt^2\delta_p^2}{R\Delta_p^2 + t^2\delta_p^2}$$
（6-33）

二、影响样本容量的因素

1. 总体被研究标志的变异程度

样本容量与总体方差成正比。总体各单位调查标志的标志值差异程度大，说明总体各单位该标志值的分布比较分散，样本的容量也应该大一些，以保证估计的准确程度；反之，样本容量则小一些。

2. 允许误差的大小

样本容量与允许误差成反比。允许误差说明了抽样估计的精确度，所以，如果要求估计的精确度高，允许误差就小，那么样本容量就要大一些；如果要求的精确度不高，允许误差可以大些，则样本容量可以小一些。

3. 概率保证程度的大小

样本容量与概率保证程度成正比。概率保证程度说明抽样估计的可靠程度，所以，如果要求较高的可靠程度，就要增大样本容量；反之，则可以相应减少样本容量。

4. 抽样方法的不同

抽样方法的不同，需要的样本容量也就不同。由于不重复抽样抽取的样本比重复抽样抽取的样本代表性更高，重复抽样的抽样平均误差比不重复抽样的抽样平均误差大，所以，在相同的条件下，重复抽样需要更大的样本容量，而不重复抽样的样本容量则可小一些。

5. 抽样组织形式的不同

抽样的组织形式不同，所要求的样本容量也不同。由于类型抽样以及按有关标志排队的等距抽样抽取的样本代表性较高，在其他情况都相同的条件下，类型抽样以及按有关标志排队的等距抽样的样本容量要小一些。

项目小结

项目六主要介绍了抽样估计的基本理论、抽样平均误差的计算方法、总体参数的估计方法以及样本容量确定的方法。

抽样估计是遵循随机原则，从总体中抽取部分单位进行调查，然后根据这一部分单位的指标数值去推断总体的指标数值。抽样方法有两种：重复抽样和不重复抽样。

常见的抽样组织形式有简单随机抽样、类型抽样、整群抽样、等距抽样和多阶段抽样等。类型抽样以及按有关标志排队的等距抽样抽取的样本代表性较高。

调查误差可以分为两大类：登记性误差和代表性误差。登记性误差是由于观察、测量、登记、计算等方面的原因造成的误差；代表性误差是由于按照随机原则从总体中抽取一部分调查单位进行调查并据此推断总体时，样本的结构不能完全代表总体的结构所产生的误差。抽样调查既存在登记性误差，又存在代表性误差。

抽样平均误差是指从总体中任意抽取一个样本所得的样本指标与总体指标的平均离差，用所有可能出现样本的标准差表示。影响抽样平均误差的因素主要有：总体中各单位调查标志的变异程度、样本容量、抽样方法以及抽样的组织形式。

根据样本指标估计总体指标有两种方法：点估计和区间估计。

点估计是用实际的样本指标数值代替总体指标数值，即总体平均数的点估计值就是样本平均数，总体成数的点估计值就是样本成数。区间估计是根据样本指标和抽样平均误差，确定用多大的概率保证程度来推断总体指标的可能区间。

影响样本容量的主要因素有：总体各单位标志值的差异程度、允许误差的大小、概率保证程度的大小、抽样方法以及抽样组织形式的不同。

应用技能训练

一、单项选择题

1. 抽样推断的基本内容是（　　　）。
   A. 参数估计　　　　　　　　　　　　B. 假设检验
   C. 参数估计和假设检验两方面　　　　D. 数据的收集

2. 抽样平均误差的实质是（　　　）。
   A. 总体标准差　　　　　　　　　　　B. 抽样总体的标准差
   C. 抽样总体方差　　　　　　　　　　D. 样本平均数（成数）的标准差

3. 不重复抽样平均误差（　　　）。
   A. 总是大于重复抽样平均误差　　　　B. 总是小于重复抽样平均误差
   C. 总是等于重复抽样平均误差　　　　D. 以上情况都可能发生

4. 在其他条件不变的情况下，抽样单位数增加一半，抽样平均误差（　　　）。
   A. 缩小为原来的 81.6%　　　　　　　B. 缩小为原来的 50%
   C. 缩小为原来的 25%　　　　　　　　D. 扩大为原来的 4 倍

5. 样本的形成是（　　）。

    A. 随机的　　　　　　B. 随意的　　　　　　C. 非随机的　　　　　　D. 确定的

6. 抽样误差之所以产生，是由于（　　）。

    A. 破坏了随机抽样的原则　　　　　　　　B. 抽样总体的结构不足以代表总体的结构

    C. 破坏了抽样的系统　　　　　　　　　　D. 调查人员的素质较差

7. 抽样误差指的是（　　）。

    A. 代表性随机误差　B. 非抽样误差　　　　C. 代表性误差　　　　　D. 随机性误差

8. 抽样误差大小（　　）。

    A. 可以事先计算，但不能控制　　　　　　B. 不可事先计算，但能控制

    C. 能够控制和消灭　　　　　　　　　　　D. 能够控制，但不能消灭

9. 随机抽出 100 个工人，占全体工人的 1%，工龄不到一年的比重为 10%。在概率为 0.954 5 时，工龄不到一年的工人比重的极限抽样误差为（　　）。

    A. 0.6%　　　　　　　B. 6%　　　　　　　　C. 0.9%　　　　　　　　D. 3%

10. 根据抽样调查 25 个工厂（抽取 2%）的资料，采购阶段流动资金平均周转时间为 52 天，方差为 100，在概率为 0.954 时，计算流动资金平均周转时间的极限抽样误差为（　　）。

    A. 0.8　　　　　　　　B. 3.96　　　　　　　　C. 4　　　　　　　　　　D. 226

11. 根据某城市抽样调查 225 户的资料，计算出户均储蓄额为 30 000 元，抽样平均误差为 800 元，则概率为 90% 时，户均储蓄余额的极限抽样误差是（　　）。

    A. 53.3　　　　　　　B. 1.65　　　　　　　　C. 720　　　　　　　　　D. 1 320

12. 根据某市公共电话网 100 次通话情形抽样调查，知道每次通话平均持续时间为 4 分钟，均方差为 2 分钟。在概率为 0.954 5 时，计算每次通话平均持续时间的极限抽样误差为（　　）。

    A. 0.2　　　　　　　　B. 0.4　　　　　　　　C. 0.28　　　　　　　　D. 0.142 8

13. 为研究劳动生产率，某工厂对该厂 19% 的工人进行调查，抽样 324 人。这些工人加工某零件的平均时间消耗为 35 分钟，标准差为 7.2 分钟，以 0.954 5 置信度估计平均时间消耗的极限抽样误差为（　　）。

    A. 0.8　　　　　　　　B. 0.36　　　　　　　　C. 0.076　　　　　　　　D. 0.72

14. 为研究工人生产定额完成情况，对某工厂抽样调查 36% 的计件工人。抽样的 144 人中，有 80% 的工人超额完成生产定额。概率为 0.997 3 时超额完成生产定额工人比重的极限抽样误差为（　　）。

    A. 10%　　　　　　　B. 8%　　　　　　　　C. 12%　　　　　　　　D. 3.2%

15. 为估计某地区 10 000 名适龄儿童的入学率，用不重复抽样从该地区抽取 400 名儿童，有 320 名儿童入学。概率为 95.45% 时的极限抽样误差为（　　）。

    A. 1.96%　　　　　　B. 4%　　　　　　　　C. 3.92%　　　　　　　D. 1.87%

16. 对某高校 19% 的学生进行抽样调查，调查的 400 人中，得到各种奖励的比重为 20%，在概率为 0.954 5 时，奖励比重的极限抽样误差为（　　）。

    A. 4%　　　　　　　　B. 3.6%　　　　　　　C. 1.8%　　　　　　　　D. 1.74%

17. 根据 1% 抽样调查的资料，计件工人平均完成生产定额的 115%，变异系数为 12%，调查了 100 人，估计可靠程度为 0.954 5，则生产定额平均完成误差率为（　　）。

    A. 7.4%　　　　　　　B. 0.24%　　　　　　　C. 1.2%　　　　　　　　D. 2.4%

18. 假定抽样单位数为 400，抽样平均数为 300 和 30，相应的变异系数 50% 和 20%，以 0.954 5 的概率确定的估计精度为（　　）。

    A. 15 和 0.6　　　　　B. 5% 和 2%　　　　　　C. 95% 和 98%　　　　　D. 2.5% 和 1

19. 调查某工厂 19%的产品，不重复随机抽样误差为重复随机抽样误差的（ ）。

    A. 10%   B. 19%   C. 90%   D. 不能预期其结果

20. 对两工厂工人工资做不重复抽样调查，调查工人数一样，两工厂工人工资方差相同，但第二个工厂工人数比第一个工厂多一倍，抽样平均误差（ ）。

    A. 第一个工厂大   B. 第二个工厂大   C. 两工厂一样   D. 不能做出结论

21. 假定 10 亿人口大国和 100 万人口小国的居民年龄的变异程度相同，现在各自用重复抽样方法抽取本国 1%的人口计算平均年龄，则平均年龄的抽样平均误差为（ ）。

    A. 两者相等   B. 前者比后者大   C. 前者比后者小   D. 不能确定

22. 对两个牧场的奶牛挤奶量进行抽样观察。这两个牧场抽取的母牛头数和挤奶方差是一样的，但第一个牧场奶牛总头数为第二个牧场的 1.5 倍，则随机抽样误差（ ）。

    A. 第一个牧场小   B. 第一个牧场大   C. 两者相等   D. 不能确定

23. 根据 10%抽样调查资料，甲企业工人生产定额完成百分比的方差为 25，乙企业为 49。乙企业工人数是甲企业的 4 倍，工人总体生产定额平均完成率的区间（ ）。

    A. 甲企业较大   B. 乙企业较大

    C. 两企业一样   D. 无法预期两者的差别

24. 根据抽样调查资料，某零件加工平均耗时 8 分钟，抽样平均误差为 0.16 分钟，班产定额平均完成 120%，抽样平均误差为 2.4%。抽样误差率（ ）。

    A. 零件加工平均耗时较大   B. 加工定额平均完成百分比较大

    C. 相等   D. 不能做出结论

二、填空题

1. 常用的抽样方法有_____和_____两种。

2. 抽样误差是由于抽样的____而产生的误差，这种误差不可避免，但可以_____。

3. 用样本指标估计总体指标时，判断估计的优良标准是_____、_____和_____。

4. 一般地说，用抽样指标估计总体指标应该有三个要求，这三个要求是_____、_____、_____。

5. 抽样平均误差就是抽样平均数（或抽样成数）的_____。它反映抽样平均数（或抽样成数）与总体平均数（或总体成数）的_____。

6. 常用的抽样组织形式有____、____、____、____、____。

7. 误差范围、概率度与抽样平均误差三者之间的关系是_____。

8. 简单随机抽样的成数抽样平均误差计算公式，重复抽样条件下为_____，不重复抽样条件下为_____。

9. 影响抽样平均误差的主要因素有_____；_____；_____；_____。

10. 对于简单随机重复抽样，若其他条件不变，则当误差范围缩小一半时，抽样单位数必须_____倍；若误差范围扩大一倍，则抽样单位数为原来的_____。

11. 点估计是直接用_____估计总体指标的推断方法。点估计不考虑_____。

12. 区间估计是在一定的_____下，用以_____值为中心的一个区间范围估计总体指标数值的推断方法。

13. 在实际工作中，人们通常把_____的样本称为大样本，而把_____的样本称为小样本。

14. 在抽样估计中，常见的样本统计量有_____、_____、_____或样本方差以及它们的函数。

15. 在研究目的一定的条件下，抽样总体是唯一确定的，而样本则_____。

16. 在抽样估计中，抽样估计量是指_____，评价估计量优劣的标准有_____、_____和_____。

三、判断题

1. 抽样调查必须保证总体中每一个单位都有相同的机会（或概率）被抽中，其目的是使得样本与总体的分布特征完全一致。　　　　　　　　　　　　　　　　　（　　）

2. 随着样本容量的扩大，抽样平均误差会不断减小，每一个样本的标准差也会不断减小。
　　　　　　　　　　　　　　　　　　　　　　　　　　　　　　　　　　　　（　　）

3. 抽样推断的理论依据是概率论与数理统计学中的大数定律和中心极限定理。　（　　）

4. 相对于重复抽样，不重复抽样所得样本对总体的代表性较大。　　　　　　（　　）

5. 简单随机抽样因为采用的是随机原则抽取样本，所以其抽样误差比其他抽样组织形式要小。
　　　　　　　　　　　　　　　　　　　　　　　　　　　　　　　　　　　　（　　）

6. 当置信水平（置信度）大于 68.27% 时，抽样极限误差一定大于抽样平均误差。（　　）

7. 某项调查研究发现，脚大的孩子的拼音能力比脚小的孩子好，这说明一个人脚的大小决定他（她）的拼音能力。　　　　　　　　　　　　　　　　　　　　　　　　（　　）

8. 衡量估计量优良的标准主要是无偏性、有效性、一致性、相合性。　　　　（　　）

9. 置信度和显著性水平之和一定等于 1。　　　　　　　　　　　　　　　　（　　）

10. 小样本估计的理论依据是总体应该为正态分布，但在现实中这很难做到，因此至少要求总体近似服从正态分布。　　　　　　　　　　　　　　　　　　　　　　　（　　）

11. 在同一个抽样推断的过程中，在抽样极限误差一定的情况下，采用重复抽样所需要的样本容量比不重复抽样情况下要小。　　　　　　　　　　　　　　　　　　　（　　）

12. 置信程度越高，所需样本容量越小，反之越大。　　　　　　　　　　　（　　）

13. 衡量抽样方案优劣的基本准则是抽样误差最小和费用最小。　　　　　　（　　）

14. 重点调查和典型调查都属于抽样调查。　　　　　　　　　　　　　　　（　　）

四、简答题

1. 什么是抽样估计？

2. 抽样估计的基本方法有哪些？

3. 在抽样估计中，为什么说准确性的要求和可靠性的要求是一对矛盾，在实际估计中又如何解决这对矛盾？

4. 抽样估计的优良标准是什么？

5. 抽样估计的三要素是什么？

6. 什么是抽样平均误差？

7. 什么是抽样极限误差？

8. 抽样平均误差与抽样极限误差在抽样估计中发挥什么作用？

9. 类型抽样中的分组和整群抽样中的分群有什么不同意义和不同要求？

10. 为什么说对总体指标的区间估计只能是一种可能范围估算，而不是绝对范围估算？

11. 影响样本容量的因素有哪些？

12. 什么是随机原则？在抽样调查中为什么要坚持随机原则？

13. 为什么重复抽样的抽样平均误差大于不重复抽样的抽样平均误差？

14. 基本的抽样组织形式有哪些？它们各有什么特点？

15. 抽样调查适用于哪些场合？

五、计算分析题

1. 年终在某储蓄所中按定期存款账号顺序进行每隔 5 户的机械抽样，得到表 6-7 所示的资料。

表 6-7 定期存款机械抽样调查数据

定期存款金额（万元）	1 以下	1～3	3～5	5～8	8 以上
户数（户）	58	150	200	62	14

要求：（1）试以 95.45% 的概率保证程度估计定期存款的范围。

（2）以同样的概率保证程度估计定期存款在 3 万元以上的比重。

2. 假定某现象总体在各个地区比重资料如表 6-8 所示。

表 6-8 某现象总体在各个地区比重资料

地区	被研究标志的成数（%）	单位数	
		总体	样本
甲	80	6 000	300
乙	60	3 000	150
丙	70	1 000	50

要求：（1）假如概率保证程度为 95.45%，抽样极限误差不大于 2%，确定不重复抽样的必要单位数。

（2）计算样本单位数按地区分配的比例。

3. 对某市个体商户的月零售额进行抽样调查，由于个体户之间的零售额差别很大，故按申报的资金划分为大、中、小三类。采取分类（层）抽样方法调查结果的有关数据如表 6-9 所示。

表 6-9 某市个体商户的月零售额抽样调查数据

类（层）	总体（户）N_i	抽样（户）n_i	月零售额 $\overline{x_i}$（万元）	方差 σ_i^2
大	60	9	20	16.0
中	240	36	8	4.0
小	300	45	1	0.5
合计	600	90		

试以 95.45% 的概率保证程度估计个体商户的平均月零售额区间。

4. 某地区有 10 000 户居民，按城市和农村比例，用重复抽样方法抽取 1 000 户进行彩色电视机拥有量的调查。资料如表 6-10 所示。

表 6-10 某地区彩色电视拥有量抽样调查数据

家庭户分类	分类代码	抽样户数（户）	彩电拥有户比重（%）
城市	1	300	80
农村	2	700	15

试以 95.45% 的概率确定彩电拥有户比重的区间。

5. 某乡粮食播种面积 20 000 亩，现按平原和山区面积比例抽取其中 2%，结果如表 6-11 所示。

表 6-11 某乡粮食播种面积抽样调查数据

耕地按地势分组	全部面积（亩）	样本面积（亩）	样本平均亩产（千克）	亩产标准差（千克）
平原	14 000	280	560	80
山区	6 000	350	350	150
合计		400	479	106

要求：（1）试在不重复抽样条件下计算抽样平均误差。

（2）试以95.45%的可靠性估计该乡平均亩产的范围。

6. 假定某食杂店对顾客购买金额分为35元以下和36元以上两组，采取比例抽样调查方式，得到表6-12所示的资料（按10%抽样）。

表6-12　　　　　　　　　　某食杂店顾客购买金额抽样调查数据

购买金额（元）	顾客人次	平均购买（元）	标准差（元）
35以下	150	26	7
36以上	250	42	9

要求：（1）试以概率度2来估计每位顾客平均购买金额的区间范围。

（2）试计算每位顾客平均购买金额允许误差不超过16元的概率度。

7. 某化肥厂昼夜连续生产，平均每分钟生产化肥100袋。为检查一昼夜每袋化肥的质量和包装质量，采取每隔144分钟抽出1分钟的袋装进行检查，共抽出10分钟的产量。这10分钟中每1分钟产量的平均袋重和一等包装袋所占比重依抽查顺序列表，如表6-13所示。

表6-13　　　　　　　　　　某化肥厂抽样调查数据

平均袋重（千克）	一等包装袋比重（%）
48	65
50	70
51	72
52	73
49	71
48	72
49	70
47	68
49	69
52	70

要求：（1）试以95.45%的可靠性估计该厂这一天生产化肥的平均袋重。

（2）以同样的可靠性估计一等包装比重。

8. 某农场播种水稻3 000亩，作物分布于30块面积大致相同的地段上，现采用不重复抽样方法抽选5块这样的地段，得到表6-14所示的结果。

表6-14

地段号	地段平均（千克/亩）	杂交水稻面积（%）
1	800	30
2	850	40
3	790	25
4	725	23
5	825	36

要求：（1）以90%的可靠性估计该农场水稻平均亩产。

（2）以90%的可靠性估计该农场推广杂交水稻面积的百分比。

 **知识拓展**

"二战"中苏军是如何破解德军坦克产量的

"二战"期间，希特勒单方撕毁《苏德互不侵犯条约》，向苏联的整个西线发动了蓄谋已久的"闪电战"侵略。战场上德军坦克战斗力强，为了保家卫国和打败侵略者，苏联非常想知道：德国总共生产了多少辆坦克？

为解决此问题，苏联了解到德国人在生产坦克方面是从 1 开始连续编号的，即坦克编号服从均匀分布。在战争过程中，苏军缴获了一些德军坦克，并收集了它们的生产编号。苏联统计专家发现，德国坦克生产总数 N 用最大似然法无偏性后（费歇尔，1925）的点估计结果较好，即 $N=(1+1\div n)\times$ 缴获坦克的最大编号，n 是缴获的坦克数。

如缴获了 50 辆坦克，它们的最大生产编号是 3 000，那么坦克生产总数的点估计是 $N=(1+1\div 50)\times 3\,000=3\,060$。以此类推，苏军知道了德军飞机、大炮、枪支数量，并由此推知了德国军事力量的规模。于是，苏军积蓄了充足的军力，联合盟军一起打败了"二战"中疯狂的德军并占领了柏林。

从战后发现的德军记录来看，苏军的这些估计值非常接近真实值。

这就是统计学帮助苏军打败德军的典型案例，是军事问题和点估计相结合的成果。

项目七
相关分析与回归分析

项目引入

任何社会经济现象的存在和运动，都或多或少地受到其他现象的影响和制约，它们彼此依赖、互相联系、互相影响。企业经营管理者往往会运用现象之间的这种关系，分析市场、运筹谋划、决策未来和组织经济活动过程。例如，江西省某企业财务经理为了给企业决策层提供决策所需要的企业财务分析报告，对企业的财务数据进行了系统的统计分析。在分析的过程中，财务经理发现近 8 年来，产品产量的变化与生产费用的变化之间似乎存在着某种数量关系，而产品产量与生产费用之间的这种数量关系，对于制订企业生产计划、制定产品原材料消耗定额、控制生产费用支出、加强成本管理和成本分析都有着重要的作用。为了进行更进一步的分析，以确定产品产量与生产费用之间的数量关系，财务经理对近 8 年来企业产品产量与生产费用的数据进行了整理，具体数据如表 7-1 所示。

表 7–1　　　　　某企业产品产量与生产费用数据

年份	产品产量（千吨）x	生产费用（千元）y
2011	1.2	620
2012	2.0	860
2013	3.1	800
2014	3.8	1 100
2015	5.0	1 150
2016	6.1	1 320
2017	7.2	1 350
2018	8.0	1 600
合计	36.4	8 800

看着这组数据，财务经理一直在思考一些问题：产品产量与生产费用之间的数量关系是一种什么关系？能否根据表 7-1 绘制出散点图？如果要确定产品产量与生产费用之间的数量关系，能否利用回归方程来分析？如果利用回归方程来分析产品产量与生产费用之间的数量关系，哪个是自变量，哪个是因变量？如果 2019 年该企业的产品产量估计能达到 9 千吨，能否预测 2019 年的生产费用？财务经理准备利用统计分析方法来分析这些问题，以便帮助企业合理规划资金成本，这对企业来说具有很重要的意义。

 项目分析

企业财务经理认为该企业的产品产量与生产费用之间存在着一定的数量关系，但要确定这两者之间的数量关系，必须先进行相关分析，以确定产品产量与生产费用之间是不是存在相关关系。如果存在相关关系，那么相关程度是低度相关还是显著相关，抑或是高度相关呢？只有在产品产量与生产费用之间存在高度相关的基础上才能拟合回归方程以确定两者的数量关系，并可以利用回归方程去预测 2019 年企业的生产费用。财务经理的具体任务如下：

（1）编制相关分析表，绘制相关图即散点图；

（2）计算相关系数，判断产品产量与生产费用之间是否存在相关关系，判断两者之间相关关系密切程度的等级；

（3）如果产品产量与生产费用之间存在高度相关，可以拟合回归方程，确定两者之间的数量关系；

（4）假如 2019 年产品产量为 9 千吨，利用回归方程对 2019 年的生产费用进行预测；

（5）计算估计标准误差，分析使用回归方程推算 2019 年企业生产费用的准确程度。

任务一 | 相关分析

一、相关分析的概念

社会经济现象是普遍联系的，孤立的现象或事物是不存在的。事物或现象之间相互联系、相互制约，构成错综复杂的客观世界，所有各种现象之间的相互联系都可以通过数量关系反映出来。

如果进一步加以考察，可以发现，现象之间的相互联系可分为两种不同的类型：一种是函数关系，另一种是相关关系。

（一）函数关系

函数关系是指现象之间存在的严格的对应关系。在这种关系中，对于某一变量的一个数值，都有另一变量的确定的值与之对应。例如，圆的面积 S 与半径 r 是函数关系，$S = \pi r^2$，r 值发生变化，则有确定的 S 值与之对应；又如，销售收入 Y 与所销售的产品数量 X 之间存在着函数关系 $Y = PX$（P 表示单位产品的价格）。在客观世界中，广泛存在着函数关系。

（二）相关关系

相关关系是指现象之间确实存在的但关系值不固定的相互依存关系，即对于某一变量的每一个数值，另一变量有若干个数值与之相适应。例如，身高与体重的关系是相关关系，身高 1.75 米的人可以表现为许多不同的体重；又如，施肥量与亩产量之间的关系也是相关关系，一定的施肥量，其亩产量数值可能各不相同。之所以发生这种情况，是因为体重、亩产量受很多因素的影响。

但是，很明显身高与体重之间、施肥量与亩产量之间的关系是非常密切的。再如，商品的价格随着该商品供应量的增加而降低，消费者的生活支出随着可支配收入的增加而增加等。在各种经济活动和生产过程中，许多经济的、技术的因素之间都存在着这种相关关系。

相关关系有以下两个特点。

（1）相关关系是指现象之间确实存在着数量上的相互依存关系。它表明，当一个现象发生数量上的变化时，另一个现象也会相应地发生数量上的变化。

（2）现象之间数量依存关系的具体关系值不是固定不变的，有多个。它们围绕平均数依照一定的规律变动。

（三）相关关系与函数关系的区别与联系

相关关系与函数关系的区别是：函数关系是指两个变量之间存在着严格的对应关系，它们的关系值是固定的；相关关系则是指现象之间存在的是相互依存关系，它们的关系值是不固定的。相关关系与函数关系也是有联系的，由于有观察或测量误差等原因，函数关系在实际中往往通过相关关系表现出来。而在研究相关关系时，又常常要使用函数关系的形式来表现，以便找到相关关系的一般数量表现形式。

综上所述，相关分析是研究两个或两个以上处于同等地位的随机变量间的相关关系的统计分析方法，它是描述客观事物相互间关系的密切程度并用适当的统计指标表示出来的过程。分析相关关系的内在联系和表现形式是统计研究的一项重要任务。

二、相关关系的种类

社会经济现象本身的复杂性决定了现象间相互联系的复杂性。从不同角度对相关关系的分类，归纳起来大致有以下四种。

（一）按相关的程度来划分，可分为完全相关、不相关和不完全相关

1. 完全相关

一个变量的数量变化由另一个变量的数量变化所确定，则称这两个变量间的关系为完全相关。在这种情况下，相关关系即成为函数关系，可以用一定的方程式来准确地表示。例如，圆的面积决定于它的半径，即 $S = \pi r^2$；又如，销售收入 Y 与所销售的产品数量 X 之间存在着函数关系 $Y = PX$（P 表示单位产品的价格）。完全相关示意图如图 7-1（a）所示。

2. 不相关

若两个变量彼此互不影响，其数量变化各自独立，则称为不相关。例如，照相机的销售量与洗衣机的销售量，其数量变化各自独立、彼此互不影响，两者是不相关的。不相关示意图如图 7-1（b）所示。

3. 不完全相关

若两个变量之间的数量关系介于完全相关与不相关之间，则称为不完全相关。在不完全相关中，一个变量的数量变化不仅取决于另一个或另一组变量的数量变化，而且取决于随机因素的干扰程度。这种意义上的相关关系的研究，是相关分析的主要内容。例如，每亩耕地的施肥量与亩产量之间存在的关系就是不完全相关关系。在一般条件下，施肥量适当增加，亩产量便会相应地提高，但在施肥量增加与亩产量提高的数值之间，并不存在严格的对应关系。因为对于亩产量来说，除了受施肥量多少这一因素影响外，还受种子、土壤、降雨量等其他因素的影响，这就造成即使在施肥量相同的条件下，不同耕地的亩产量也并不完全相同。不完全相关示意图如图 7-1（c）所示。

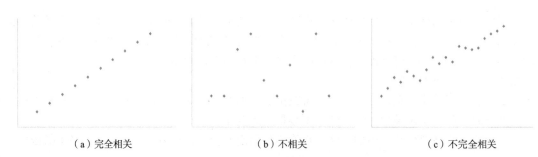

（a）完全相关　　　　　　　　　（b）不相关　　　　　　　　（c）不完全相关

图 7-1　完全相关、不相关、不完全相关示意图

（二）按相关的方向来划分，可分为正相关和负相关

1. 正相关

正相关是指相关关系表现为当一个变量的数值增加或减少时，另一个变量的数值也相应地增加或减少，即二者呈同方向的变化。例如，一般来说，家庭收入增加，相应的家庭消费支出也会增加；家庭收入减少，家庭消费支出也会减少。这种家庭收入与家庭消费支出之间的关系就是正相关关系。正相关示意图如图 7-2（a）所示。

2. 负相关

负相关是指相关关系表现为当一个变量的数值增加或减少时，另一个变量的数值则相应地减少或增加，即二者呈反方向的变化。例如，一般来说，商品价格提高，社会对该商品的需求量会减少；商品价格降低，社会对该商品的需求量则会增加。这种商品的价格与商品的需求量之间的关系就是负相关关系。负相关示意图如图 7-2（b）所示。

（a）正相关　　　　　　　　　　　　　　　　（b）负相关

图 7-2　正相关、负相关示意图

（三）按相关的形式来划分，可分为线性相关和非线性相关

1. 线性相关

线性相关是指一个变量对另一个变量的影响表现为直线的形式。对两个具有相关关系的现象进行实际调查，获得一系列成对的数据后，在平面直角坐标系中描出若干个点，如果散点趋于一条直线，称为线性相关。例如，销售收入与销售量之间的关系就是线性相关关系。线性相关可进一步分为正相关与负相关。线性相关示意图如图 7-3（a）所示。

2. 非线性相关

非线性相关是指一个变量对另一个变量的影响表现为曲线的形式。对两个具有相关关系的现象进行实际调查，获得一系列成对的数据后，在平面直角坐标系中描出若干个点，若散点趋向于某种曲线，则称为非线性相关或曲线相关。例如，每亩化肥施用量与粮食亩产量之间的关系就是曲线相关。曲线相关也有不同的种类，如抛物线、指数曲线、双曲线等。非线性相关一般不区分方向。非线性相关示意图如图 7-3（b）所示。

（a）线性相关 　　　　　　　　　　　　　　　　　　（b）非线性相关

图 7-3 线性相关、非线性相关示意图

（四）按影响因素的多少来划分，可分为单相关、偏相关和复相关

1. 单相关

单相关也称为简单相关，是指两个变量之间的相关关系。例如，在计件工资的条件下，工人一天的工资只与其完成的产量有相关关系。

2. 偏相关

偏相关是指在三个或三个以上的变量中，假定其他变量不变，只测定其中两个变量的相关关系。例如，家具厂的产品总成本与生产用的劳动量和木材用量有相关关系，如假定劳动量不变，产品总成本和木材用量的关系就是偏相关。在实际工作中，当存在多个因素对现象的影响时，应该加以筛选，抓住其中最主要的因素，研究其相关关系。

3. 复相关

复相关也称为多元相关，是指三个或三个以上的变量之间的相关关系。

例如，家具厂的产品总成本与生产用的劳动量和木材用量的关系是复相关。

本项目主要研究简单线性相关分析方法。

三、简单线性相关分析

简单线性相关分析的特点是：第一，相关分析的两个变量是对等的，不必区分自变量和因变量；第二，只能计算一个相关系数；第三，相关分析的两个变量都是随机变量。

在对现象间数量上的依存关系进行分析之前，一般应先做定性分析，再做定量分析。定性分析就是以一定的经济理论为指导，结合实践经验，对现象进行分析研究，初步确定现象间有无相关关系。如确有相关关系，则根据所掌握的统计资料，编制相关图和相关表，可使对现象之间数量关系的认识更为直观、具体，从而可以直接判断现象之间大致呈现何种关系形式，并以此为基础计算相关系数做定量分析，以精确反映两个变量之间相关关系的方向和程度。

（一）编制相关表与绘制相关图

对现象之间的关系进行相关分析，研究其相互依存关系之前，首先要通过实际调查取得一系列成对的变量值资料，编制成相关表，作为相关分析的原始数据。根据变量值资料是否分组，相关表可分为简单相关表和分组相关表。相关表是统计表的一种。

1. 相关表

（1）简单相关表

简单相关表是指变量值资料未经分组的相关表。根据项目七开篇案例中的数据编制的简单相关表如表 7-2 所示。

表 7–2　　　　　　　　　　　　　产品产量与生产费用的相关表

序号	产品产量（千吨）x	生产费用（千元）y
1	1.2	620
2	2.0	860
3	3.1	800
4	3.8	1 100
5	5.0	1 150
6	6.1	1 320
7	7.2	1 350
8	8.0	1 600
合计	36.4	8 800

从该相关表可以直观看出，随着产品产量的增加，其生产费用也有增加的趋势，两者之间存在明显的正相关关系。

（2）分组相关表

分组相关表就是将原始资料进行分组而编制的相关表。根据分组的情况不同，分组相关表有两种：一是单变量分组相关表；二是双变量分组相关表。

单变量分组相关表是指在有相关关系的两个变量中，只对其中一个变量进行分组，另一个变量不进行分组，只是计算出次数和平均数而制成的相关表。单变量分组相关表如表 7-3 所示。

表 7–3　　　　　　　　　　　30 家企业产量与单位成本相关表

按产量分组（件）	企业数（家）	平均单位成本（元）
20	9	16.8
30	5	15.6
40	5	15.0
50	6	14.8
80	5	14.2
合计	30	—

从表 7-3 可以看出，产量和单位成本之间存在负相关的直线趋势。

双变量分组相关表是指同时对两个变量都进行分组而制成的相关表。双变量分组相关表如表 7-4 所示。

表 7–4　　　　　　　　　　　　　单位成本和产量相关表

按单位成本分组（元/件）	按产量分组（件）					合计
	20	30	40	50	80	
18	4	—	—	—	—	4
16	4	3	1	1	—	9
15	1	2	3	3	1	10
14	—	—	1	2	4	7
合计	9	5	5	6	5	30

从表 7-4 可以看出，单位成本集中在左上角到右下角的斜线上，产量和单位成本之间存在负相关的直线趋势。

2. 相关图

相关图也称散点图，是根据原始数据，在平面直角坐标系中绘制出两个变量相对应的观察值的所有点，从这些散点的分布情况观察分析两个变量间的关系。例如，以 x 轴代表产量，y 轴代表生产费用，表 7-2 所示的资料中两个变量相对应的观察值的所有点的分布状况如图 7-4 所示。

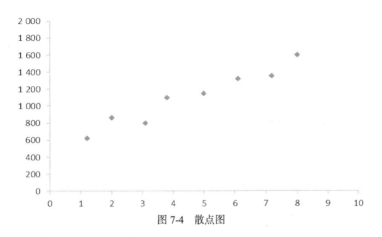

图 7-4　散点图

从图 7-4 中 8 个点的分布情况看，产品产量越大，生产费用越高，点的分布接近一条直线，该直线是从左下角至右上角，即变量之间呈正相关。另外，从图中还可以看出，各点是比较密集的，说明这两个变量之间的相关关系是比较密切的。

相关表与相关图只能大体上反映两个变量之间的相关关系，难以量化。要确切地判断它们之间的数量关系，即定量地进行判断，就要使用相关系数。

（二）计算相关系数

通过编制相关表和绘制相关图只能对两个变量之间的关系做初步了解，至于相关关系密切程度如何，还需计算相关系数。

相关系数是说明两个变量之间有无直线相关关系及相关关系密切程度的统计指标，其计算方法有积差法和方差法两种。本项目介绍积差法相关系数的计算方法。

积差法是利用各变量值与其算术平均数的离差及离差平均数的大小来计算相关系数的。离差乘积和 $\sum(x-\bar{x})(y-\bar{y})$ 的符号决定了两个变量的相关方向（是正相关还是负相关），其数值大小与相关程度有关。$\sum(x-\bar{x})(y-\bar{y})$ 的大小除与样本容量多少有关外，还与 x、y 本身数值大小有关，故还需要与各自的标准差对比，以消除这种不可比因素。故相关系数的积差法公式为：

$$r=\frac{\sum(x-\bar{x})(y-\bar{y})}{n\sigma_x\sigma_y}\qquad（7\text{-}1）$$

式中，r 为相关系数；

$\bar{x}$、$\bar{y}$ 分别为 x、y 变量各自的算术平均数；

σ_x、σ_y 分别为 x、y 变量的标准差。

公式（7-1）又可写成：

$$r=\frac{\sum(x-\bar{x})(y-\bar{y})}{\sqrt{\sum(x-\bar{x})^2\sum(y-\bar{y})^2}}\qquad（7\text{-}2）$$

据公式（7-2）可推导出计算相关系数的简捷公式：

$$r=\frac{n\sum xy-\sum x\sum y}{\sqrt{n\sum x^2-(\sum x)^2}\sqrt{n\sum y^2-(\sum y)^2}}\qquad（7\text{-}3）$$

从公式（7-1）可以看出：

（1）r 取正值或负值决定于分子，当分子为正值时，得出的 r 为正值，变量 x 与 y 正相关；当分子为负值时，得出的 r 为负值，x 与 y 负相关。

（2）r 是一个相对数，不受计量单位的影响，x 与 y 相关的相关系数只有一个。

相关系数 r 的取值范围在-1 和 1 之间，即-1≤r≤1。

当 r=0 时，表明两个变量之间完全不相关，即不存在线性相关关系；当 r=±1 时，相关关系转为函数关系，称为完全相关；当-1<r<1 时，表明两个变量之间不完全相关；当-1<r<0 时，表明两个变量之间负相关；当 0<r<1 时，表明两个变量之间正相关；| r | 越接近于 1（r 为 1 或-1），表明相关关系越强；r 越接近于 0，表明相关关系越弱。

判断两个变量之间相关关系密切程度的等级：

| r | < 0.3，为微弱线性相关；

0.3≤| r | < 0.5，为低度线性相关；

0.5≤| r | < 0.8，为显著线性相关；

0.8≤| r | < 1，为高度线性相关。

【例 7-1】项目七开篇案例中，江西省某企业近 8 年产品产量与生产费用的相关资料如表 7-5 所示，根据表中的资料，计算该企业产品产量与生产费用的相关系数。

表 7-5　　　　　　　　　　产品产量与生产费用相关系数计算表

序号	产品产量（千吨）x	生产费用（千元）y	x^2	y^2	xy
1	1.2	620	1.44	384 400	744
2	2.0	860	4.00	739 600	1 720
3	3.1	800	9.61	640 000	2 480
4	3.8	1 100	14.44	1 210 000	4 180
5	5.0	1 150	25.00	1 322 500	5 750
6	6.1	1 320	37.21	1 742 400	8 052
7	7.2	1 350	51.84	1 822 500	9 720
8	8.0	1 600	64.00	2 560 000	12 800
合计	36.4	8 800	207.54	10 421 400	45 446

根据表 7-5 计算结果得：

$n = 8$　　　$\sum xy = 45\ 446$　　　$\sum x = 36.4$　　　$\sum y = 8\ 800$

$\sum x^2 = 207.54$　　　$\sum y^2 = 10\ 421\ 400$

将相关数据代入相关系数计算公式（7-3）：

$$r = \frac{n\sum xy - \sum x \sum y}{\sqrt{n\sum x^2 - (\sum x)^2}\sqrt{n\sum y^2 - (\sum y)^2}}$$

$$= \frac{8 \times 45\ 446 - 36.4 \times 8\ 800}{\sqrt{8 \times 207.54 - 36.4^2}\ \sqrt{8 \times 10\ 421\ 400 - 8\ 800^2}}$$

$$= 0.969\ 7$$

由于 r > 0，且 r=0.969 7，说明该企业产品产量与生产费用之间的线性相关关系是高度正相关。

任务二 | 回归分析

一、回归分析的概念

（一）回归分析的概念

相关系数只能说明在直线相关条件下两个变量相关的方向和相关的紧密程度，它不能指出两个变量之间的数量关系，也无法进行数量上的推算。回归分析能够解决相关分析不能解决的问题，通常把测定现象之间数量变化上的一般关系所使用的数学方法总称为回归分析法。具体来说，回归分析就是对具有相关关系的两个或两个以上变量之间数量变化的一般关系进行测定，建立一个相应的数学表达式，以便从一个已知量来推测另一个未知量，用于估算或预测的方法。

（二）相关分析与回归分析的区别与联系

相关分析与回归分析的区别主要表现在以下三方面。

（1）相关关系是用来度量变量与变量之间关系的紧密程度的一种方法，在本质上只是对客观存在的关系的测度。回归分析则是根据所拟合的回归方程研究自变量与因变量一般关系值的方法，可由已给定的自变量数值来推算因变量的数值，它具有推理的性质。

（2）在研究相关关系时，不需要确定哪个是自变量、哪个是因变量，但回归分析的首要问题就是确定哪个是自变量、哪个是因变量。

（3）变量之间的相关关系的研究，只能计算一个相关系数；而回归分析时回归系数可能有两个，也就是两个变量互为因果关系时，可以确定两个独立回归方程，从而就有两个不同的回归系数。

相关分析与回归分析的联系表现为：相关分析与回归分析是相辅相成的，由相关分析法测定的变量之间相关的密切程度，对是否有必要进行回归分析以及进行回归分析意义的大小起着决定性的作用。相关程度大，进行回归分析的意义也大；相关程度小，则没有必要进行回归分析。同时，可以通过相关系数计算回归系数，也可以通过回归系数计算相关系数。因此，相关分析与回归分析是相互补充、密切联系的，相关分析需要回归分析来表明变量之间数量变化的一般关系，而回归分析则应建立在相关分析的基础上。

二、回归方程的类型

相关关系是一种数量关系不严格的相互依存关系，需要回归分析来表明变量之间数量变化的一般关系，具体方法就是配合直线或配合曲线。若用一条直线来代表变量之间的一般数量关系，这条直线称为回归直线，表现这条直线的数学方程则称为线性回归方程；若用曲线来代表变量之间的一般数量关系，这条曲线称为回归曲线，表现这条曲线的数学方程则称为曲线回归方程，也可称为非线性回归方程。

回归方程的分类主要有以下几种。

1. 按自变量的多少分类

按自变量的多少来分，回归方程可分为简单（一元）回归方程和多元回归方程。只有一个自变量的回归方程称为简单（一元）回归方程；有两个或两个以上自变量的回归方程称为多元回归方程。

2. 按回归方程式的特征分类

按回归方程式的特征来分，回归方程可分为线性回归方程和非线性回归方程。因变量为自变量的线性函数的回归方程称为线性回归方程；因变量为自变量的非线性函数的回归方程称为非线性回归方程。

简单线性回归是最基本也是最常用的分析方法，故本项目以简单线性回归为主介绍回归分析法。

三、简单线性回归分析

简单线性回归分析的特点是：第一，在两个变量之间进行回归分析时，两个变量之间不是对等关系，一个是自变量，另一个是因变量；第二，回归分析中，自变量是给定的数值，因变量是随机变量，因变量不是一个确定性的数值，而是许多可能数值的平均数；第三，在因果关系不明显的资料中，对于 x 与 y 存在两个回归方程；第四，回归系数可用来判断两现象之间是正相关还是负相关。回归系数为正数，表示上升直线，现象为正相关；回归系数为负数，表示下降直线，现象为负相关。

简单线性回归分析的一般步骤如下。

（1）根据有关理论和分析判断，确定自变量和因变量；

（2）确定合适的数学方程式（回归方程），描述变量间的数量关系；

（3）利用回归方程，对客观现象总体进行预测。

（一）建立简单线性回归方程

简单线性回归方程的基本形式是：

y 倚 x 回归方程： $\qquad\qquad \hat{y} = a + bx$ （7-4）

式中，x 是自变量，y 是因变量；

a 代表回归直线的起点值；

b 代表自变量增加一个单位时因变量的平均增加值，也称回归系数；

$\hat{y}$ 是推算出的因变量的估计值。

y 倚 x 回归方程： $\qquad\qquad \hat{x} = c + dy$ （7-5）

式中，y 是自变量，x 是因变量；

c 代表回归直线的起点值；

d 代表自变量增加一个单位时因变量的平均增加值，也称回归系数；

$\hat{x}$ 是推算出的因变量的估计值。

在 y 倚 x 回归方程和 x 倚 y 回归方程中，a,b,c,d 都是待定参数。为使拟合的直线有代表性，是最佳的回归估计，可采用最小平方法求解待定参数。

以 y 倚 x 回归方程为例，利用最小平方法求解待定参数。

回归直线必须满足两个条件：

$$\Sigma(y - \hat{y}) = 0$$

$$\Sigma(y - \hat{y})^2 = \min$$

将 $\hat{y} = a + bx$ 代入 $\Sigma(y - \hat{y})^2 = \min$，有

$$\Sigma(y - a - bx)^2 = \min$$

设 $Q = \sum (y - \hat{y})^2 = \sum (y - a - bx)^2$

通过对 $Q(a,b)$ 求偏导数并令它们等于 0，得出求解 a,b 两个参数的标准方程式：

$$\begin{cases} \dfrac{\partial Q}{\partial a} = -2\sum (y_i - a - bx_i) = 0 \\ \dfrac{\partial Q}{\partial b} = -2\sum (y_i - a - bx_i)x_i = 0 \end{cases}$$

$$\begin{cases} \Sigma y = na + b\Sigma x \\ \Sigma xy = a\Sigma x + b\Sigma x^2 \end{cases}$$

并可解得：

$$a = \frac{\Sigma y}{n} - b \cdot \frac{\Sigma x}{n} = \overline{y} - b\overline{x} \qquad (7\text{-}6)$$

$$b = \frac{n\Sigma xy - \Sigma x\Sigma y}{n\Sigma x^2 - (\Sigma x)^2} \qquad (7\text{-}7)$$

当待定参数 a,b 确定以后，即可建立简单线性回归方程。

【例 7-2】项目七开篇案例中，江西省某企业近 8 年产品产量与生产费用的相关资料如表 7-6 所示，根据表中资料建立回归方程。

表 7-6   回归方程计算表

序号	产品产量（千吨）x	生产费用（千元）y	x^2	y^2	xy
1	1.2	620	1.44	384 400	744
2	2.0	860	4.00	739 600	1 720
3	3.1	800	9.61	640 000	2 480
4	3.8	1 100	14.44	1 210 000	4 180
5	5.0	1 150	25.00	1 322 500	5 750
6	6.1	1 320	37.21	1 742 400	8 052
7	7.2	1 350	51.84	1 822 500	9 720
8	8.0	1 600	64.00	2 560 000	12 800
合计	36.4	8 800	207.54	10 421 400	45 446

从图 7-4 所示的散点图可以发现 8 个点基本上在一条直线附近，这说明产品产量与生产费用之间有线性关系；从例 7-1 的计算结果得知两者的相关系数为 0.969 7，说明产品产量与生产费用之间是高度正相关关系，可进行简单线性回归分析。

简单线性回归方程：$\hat{y} = a + bx$

根据表 7-6 计算结果得：

$n = 8 \qquad \sum xy = 45\ 446 \qquad \sum x = 36.4 \qquad \sum y = 8\ 800$

$\sum x^2 = 207.54 \qquad \sum y^2 = 10\ 421\ 400$

$b = \dfrac{n\Sigma xy - \Sigma x\Sigma y}{n\Sigma x^2 - (\Sigma x)^2} = \dfrac{8 \times 45\ 446 - 36.4 \times 8\ 800}{8 \times 207.54 - 36.4^2} = 128.96$

$a = \dfrac{\Sigma y}{n} - b \cdot \dfrac{\Sigma x}{n} = \dfrac{8\ 800}{8} - 128.96 \times \dfrac{36.4}{8} = 513.23$

将 $a = 513.23$，$b = 128.96$ 代入 $\hat{y} = a + bx$，则

$\hat{y} = 513.23 + 128.96x$

该简单线性回归方程的经济意义是：当该企业的产品产量为 0 时，亦须产生 513.23 千元的生产费用；产品产量每增加 1 千吨，生产费用平均增加 128.96 千元。

由于回归系数大于 0，也可说明该企业产品产量与生产费用之间的关系为线性正相关。

相关系数 r 与回归系数 b 之间的关系为：

$$b = \frac{n\Sigma xy - \Sigma x\Sigma y}{n\Sigma x^2 - (\Sigma x)^2} = \frac{\Sigma(x - \overline{x})(y - \overline{y})}{\Sigma(x - \overline{x})^2} = \frac{\sigma_{xy}}{\sigma_x^2}$$

$$\because r = \frac{\sigma_{xy}}{\sigma_x \sigma_y} \qquad b = \frac{\sigma_{xy}}{\sigma_x^2}$$

$$\therefore r = \frac{\sigma_{xy}}{\sigma_x \sigma_y} = \frac{\sigma_{xy}}{\sigma_x^2} \cdot \frac{\sigma_x}{\sigma_y} = b \cdot \frac{\sigma_x}{\sigma_y}$$

$$\therefore b = \frac{\sigma_{xy}}{\sigma_x^2} = \frac{\sigma_{xy}}{\sigma_x \sigma_y} \cdot \frac{\sigma_y}{\sigma_x} = r \cdot \frac{\sigma_y}{\sigma_x}$$

（二）利用回归方程对现象总体进行预测

建立回归方程后，可以利用回归方程进行预测。

回归分析法的作用绝不仅仅是描绘两种现象之间的一般数量关系，更重要的是利用这种数量关系对观察数据进行补值和对现象进行预测。当把 x 的赋值范围限定在观察值的范围之内时，利用回归方程获得估计值 $\hat{y}$ 的方法即为补值；当把 x 的赋值范围扩大到观察值的范围之外时，利用回归方程获得估计值 $\hat{y}$ 的方法即为预测。可见，补值和预测的方法是一样的，其区别只在于对 x 赋值的范围不同。

【例7-3】项目七开篇案例中，假定2019年该企业的产品产量为9千吨，预测2019年的生产费用。

所谓预测方法，就是将 $x = 9$ 代入已建立的回归方程中，求出 $\hat{y}$ 的值即可。

$$\hat{y} = 513.23 + 128.96x$$

$$\hat{y}_{2019} = 513.23 + 128.96 \times 9 = 1\,673.87 \text{（千元）}$$

即2019年产品产量为9千吨时，生产费用可达到1 673.87千元。

四、估计标准误差的计算

回归直线是在线性相关条件下，反映两个变量之间一般数量关系的平均线，根据自变量的数值，可以推算因变量的数值。而根据回归方程推算出的因变量的数值并不是精确的数值，它是一个估计值，和实际值有出入。这个推算结果的准确程度如何，主要取决于所配合的回归直线的代表性。所以，回归直线的代表性和推算结果的准确性是一个问题的两个方面。

估计标准误差是说明使用回归方程推算结果的准确程度的分析指标，也是反映回归直线代表性大小的分析指标。

估计标准误差是实际观察值 y 与估计值 $\hat{y}$ 之间的平均离差。这个离差值越小，反映实际观察点越靠近回归直线，即回归直线的代表性越大，推算的准确程度就越高；若离差值越大，则实际观察点离回归直线越远，回归直线的代表性越小，推算的准确程度就越小。

估计标准误差的计算方法有两种。

（一）根据定义公式计算

也就是根据因变量实际观察值与估计值的离差计算。

$$S_y = \sqrt{\frac{\sum(y - \hat{y})^2}{n - 2}} \tag{7-8}$$

式中，S_y 为估计标准误差；

y 为因变量数列的实际观察值；

$\hat{y}$ 为根据回归方程推算出的因变量的估计值；

n 为因变量数列的项数；

$n - 2$ 是自由度。

由于在 $\sum(y - \hat{y})^2 = \sum(y - a - bx)^2$ 公式中，a, b 两个参数是由实际资料计算的，从而丧失了

两个自由度。

（二）根据简捷公式计算

根据定义公式计算估计标准误差比较烦琐，计算量比较大，需要计算出所有的估计值。如果掌握了建立回归方程时的计算数据，则可采用简捷公式计算。其计算公式为：

$$S_y = \sqrt{\frac{\sum y^2 - a\sum y - b\sum xy}{n-2}} \qquad (7\text{-}9)$$

【例7-4】根据项目七开篇案例资料，说明估计标准误差的两种计算方法。估计标准误差计算表如表7-7所示。

表7-7   估计标准误差计算表

序号	产品产量（千吨）x	生产费用（千元）y	$\hat{y}$	$(y-\hat{y})^2$	y^2	xy
1	1.2	620	667.98	2 302.27	384 400	744
2	2.0	860	771.15	7 894.32	739 600	1 720
3	3.1	800	913.01	12 770.36	640 000	2 480
4	3.8	1 100	1 003.28	9 355.15	1 210 000	4 180
5	5.0	1 150	1 158.03	64.48	1 322 500	5 750
6	6.1	1 320	1 299.89	404.57	1 742 400	8 052
7	7.2	1 350	1 441.74	8 416.59	1 822 500	9 720
8	8.0	1 600	1 544.91	3 034.90	2 560 000	12 800
合计	36.4	8 800	8 799.98	44 242.65	10 421 400	45 446

（1）根据定义公式计算：

$$S_y = \sqrt{\frac{\sum(y-\hat{y})^2}{n-2}} = \sqrt{\frac{44\,242.65}{8-2}} = 85.87$$

（2）根据简捷公式计算：

根据同一资料建立回归方程，已获得以下相关数据：

$$\sum y = 8\,800 \qquad \sum y^2 = 10\,421\,400 \qquad \sum xy = 45\,446$$

$$n = 8 \qquad a = 513.23 \qquad b = 128.96$$

将上述相关数据代入简捷计算公式：

$$S_y = \sqrt{\frac{\sum y^2 - a\sum y - b\sum xy}{n-2}}$$

$$= \sqrt{\frac{10\,421\,400 - 513.23\times8\,800 - 128.96\times45\,446}{8-2}} = 85.89$$

根据两个计算公式计算的结果基本一致，少许的差异是由于计算过程中小数点的取舍造成的。

🌱 项目小结

项目七主要介绍了相关关系的概念及种类，相关分析的主要内容，相关关系的相关表、散点图、相关系数，回归分析的概念及种类，回归分析的主要内容等。

现象之间存在的不确定性的数量依存关系叫作相关关系。对现象之间相互关系的密切程度的研究称为相关分析。相关关系可以从不同角度进行分类，如按相关关系涉及的变量（因素）多少分为单相关、偏相关和复相关，按相关关系的表现形态可分为线性相关和非线性相关，按变量之间相关的方向分为正相关和负相关，按变量之间相关的程度分为完全相关、不相关（也称零相关）和不完全相关。

相关分析的主要内容包括确定现象之间有无相关关系、确定相关关系的表现形式、确定相关关系的密切程度和方向。

相关关系的测定方法有定性分析、编制相关表、绘制相关图、计算相关系数。相关系数的测定方法有若干种，最常用的是积差法。

回归分析是指对具有相关关系的变量，依据其关系形态，选择一个合适的数学模型，用来近似地表示变量之间数量平均变化关系的一种统计方法。回归分析的内容很多，按分析变量的多少不同可分为一元回归分析和多元回归分析，按分析变量的表现形态不同可分为线性回归分析与非线性回归分析等。

估计标准误差是说明使用回归方程推算结果的准确程度的分析指标，也是反映回归直线代表性大小的分析指标。估计标准误差是观察值 y 与估计值 $\hat{y}$ 之间的平均离差，这个离差值越小，则观察点越靠近回归直线，即回归直线的代表性越大；若离差值越大，则观察点离回归直线越远，回归直线的代表性越小。

回归分析的主要内容包括：建立简单线性回归方程，表明变量之间数量变化的一般关系；计算估计标准误差，反映回归直线的代表性。

应用技能训练

一、单项选择题

1. 相关分析研究的是（　　　）。
   A. 变量之间关系的密切程度　　　　　B. 变量之间的因果关系
   C. 变量之间严格的相互依存关系　　　D. 变量之间的线性关系

2. 相关关系是（　　　）。
   A. 现象间客观存在的依存关系　　　　B. 现象间的一种非确定性的数量关系
   C. 现象间的一种确定性的数量关系　　D. 现象间存在的函数关系

3. 下列情形中称为正相关的是（　　　）。
   A. 随着一个变量的增加，另一个变量也增加
   B. 随着一个变量的减少，另一个变量增加
   C. 随着一个变量的增加，另一个变量减少
   D. 两个变量无关

4. 当自变量 x 的值增加，因变量 y 的值也随之增加时，两变量之间存在着（　　　）。
   A. 曲线相关　　　B. 正相关　　　C. 负相关　　　D. 无相关

5. 相关系数 r 的取值范围是（　　　）。
   A. $-1 < r < 1$　　B. $0 \leqslant r \leqslant 1$　　C. $-1 \leqslant r \leqslant 1$　　D. $|r| > 1$

6. 当自变量 x 的值增加，因变量 y 的值随之减少时，两变量之间存在着（　　　）。
   A. 曲线相关　　　B. 正相关　　　C. 负相关　　　D. 无相关

7. 相关系数等于零，表明两变量（　　　）。
   A. 是严格的函数关系　　　　　　　　B. 不存在相关关系
   C. 不存在线性相关关系　　　　　　　D. 存在曲线相关关系

8. 相关系数 r 的取值范围是（　　　）。
   A. 从 0 到 1　　　B. 从 -1 到 0　　　C. 从 -1 到 1　　　D. 无范围限制

9. 相关分析对资料的要求是（　　）。

    A. 两变量均为随机的　　　　　　　　　B. 两变量均不是随机的

    C. 自变量是随机的，因变量不是随机的　　D. 自变量不是随机的，因变量是随机的

10. 相关分析与回归分析相比，对变量的性质要求是不同的，回归分析中要求（　　）。

    A. 自变量是给定的，因变量是随机的　　B. 两个变量都是随机的

    C. 两个变量都是非随机的　　　　　　　　D. 因变量是给定的，自变量是随机的

11. 回归方程 $\hat{y} = a + bx$ 中的回归系数 b 说明自变量变动一个单位时，因变量（　　）。

    A. 变动 b 个单位　　　　　　　　　　　B. 平均变动 b 个单位

    C. 变动 $a+b$ 个单位　　　　　　　　　D. 变动 a 个单位

12. 一般来说，当居民收入减少时，居民储蓄存款也会相应减少，二者之间的关系是（　　）。

    A. 负相关　　　　　B. 正相关　　　　　C. 零相关　　　　　D. 曲线相关

13. 回归系数与相关系数的符号是一致的，其符号均可判断现象是（　　）。

    A. 线性相关还是非线性相关　　　　　　B. 正相关还是负相关

    C. 完全相关还是不完全相关　　　　　　D. 简单相关还是复相关

14. 配合回归方程比较合理的方法是（　　）。

    A. 移动平均法　　　B. 半数平均法　　　C. 散点法　　　　　D. 最小平方法

15. 在相关分析中不能把两个变量区分为确定性的自变量和随机性的因变量，在回归分析中（　　）。

    A. 也不能区分自变量和因变量　　　　　B. 必须区分自变量和因变量

    C. 能区分，但不重要　　　　　　　　　D. 可以区分，也可以不区分

16. 价格越低，商品需求量越大，这两者之间的关系是（　　）。

    A. 复相关　　　　　B. 不相关　　　　　C. 正相关　　　　　D. 负相关

17. 按最小平方法估计回归方程 $\hat{y} = a + bx$ 中参数的实质是使（　　）。

    A. $\sum(y - \bar{y}) = 0$　　　　　　　　　B. $\sum(x - \bar{x})^2 = 0$

    C. $\sum(y - \hat{y})^2 = $ 最小值　　　　　D. $\sum(x - \bar{x})^2 = $ 最小值

18. 判断现象之间相关关系密切程度的方法是（　　）。

    A. 做定性分析　　　B. 制作相关图　　　C. 计算相关系数　　D. 计算回归系数

19. 在线性相关条件下，自变量的标准差为 2，因变量的标准差为 5，而相关系数为 0.8，其回归系数为（　　）。

    A. 8　　　　　　　　B. 12.5　　　　　　C. 0.32　　　　　　D. 2.0

20. 已知某产品产量与生产成本有直线关系，在这条直线上，当产量为 1 000 件时，其生产成本为 50 000 元，其中不随产量变化的成本为 12 000 元，则成本总额对产量的回归方程是（　　）。

    A. $Y=12\,000+38X$　　B. $Y=50\,000+12\,000X$　　C. $Y=38\,000+12X$　　D. $Y=12\,000+50\,000X$

21. 相关图又称（　　）。

    A. 散布表　　　　　B. 折线图　　　　　C. 散点图　　　　　D. 曲线图

22. 相关分析与回归分析的一个重要区别是（　　）。

    A. 前者研究变量之间的关系程度，后者研究变量间的变动关系，并用方程式表示

    B. 前者研究变量之间的变动关系，后者研究变量间的密切程度

    C. 两者都研究变量间的变动关系

    D. 两者都不研究变量间的变动关系

23. 当所有观测值都落在回归直线上，则这两个变量之间的相关系数为（　　）。

    A. 1　　　　　　　　B. -1　　　　　　　C. 1 或-1　　　　　D. 大于-1、小于 1

24. 一元线性回归方程 $y=a+bx$ 中, b 表示（　　　）。

    A. 自变量 x 每增加一个单位, 因变量 y 增加的数量

    B. 自变量 x 每增加一个单位, 因变量 y 平均增加或减少的数量

    C. 自变量 x 每减少一个单位, 因变量 y 减少的数量

    D. 自变量 x 每减少一个单位, 因变量 y 增加的数量

二、填空题

1. 现象之间的相关关系按相关的程度分为＿＿＿＿、＿＿＿＿和＿＿＿＿；按相关的形式分为＿＿＿＿和＿＿＿＿；按影响因素的多少分为＿＿＿＿、＿＿＿＿和＿＿＿＿。

2. 两个相关现象之间, 当一个现象的数量由小变大, 另一个现象的数量＿＿＿＿时, 这种相关称为正相关；当一个现象的数量由小变大, 另一个现象的数量＿＿＿＿时, 这种相关称为负相关。

3. 相关系数的取值范围是＿＿＿＿。

4. 完全相关即是＿＿＿＿关系, 其相关系数为＿＿＿＿。

5. 相关系数是用于反映＿＿＿＿条件下, 两变量相关关系的密切程度和方向的统计指标。

6. 直线相关系数等于零, 说明两变量之间＿＿＿＿；直线相关系数等于 1, 说明两变量之间＿＿＿＿；直线相关系数等于-1, 说明两变量之间＿＿＿＿。

7. 对现象之间变量的研究, 统计是从两个方面进行的：一方面是研究变量之间关系的＿＿＿＿, 这种研究称为相关关系；另一方面是研究关于自变量和因变量之间的变动关系, 用数学方程式表达, 称为＿＿＿＿。

8. 回归方程 $y=a+bx$ 中的参数 a 是＿＿＿＿, b 是＿＿＿＿。

9. ＿＿＿＿分析要确定哪个是自变量、哪个是因变量, 在这一点上, 它与＿＿＿＿不同。

10. 身高与体重属于＿＿＿相关关系。

11. 用来说明回归方程代表性大小的统计分析指标是＿＿＿＿。

12. 在数量上表现为现象依存关系的两个变量, 通常称为自变量和因变量。自变量是作为＿＿＿＿的变量, 因变量是随＿＿＿＿的变化而发生相应变化的变量。

13. 对于表现为因果关系的相关关系来说, 自变量一般都是确定性变量, 因变量则一般是＿＿＿＿变量。

14. 评价直线相关关系的密切程度, 当 r 在 0.5 和 0.8 之间时, 表示＿＿＿＿。

15. 已知工资（元）倚劳动生产率（千元）的回归方程为 $y_c=10+80x$, 因此, 当劳动生产率每增长 1 千元, 工资就平均增加＿＿＿＿元。

16. 根据资料, 分析现象之间是否存在相关关系、其表现形式或类型如何, 并对具有相关关系的现象之间数量变化的关系进行测定, 即建立一个相关的数学表达式, 称为＿＿＿＿, 并据以进行估计和预测。

17. 从相关方向上看, 产品销售额与销售成本之间属于＿＿＿＿相关关系, 而产品销售额与销售利润之间属于＿＿＿＿相关关系。

18. ＿＿＿＿是直线相关条件下说明两个现象之间相关密切程度的统计分析指标。

19. 相关分析与回归分析是在定性分析基础上进行的＿＿＿＿。

20. 一元线性回归方程中 b 大于 0, 表示两个变量之间存在＿＿＿＿。

三、判断题

1. 判断现象之间是否存在相关关系必须计算相关系数。（　　　）

2. 回归分析和相关分析一样, 所分析的两个变量一定都是随机变量。（　　　）

3. 相关系数越大, 说明相关程度越高。（　　　）

4. 相关系数越小, 说明相关程度越低。（　　　）

5. 现象之间确实存在着的关系值固定的依存关系是相关关系。 （　　）

6. 按变量之间的相关强度不同，相关关系可分为正相关和负相关。 （　　）

7. 计算相关系数时，应首先确定自变量和因变量。 （　　）

8. 相关系数是直线相关条件下说明两个现象之间相关密切程度的统计分析指标。 （　　）

9. 相关分析与回归分析是在定性分析基础上进行的定量分析。 （　　）

10. 一元线性回归方程中 b 大于 0，表示两个变量之间存在正相关关系。 （　　）

11. 相关关系和函数关系都属于完全确定性的依存关系。 （　　）

12. 如果两个变量的变动方向一致，同时呈上升或下降趋势，则二者是正相关关系。（　　）

13. 假定变量 x 与 y 的相关系数是 0.8，变量 m 与 n 的相关系数为-0.9，则 x 与 y 的相关密切程度度高。 （　　）

14. 当直线相关系数 $r=0$ 时，说明变量之间不存在任何相关关系。 （　　）

15. 相关系数 r 有正负、有大小，因而它反映的是两现象之间具体的数量变动关系。（　　）

16. 在进行相关分析和回归分析时，必须以定性分析为前提，判定现象之间有无关系及其作用范围。 （　　）

17. 回归系数 b 的符号与相关系数 r 的符号，可以相同，也可以不相同。 （　　）

18. 直线回归分析中，两个变量是对等的，不需要区分因变量和自变量。 （　　）

19. 相关系数 r 越大，则估计标准误差 S_{yx} 值越大，从而直线回归方程的精确度越低。（　　）

20. 进行相关分析与回归分析应注意对相关系数和回归直线方程的有效性进行检验。（　　）

21. 工人的技术水平提高，使得劳动生产率提高。这种关系是一种不完全的正相关关系。 （　　）

22. 正相关指的就是两个变量之间的变动方向都是上升的。 （　　）

23. 回归分析和相关分析所分析的两个变量都一定是随机变量。 （　　）

24. 相关的两个变量，只能算出一个相关系数。 （　　）

25. 一种回归直线只能进行一种推算，不能反过来进行另一种推算。 （　　）

四、简答题

1. 什么是相关关系？

2. 相关分析的主要内容有哪些？

3. 回归分析的主要内容有哪些？

4. 什么是相关系数？

5. 现象相关关系的种类划分主要有哪些？

6. 如何利用相关系数来判别现象之间的相关关系？

7. 简述简单直线回归分析的特点。

8. 相关分析与回归分析的联系有哪些？

9. 相关分析与回归分析的区别有哪些？

10. 什么是估计标准误差？

11. 估计标准误差的作用有哪些？

12. 举例说明函数关系与相关分析的联系。

13. 举例说明函数关系与相关分析的区别。

14. 举例说明什么是正相关。

15. 举例说明什么是负相关。

16. 回归分析的基本思想是什么？

17. 回归分析的步骤有哪些？

18. 回归方程的类型有哪些？

19. 设产品的单位成本（元）对产量（百件）的直线回归方程为 $y_c=76-1.85x$，说明该方程的经济含义是什么。

20. 现象相关关系的种类划分主要有哪些？

五、计算题

1. 已知直线回归方程 $y_c=a+bx$ 中，$b=17.5$；又知 $n=30$，$\sum y=13\,500$，$\bar{x}=12$，则可知 a 是多少？

2. 已知回归方程 $y_c=10+0.5x$，$n=40$，$\sum y=460$，$\sum xy=7\,800$，$\sum y^2=8\,652$，试计算估计标准误差。

3. 根据表 7-8 所示的假设资料，试用积差法求相关系数。

表 7-8 假设资料

输出 X（亿元）	12	10	6	16	8	9	10
输出 Y（亿元）	12	8	6	11	10	8	11

4. 某原始资料如表 7-9 所示。

表 7-9 某原始资料

X	65	73	91	88	76	53	96	67	82	85
Y	5	7	13	13.5	7	4.5	15	6.7	10	11

要求：

（1）求回归方程；

（2）判断这是正相关还是负相关；

（3）用积差法求相关系数。

5. 已知 10 名学生身高和体重资料如表 7-10 所示。

（1）根据资料算出身高和体重的相关系数；

（2）根据资料求出两变量之间的回归方程（设身高为自变量，体重为因变量）。

表 7-10 10 名学生的身高和体重资料

身高（cm）	171	167	177	154	169
体重（kg）	53	56	64	49	55
身高（cm）	175	163	152	172	162
体重（kg）	66	52	47	58	50

6. 根据表 7-11 所示的假设资料求回归方程。

表 7-11 假设资料

X	1	2	3	4	5	6	7
Y	23.0	23.4	24.1	25.2	26.1	26.9	27.3

7. 某 10 户家庭样本具有表 7-12 所示的收入（元）和食品支出（元/周）数据。

表 7-12 10 户家庭样本的收入和食品支出数据

收入（元）X	20	30	33	40	15	13	26	38	25	43
支出（元/周）Y	7	9	8	11	5	4	8	10	9	10

要求：写出最小平方法计算的回归直线方程。

8. 从某一行业中随机抽取 5 家企业，所得产品产量与生产费用的数据如表 7-13 所示。

表 7-13 5 家企业的产品产量与生产费用数据

产品产量（台）x_i	40	50	50	70	80
生产费用（万元）y_i	130	140	145	150	156

要求：利用最小二乘法求出估计的回归方程。

知识拓展

统计回归效应

统计回归效应是实验被试分组中容易忽视的一个统计学问题，它可能带来实验中的混淆变量，且不易被研究者和报告阅读者所觉察。

第一次测试较差的学生可能在第二次测试时表现好些，而第一次表现好的学生则可能相反，这种情形称为统计回归效应。统计回归效应的真正原因就是偶然因素变化导致的随机误差，以及仅仅根据一次测试结果划分高分组和低分组。

心理学实验研究中，在选取被试时，常常会提到"统计回归"，如何理解呢？

在心理学的实验研究中，如在进行一项语文教学研究中，为了验证某种教学方法是否更适合语文成绩较差者，或者说是否更有利于成绩较差者的学习改进，研究者就对同一个年级的学生进行语文水平前测，根据前测的成绩将排名前27%的学生作为学优组、排名后27%的学生作为学差组。然后采用这种教学方法进行一个时期的教学，接着进行语文水平后测。结果发现，学差组学生的语文成绩要比学优组学生的成绩进步更多。研究者非常满意这样的实验结果，其研究目的完全实现了。

果真如此吗？现在，我们设想这样一个研究：对一个年级的学生进行语文水平前测，还根据前测成绩把学生分成学优组和学差组；然后，在未经过任何教育训练、中间时间间隔也很小的情况下，再用结构与难度相当的测试卷对学生进行后测，观察学优组和学差组的成绩变化。你很可能会看到：学优组平均成绩有所下降、学差组平均成绩有所上升，都出现了向全年级的平均成绩靠拢的趋势，这就是所谓的"统计回归"，它不是任何教育训练引起的。那又是由什么因素引起的呢？这就是统计学问题。

学生在参加某一学业成绩测试时，其成绩的取得是由一些必然因素和一些偶然因素共同决定的，必然因素主要是其学业的真实水平和有效的考试技巧、智力水平等较稳定性因素，偶然因素主要是试卷内容选择、难度、学生当时的身心状态、环境因素等。其中，这些偶然因素本身的变化具有随机性，它们的作用会引起测试结果的随机起伏，作用越大，起伏也就越明显。而数据的起伏既可能使成绩高于真实水平，出现正误差，使测试成绩偏高；也可能使测试成绩低于真实水平，出现负误差，使测试成绩偏低。就一个年级学生的一次测试来说，有的学生测试结果有正误差，有的测试结果有负误差。

高分组学生的高分成绩，可能是由于其本来的学业水平高，但也有可能是正误差造成的；低分组学生的低分成绩，可能是由于其本来的学业水平低，但也有可能是负误差造成的。如果再进行一次测试，根据偶然因素变化及其影响变化的随机性，第一次测试出现正误差的学生更有可能出现负误差，第一次出现负误差的学生更有可能出现正误差，于是原来的高分组成绩自然会有所下降、低分组成绩自然会有所上升，均向中间分数靠拢。

这样看来，统计回归效应的真正原因就是偶然因素变化导致的随机误差，以及仅仅根据一次测试结果划分高分组和低分组。测试中随机误差的影响越大，统计回归效应也就会越大；反之越小。

在心理学研究中，如何避免这种回归效应对实验结果的影响呢？下列方法或许是可以采纳的。

（1）精心编制测试工具，提高测试工具的信度水平。

（2）增加测试项目取样，即从相关的多方面进行较为全面的测试。

（3）增加测试次数，以多次测试的平均成绩作为分组依据。如前述的研究，以多次语文测试成绩的平均分作为分组依据，就可以在分组时控制随机误差的影响。

（4）在可能的情况下，尽可能地采用等组实验。

附录

附录一 | 随机数字表

03	47	43	73	86	36	96	47	36	61	46	98	63	71	62	33	26	16	80	45	60	11	14	10	95
97	74	24	67	62	42	81	14	57	20	42	53	32	37	32	27	07	36	07	51	24	51	79	89	73
16	76	62	27	66	56	50	26	71	07	32	90	79	78	53	13	55	38	58	59	88	97	54	14	40
12	56	85	99	26	96	96	68	27	31	05	03	72	93	15	57	12	10	14	21	88	26	49	81	76
55	59	56	35	64	38	54	82	46	22	31	62	43	09	90	06	18	44	32	53	23	83	01	30	30
16	22	77	94	39	49	54	43	54	82	17	37	93	23	78	87	35	20	96	43	84	26	34	91	64
84	42	17	53	31	57	24	55	06	88	77	04	74	47	67	21	76	33	50	25	83	92	12	06	76
63	01	63	78	59	16	95	55	67	19	98	10	50	71	75	12	86	73	58	07	44	39	52	38	79
33	21	12	34	29	78	64	56	07	82	52	42	07	44	38	15	51	00	13	42	99	66	02	79	54
57	60	86	32	44	09	47	27	96	54	49	17	46	09	62	90	52	84	77	27	08	02	73	43	28
18	18	07	92	45	44	17	16	58	09	79	83	86	19	62	06	76	50	03	10	55	23	64	05	05
26	62	38	97	75	84	16	07	44	99	83	11	46	32	24	20	14	85	88	45	10	93	72	88	71
23	42	40	64	74	82	97	77	77	81	07	45	32	14	08	32	98	94	07	72	93	85	79	10	75
52	36	28	19	95	50	92	26	11	97	00	56	76	31	38	80	22	02	53	53	86	60	42	04	53
37	85	94	35	12	83	39	50	08	30	42	34	07	96	88	54	42	06	87	98	35	85	99	48	93
70	29	17	12	13	40	33	20	38	26	13	89	51	03	74	17	76	37	13	04	07	74	21	19	30
56	52	18	37	35	96	83	70	87	75	97	12	25	93	47	70	33	24	03	54	97	77	46	44	80
99	49	57	22	77	88	42	95	45	73	16	64	36	16	00	04	43	18	66	79	94	77	24	21	90
16	08	15	04	72	33	27	14	34	09	45	59	34	68	49	12	72	07	34	54	99	27	72	95	14
31	16	93	32	43	50	27	89	87	19	20	15	37	00	49	52	85	66	60	44	38	68	88	11	80
68	34	30	13	70	55	74	30	77	40	44	22	78	84	26	04	33	46	09	52	68	07	97	06	57
74	57	25	65	74	59	29	97	68	60	71	91	38	67	54	13	58	18	24	76	15	54	55	95	52
27	42	37	86	53	48	55	90	65	72	96	57	69	36	10	96	46	92	42	45	97	60	49	04	91
00	39	68	29	61	66	37	32	20	30	77	84	57	03	29	10	45	65	04	26	11	04	96	67	24
29	94	98	94	24	68	49	69	10	82	53	75	91	93	30	34	55	20	57	27	40	48	73	51	92
16	90	82	66	59	83	62	64	11	12	67	19	00	71	74	60	47	21	29	63	02	02	37	03	31
11	27	94	75	06	06	09	19	74	66	02	94	37	34	02	76	70	90	30	86	38	45	94	30	38
35	24	10	16	20	33	32	51	26	38	79	78	45	04	91	16	92	53	59	16	02	75	50	95	98
33	23	16	36	38	42	38	97	01	50	87	75	66	81	41	40	10	74	91	62	48	51	84	08	32
31	96	25	91	47	96	44	33	49	13	34	86	82	53	91	00	52	48	48	32	27	55	26	89	62

66 67 40 67 14	64 05 71 95 86	11 05 65 09 68	76 83 20 37 90	57 16 00 11 66
14 90 84 45 11	75 73 88 05 90	52 27 41 14 86	22 98 12 22 08	07 52 74 95 80
68 05 51 18 00	33 96 02 75 19	07 60 62 93 55	59 33 82 43 90	49 37 38 44 59
20 46 78 73 90	97 51 40 14 02	04 02 33 31 08	39 54 16 49 36	47 95 93 13 30
64 19 58 97 79	15 06 15 93 20	01 90 10 75 06	40 78 78 89 62	02 67 74 17 33
05 26 93 70 60	22 35 85 15 13	92 03 51 59 77	59 56 78 06 83	52 91 05 70 74
07 97 10 88 23	09 98 42 99 64	61 71 62 99 15	60 51 29 16 93	58 05 77 09 51
68 71 86 85 85	54 87 66 47 54	73 32 08 11 12	44 95 92 63 16	29 56 24 29 48
26 99 61 65 53	58 37 78 80 70	42 10 50 67 42	32 17 55 85 74	94 44 67 16 94
14 65 52 68 75	87 59 36 22 41	26 78 68 06 55	13 08 27 01 50	15 29 39 39 43
17 53 77 58 71	71 41 61 50 72	12 41 94 96 26	44 95 27 36 99	02 96 74 30 33
90 26 59 21 19	23 52 33 33 12	96 93 02 18 39	07 02 18 36 07	25 99 32 70 23
41 23 52 55 99	31 04 49 69 96	10 47 48 45 88	13 41 43 89 20	97 17 14 49 17
60 20 50 81 69	30 99 73 68 68	35 81 33 03 76	24 30 12 48 60	18 99 10 72 34
91 25 38 05 90	94 58 28 41 36	45 37 59 03 09	13 35 57 29 12	82 62 54 65 60
54 50 57 74 37	98 80 33 00 91	09 77 93 19 82	74 94 80 04 04	45 07 31 66 49
85 22 04 39 43	73 81 53 94 79	33 62 46 86 28	08 31 54 46 31	53 94 13 38 47
09 79 13 77 48	73 82 97 22 21	05 03 27 24 83	72 89 07 70 37	16 04 61 67 87
88 75 80 18 14	22 95 75 42 49	39 32 82 22 49	02 48 07 70 37	16 04 61 67 87
90 96 23 70 00	39 00 03 06 90	55 85 78 38 36	94 37 30 69 32	90 89 00 76 33
53 74 23 99 67	61 32 28 69 84	94 62 67 86 24	98 33 41 19 95	47 53 53 38 09
63 38 06 86 54	99 00 65 26 94	02 82 90 23 07	79 62 67 80 60	75 91 12 81 19
35 30 58 21 46	06 72 17 10 94	25 21 31 75 96	49 28 24 00 49	35 65 79 78 07
63 43 36 82 69	65 51 18 37 88	61 38 44 12 45	32 92 85 88 65	54 34 81 85 35
98 25 07 55 26	01 91 82 81 46	74 71 12 94 97	24 02 71 37 07	03 92 18 66 75
02 63 21 17 69	71 50 80 89 56	38 15 70 11 48	43 40 45 86 98	00 83 26 91 03
64 55 22 21 82	48 22 28 06 00	61 54 13 43 91	82 78 12 23 29	06 66 25 12 27
85 07 26 13 89	01 10 07 82 04	59 63 69 36 03	69 11 15 83 80	13 29 54 19 28
58 54 16 24 15	51 54 44 82 00	62 61 65 04 69	38 18 65 18 97	85 72 13 49 21
34 85 27 84 87	61 48 64 56 26	90 18 48 13 26	37 70 15 42 57	65 65 80 39 07
03 92 18 27 46	57 99 16 96 56	30 33 72 85 22	84 64 38 56 93	99 01 30 98 64
62 93 30 27 59	37 75 41 66 48	86 97 80 61 45	23 04 01 63 45	76 52 08 64 27
08 45 93 15 22	60 21 75 46 91	98 77 27 85 42	28 88 61 08 84	69 62 03 42 73
07 08 55 18 40	45 44 75 13 90	24 94 96 61 02	57 55 66 83 15	73 42 37 11 71
01 85 89 95 66	51 10 19 34 88	15 84 97 19 75	12 76 39 45 78	64 63 91 08 25
72 84 71 14 35	19 11 58 49 26	50 11 17 17 76	86 31 57 20 18	95 60 78 46 75
88 78 28 16 84	13 52 53 94 53	75 45 69 30 96	73 89 65 70 31	99 17 43 48 76

45	17	75	65	57	28	40	19	72	12	25	12	74	75	67	60	40	60	81	19	24	62	01	61	16
96	76	28	12	54	22	01	11	94	25	71	96	16	16	88	68	64	36	74	45	19	59	50	88	92
43	31	67	72	30	24	02	94	08	63	38	32	36	66	02	69	36	38	25	39	48	03	45	15	22
50	44	66	44	21	66	06	58	05	62	69	15	54	35	02	42	35	48	96	32	14	52	41	52	48
22	66	22	15	86	26	63	75	41	99	58	42	36	72	24	58	37	52	18	51	03	37	18	39	11
96	24	40	14	51	23	22	30	88	57	95	67	47	29	83	94	69	40	06	07	18	16	36	78	86
31	73	91	61	19	60	20	72	93	48	98	57	07	23	69	65	95	39	69	58	56	80	30	19	44
78	60	73	99	84	43	89	94	36	45	56	69	47	07	12	90	22	91	07	12	18	35	34	08	72
84	37	90	61	56	70	10	23	98	05	85	11	34	76	60	76	48	45	34	60	01	64	18	39	96
36	67	10	08	23	98	93	35	08	86	99	29	76	29	81	33	34	91	58	93	63	14	52	32	52
07	28	59	07	48	89	64	58	89	75	83	85	62	27	89	30	14	78	56	27	86	63	59	80	02
10	15	83	87	60	79	24	31	66	56	21	48	24	06	93	91	98	94	05	49	01	47	59	80	02
55	19	68	97	65	03	73	52	16	56	00	53	55	90	27	33	42	29	38	87	22	13	88	83	34
53	81	29	13	39	35	01	20	71	34	62	33	74	82	14	53	73	19	09	03	56	54	29	56	93
51	86	32	68	92	33	98	74	66	99	40	14	71	94	58	45	94	19	38	81	14	44	99	81	07
35	91	70	29	13	80	03	54	07	27	96	94	78	32	66	50	95	52	74	33	13	80	55	62	54
37	71	67	95	13	20	02	44	95	94	64	85	04	05	72	01	32	90	76	14	53	89	74	60	41
93	66	13	83	27	92	79	64	64	72	28	54	96	53	84	48	14	52	98	94	56	07	93	89	30
02	96	08	45	65	13	05	00	41	84	93	07	54	72	59	21	45	57	09	77	19	18	56	27	44
49	83	43	48	35	82	88	33	69	96	72	36	04	19	76	47	45	15	18	60	82	11	08	95	97
84	60	71	62	46	40	80	81	30	37	34	39	23	05	38	25	15	35	71	30	88	12	57	21	77
18	17	30	88	71	44	91	14	88	47	89	23	30	63	15	56	34	20	47	89	99	82	93	24	98
79	69	10	61	78	71	32	76	95	62	87	00	22	58	40	92	54	01	75	25	43	11	71	99	31
75	93	36	57	83	56	20	14	82	11	74	21	97	90	65	96	42	68	63	86	74	54	13	26	94
38	30	92	29	03	06	28	81	39	38	62	25	06	84	63	61	29	08	93	67	04	32	92	08	09
51	29	50	10	34	31	57	75	95	80	51	97	02	74	77	76	15	48	49	44	18	55	63	77	09
21	31	38	86	24	37	79	81	53	74	73	24	16	10	33	52	83	90	94	76	70	47	14	54	36
29	01	23	87	88	58	02	39	37	67	42	10	14	20	92	16	55	23	42	45	54	96	09	11	06
95	33	95	22	00	18	74	72	00	16	38	79	58	69	32	81	76	80	26	92	82	80	84	25	39
90	84	60	79	80	24	36	59	87	38	82	07	53	89	35	96	35	23	79	18	05	98	90	07	35
46	40	62	98	82	54	97	20	56	95	15	74	80	08	32	16	46	70	50	80	67	72	16	42	79
20	31	89	03	43	38	46	82	68	72	32	14	82	99	70	80	60	47	18	97	63	49	30	21	30
71	59	73	05	50	08	22	23	71	77	91	01	93	20	49	82	96	59	26	94	66	39	67	98	60

附录二 | 标准正态分布概率度表

t	$F(t)$	t	$F(t)$	t	$F(t)$	t	$F(t)$	t	$F(t)$
0.00	0.000 0	0.50	0.382 9	1.00	0.682 7	1.50	0.867 4	2.00	0.954 5
0.01	0.008 0	0.51	0.389 9	1.01	0.687 5	1.51	0.869 0	2.02	0.956 6
0.02	0.016 0	0.52	0.396 9	1.02	0.692 3	1.52	0.871 5	2.04	0.958 7
0.03	0.023 9	0.53	0.403 9	1.03	0.697 0	1.53	0.874 0	2.06	0.960 6
0.04	0.031 9	0.54	0.410 8	1.04	0.701 7	1.54	0.876 4	2.08	0.962 5
0.05	0.039 9	0.55	0.417 7	1.05	0.706 3	1.55	0.878 9	2.10	0.964 3
0.06	0.047 8	0.56	0.424 5	1.06	0.710 9	1.56	0.881 2	2.12	0.966 0
0.07	0.055 8	0.57	0.431 3	1.07	0.715 4	1.57	0.883 6	2.14	0.967 6
0.08	0.063 8	0.58	0.438 1	1.08	0.719 9	1.58	0.885 9	2.16	0.969 2
0.09	0.071 7	0.59	0.444 8	1.09	0.724 3	1.59	0.888 2	2.18	0.970 7
0.10	0.079 7	0.60	0.451 5	1.10	0.728 7	1.60	0.890 4	2.20	0.972 2
0.11	0.087 6	0.61	0.458 1	1.11	0.733 0	1.61	0.892 6	2.22	0.973 6
0.12	0.095 5	0.62	0.464 7	1.12	0.737 3	1.62	0.894 8	2.24	0.974 9
0.13	0.103 4	0.63	0.471 3	1.13	0.741 5	1.63	0.896 9	2.26	0.976 2
0.14	0.111 3	0.64	0.477 8	1.14	0.745 7	1.64	0.899 0	2.28	0.977 4
0.15	0.119 2	0.65	0.484 3	1.15	0.749 9	1.65	0.901 1	2.30	0.978 6
0.16	0.127 1	0.66	0.490 7	1.16	0.754 0	1.66	0.903 1	2.32	0.979 7
0.17	0.135 0	0.67	0.497 1	1.17	0.758 0	1.67	0.905 1	2.34	0.980 7
0.18	0.142 8	0.68	0.503 5	1.18	0.762 0	1.68	0.907 0	2.36	0.981 7
0.19	0.150 7	0.69	0.509 8	1.19	0.766 0	1.69	0.909 0	2.38	0.982 2
0.20	0.158 5	0.70	0.516 1	1.20	0.769 9	1.70	0.910 9	2.40	0.983 6
0.21	0.166 3	0.71	0.522 3	1.21	0.773 7	1.71	0.912 7	2.42	0.984 5
0.22	0.174 1	0.72	0.528 5	1.22	0.777 5	1.72	0.914 6	2.44	0.985 3
0.23	0.181 9	0.73	0.534 6	1.23	0.781 3	1.73	0.916 4	2.46	0.986 1
0.24	0.189 7	0.74	0.540 7	1.24	0.785 0	1.74	0.918 1	2.48	0.986 9
0.25	0.197 4	0.75	0.546 7	1.25	0.788 7	1.75	0.919 9	2.50	0.987 6
0.26	0.205 1	0.76	0.552 7	1.26	0.792 3	1.76	0.921 6	2.52	0.988 3
0.27	0.212 8	0.77	0.558 7	1.27	0.795 9	1.77	0.923 3	2.54	0.988 9
0.28	0.220 5	0.78	0.564 6	1.28	0.799 5	1.78	0.924 9	2.56	0.989 5
0.29	0.228 2	0.79	0.570 5	1.29	0.803 0	1.79	0.926 5	2.58	0.990 2
0.30	0.235 8	0.80	0.576 3	1.30	0.806 4	1.80	0.928 1	2.60	0.990 7
0.31	0.243 4	0.81	0.582 1	1.31	0.809 8	1.81	0.929 7	2.62	0.991 2
0.32	0.251 0	0.82	0.587 8	1.32	0.813 2	1.82	0.931 2	2.64	0.991 7
0.33	0.258 6	0.83	0.593 5	1.33	0.816 5	1.83	0.932 8	2.66	0.992 2
0.34	0.226 1	0.84	0.599 1	1.34	0.819 8	1.84	0.934 2	2.68	0.992 6

续表

t	F(t)	t	F(t)	t	F(t)	t	F(t)	t	F(t)
0.35	0.273 1	0.85	0.604 7	1.35	0.823 0	1.85	0.935 7	2.70	0.993 1
0.36	0.281 2	0.86	0.610 2	1.36	0.826 2	1.86	0.937 1	2.72	0.993 5
0.37	0.288 6	0.87	0.615 7	1.37	0.829 3	1.87	0.938 5	2.74	0.993 9
0.38	0.296 1	0.88	0.621 1	1.38	0.832 4	1.88	0.939 9	2.76	0.994 2
0.39	0.303 5	0.89	0.626 5	1.39	0.835 5	1.89	0.941 2	2.78	0.994 6
0.40	0.310 8	0.90	0.631 9	1.40	0.838 5	1.90	0.942 6	2.80	0.994 9
0.41	0.318 2	0.91	0.637 2	1.41	0.841 5	1.91	0.943 9	2.82	0.995 2
0.42	0.325 5	0.92	0.642 4	1.42	0.844 4	1.92	0.945 1	2.84	0.995 5
0.43	0.332 8	0.93	0.647 6	1.43	0.847 3	1.93	0.946 4	2.86	0.995 8
0.44	0.340 1	0.94	0.652 8	1.44	0.850 1	1.94	0.947 6	2.88	0.996 0
0.45	0.347 3	0.95	0.657 9	1.45	0.852 9	1.95	0.948 8	2.90	0.996 2
0.46	0.354 5	0.96	0.692 9	1.46	0.855 7	1.96	0.950 0	2.92	0.996 5
0.47	0.361 6	0.97	0.668 0	1.47	0.858 4	1.97	0.951 2	2.94	0.996 7
0.48	0.368 8	0.98	0.672 9	1.48	0.861 1	1.98	0.952 3	2.96	0.996 9
0.49	0.375 9	0.99	0.677 8	1.49	0.863 8	1.99	0.953 4	2.98	0.997 1
3.00	0.997 3	3.40	0.999 3	3.8	0.999 86	4.50	0.99 999 3		
3.20	0.998 6	3.60	0.999 68	4.00	0.99 994	5.00	0.999 999		

附录三 | t分布临界值表

α	单侧	0.100	0.050	0.025	0.010	0.005
	双侧	0.200	0.100	0.050	0.020	0.010
自由度	1	3.078	6.314	12.706	31.821	63.657
	2	1.886	2.920	4.303	6.965	9.925
	3	1.638	2.353	3.182	4.541	5.841
	4	1.533	2.132	2.776	3.747	4.604
	5	1.476	2.015	2.571	3.365	4.032
	6	1.440	1.943	2.447	3.143	3.707
	7	1.415	1.895	2.365	2.998	3.499
	8	1.397	1.860	2.306	2.896	3.355
	9	1.383	1.833	2.262	2.821	3.250
	10	1.372	1.812	2.228	2.764	3.169
	11	1.363	1.796	2.201	2.718	3.106
	12	1.356	1.782	2.179	2.681	3.055
	13	1.350	1.771	2.160	2.650	3.012
	14	1.345	1.761	2.145	2.624	2.977
	15	1.341	1.753	2.131	2.602	2.947
	16	1.337	1.746	2.120	2.583	2.921
	17	1.333	1.740	2.110	2.567	2.898
	18	1.330	1.734	2.101	2.552	2.878
	19	1.328	1.729	2.093	2.539	2.861
	20	1.325	1.725	2.086	2.528	2.845
	21	1.323	1.721	2.080	2.518	2.831
	22	1.321	1.717	2.074	2.508	2.819
	23	1.319	1.714	2.069	2.500	2.807
	24	1.318	1.711	2.064	2.492	2.797
	25	1.316	1.708	2.060	2.485	2.787
	26	1.315	1.706	2.056	2.479	2.779
	27	1.314	1.703	2.052	2.473	2.771
	28	1.313	1.701	2.048	2.467	2.763
	29	1.311	1.699	2.045	2.462	2.756
	30	1.310	1.697	2.042	2.457	2.750
	40	1.303	1.684	2.021	2.423	2.704
	50	1.299	1.676	2.009	2.403	2.678
	60	1.296	1.671	2.000	2.390	2.660
	70	1.294	1.667	1.994	2.381	2.648
	80	1.292	1.664	1.990	2.374	2.639
	90	1.291	1.662	1.987	2.368	2.632
	100	1.290	1.660	1.984	2.364	2.626
	125	1.288	1.657	1.979	2.357	2.616
	150	1.287	1.655	1.976	2.351	2.609
	200	1.286	1.653	1.972	2.345	2.601
	∞	1.282	1.645	1.960	2.326	2.576

参考文献

[1] 戴维·R. 安德森，等. 商务与经济统计（第2版）[M]. 北京：机械工业出版社，2004.

[2] 黄良文. 统计学原理[M]. 北京：中国统计出版社，2000.

[3] 李金昌，等. 统计学[M]. 北京：机械工业出版社，2007.

[4] 李洁明，等. 统计学[M]. 上海：复旦大学出版社，2005.

[5] 蔡定萍. 物流企业统计[M]. 北京：清华大学出版社，2006.

[6] 贾俊平. 工商管理统计[M]. 北京：当代中国出版社，2002.

[7] 贾俊平. 统计学（第6版）[M]. 北京：中国人民大学出版社，2015.

[8] 魏和清. 实用统计学[M]. 北京：中国财政经济出版社，2011.

[9] 李继根. 统计学[M]. 上海：华东师范大学出版社，2015.

[10] 唐金华，等. 社会经济统计学——原理与 Excel 应用案例分析[M]. 成都：西南财经大学出版社，2017.

[11] 宋文光，等. 统计基础与实务[M]. 大连：大连理工大学出版社，2014.

[12] 杜欢政，等. 经济学（第2版）[M]. 北京：科学出版社，2013.

[13] 孙桂娟，等. 统计学原理[M]. 大连：大连理工大学出版社，2015.

[14] 吴喜之. 统计学：从数据到结论[M]. 北京：中国统计出版社，2009.

[15] 刘后平，等. 统计学[M]. 大连：东北财经大学出版社，2015.

[16] 王苹香，等. 统计学原理（第2版）[M]. 北京：人民邮电出版社，2016.

[17] 国家统计局. 中国统计年鉴 2017[M]. 北京：中国统计出版社，2017.

[18] 国家统计局. 中华人民共和国 2017 年国民经济和社会发展统计公报. 2018 年 2 月 28 日.